고종과 아관파천

이희, 러시아공사관에서 375일

고종과 아관파천

이희, 러시아공사관에서 375일

김영수 지음

역사공간

저자의 글

1990년대 대학시절 역사학을 시작했던 '초심'이 생각난다. 그 당시 학교 안팎에서의 방황 속에서 수업에 충실하지 못했고 나는 '나의 정체성'을 고민하기 시작했다. 조금 철들어서 대학원에 진학했다. 당시 나는 정체성을 찾는 방편으로 문학과 예술의 역사에 관심을 기울이게 되었다. 점차 근대 소설, 근대 인물에 접근하다 보니 근대 지식인의 모태인 '독립협회'에 초점을 맞추었다. 그래서 '독립협회'에 대한 논문을 쓰려고 '독립신문'을 이 잡듯이 뒤져보았다. 그런 가운데 독립협회를 만들었던 정치적 상황이 중요하다는 사실을 알았다. 그리고 독립협회가 출범할 수 있는 중요한 정치적인 사건인 '아관파천'을 석사논문의 주제로 결정하고 2000년에 마무리했다. 문학사와 예술사를 서술하기 위해서는 정치사에 대한 해박한 지식이 관건이었고, 이러한 과정에는 주변 선배들의 한없는 정신적인 원조가 밑거름이 되었다. 그런데 20년이 흐른 지금 나는 다시 '아관파천'으로 독자와 소통하고 싶다는 욕망이 생겼다. 그것은 근대 인물을 통해서 또다시 자신의 정체성을 재탐색하고 대중에게 전달하려는 마음이었다.

조선의 국왕이 러시아공사관에 이어한 아관파천은 조선정치사에서 참으로 불행한 사건이었다. 그것도 한 나라의 국왕이 여장을 한 채 피신했다니……. 그런데 당시 기록을 살펴보면 아관파천을 부정적으로만 파악하지 않았다. 일부 지식인들은 조선이 독립할 수 있는 기회라고도 생각했다. 비극적인 사실이 이해 당사자에 따라 희극이 될 수 있다는 사실은 나에게 사물을 바라보는 또 다른 시각을 일깨워주었다.

그 뿐만이 아니었다. 아관파천이라는 격변기를 살았던 인물들은 각자의 삶 속에서 끊임없이 정치적 선택의 갈림길에 놓였다. 그들의 선택은 현재를 살아가는 나에게 '선택'에 대한 경험과 반성을 제공했다.

이 책은 아관파천 시기를 살았던 다양한 인물이 주인공이다. 그럼에도 나는 아관파천을 결정한 고종의 국정운영과 대외정책을 세밀하게 추적했다. 사실 나는 책의 구성 단계에서 소수의 주요 인물로 사건을 조명하려고 시도했다. 하지만 고종의 러시아공사관에서의 375일을 재구성하고, 다양한 시각을 제공하기 위해서는 여러 인물을 통한 옴니버스 형식이 가장 적합하다고 판단했다.

나는 책을 쓰는 과정에서 100년 전 근대의 도시화를 시작한 서울과 유럽의 심장부인 파리의 풍경을 동시에 상상할 수 있었다. 그것은 1896년 모스크바대관식에 참석한 학부협판 윤치호가 파리에 머물면서 오페라 '파우스트'를 감상한 사실에서 착안했다. 근대의 세계는 동서양이 철도, 선박, 전신으로 긴밀히 연결되어 서울 주재 러시아공사는 전신을 통해서 모스크바와 이틀 안에 정

마들렌 거리(코르테스)

보를 교환할 수 있었다. 이를 통해서 나는 서울과 파리의 사람들도 인간이 느끼는 정체성과 보편성을 함께 갖고 있을 것이라는 믿음이 생겼다.

그 믿음으로 나는 100년 전 파리의 도시 풍경을 그린 그림을 찾기 시작했다. 그러면서 프랑스 화가 에두아르드 레옹 코르테스(Edouard-Leon Cortes, 1882~1969)의 작품을 발견했다. 그는 그림을 그릴 때 인간과 영혼을 동시에 고민한 것으로 보인다. 그에게 인생이란 그려야 할 대상이 아니라 살아야 할 대상이라는 느낌이었다. 그는 일생 동안 노틀담성당, 개선문, 퐁네프다리, 마들렌성당 등 파리의 풍경을 반복하여 그렸다. 파리의 명소들을 배경으로 시간과 계절을 달리해서 작가는 같은 풍경을 고집스럽게 담았다. 파리 사람들은 다양하고 아름답게 묘사된 파리의 풍경을 그린 그의 작품을 '파리의 회화시(詩)'라고 불렀다. 그의 그림을 자세히 살펴보면 사람들의 얼굴 모습을 흐릿하게 표현하여 풍경만 남겼다. 그는 도시 파리의 풍경에 자신의 마음을 담으면서 지나가는 사람들도 풍경처럼 묘사한 전형적인 후기 인상파에 속했다. 그는 사람 또한 풍경으로 만들면서 인간도 영원할 수 없는 풍경이라고 나에게 말을 걸었고, 100년 전 파리 사람처럼 서울 사람들도 마찬가지로 영원할 수 없는 인간이었다. 인간은 사라지고 풍경만 남는다면 인간은 자신의 이익을 위해서 왜 그토록 치열하게 사는 것일까? 사라지는 인간에게 남는 것은 후속세대를 위한 시대와 정신의 결합인 '문화적 유산'뿐일 텐데 말이다.

코르테스의 그림에는 프랑스의 음악가 에릭 사티(Eric Satie, 1866~1925)가 작곡한 '짐노페디(Gymnopedies)'가 잘 어울린다. 그는 독창성이 예술의 전부이며 반복을 통해서 진실에 가까워진다는 미니멀리즘의 음악 세계를 추구했다. 그는 연주회장에서 대화를 시도하면서 개인의 억압을 증오했다. 그는 예술과 삶을 일치시켰는데, 언제나 똑같은 열두 벌의 벨벳옷을 입고 검은 우산을 지팡이로 삼았다. 그는 파리음악원을 마친 이후 1884년부터 피아노곡을 중심으로 작곡하여 1888년 '짐노페디'를 완성했다. 그는 1890년에 몽마르트로 이사가서 나이트클럽에서 피아노를 치며 생활비를 벌었다. 1898년 파리를 떠나 아르쾨유의 조그만 방에 기거하면서 죽는 날까지 살았다.

코르테스의 그림과 사티의 음악은 보편적 인간의 모습을 전달하기 때문에 나의 눈과 귀를 사로잡았다. '짐노페디'를 듣고 있으면 쌀쌀한 늦가을, 앙상하게 남은 나무들, 해질녘 어디론가 사라지는 사람들의 풍경이 마음에 그려진다. 이 음악을 듣다 보면 인간은 '영원할 수 없는 풍경'이라고 말을 하는 사티를 발견하게 된다.

나는 이 책을 쓰면서 틈날 때마다 니코스 카잔차키스(Νίκος Καζαντζάκης, 1883~1957)와 서머셋 몸(William Somerset Maugham, 1874~1965)의 책들을 읽었다. 그 이유는 카잔차키스처럼 영혼과 육체에 관한 인간 본질을 탐구하고 싶었고, 몸이 그의 작품에서 다양하게 시도한 인간 심리 묘사 및 대중성에 대한 치열한 고민을 배우고 싶었기 때문이다. 두 사람 모두 공통적으로 인간 심리와 인간 본질을 탐구했다. 그런데 탐구내용을 카잔차키스는 야수파와 같이 강렬히 표현했고, 몸은 인상파와 같이 철저히 관찰했다.

카잔차키스는 현실을 온몸으로 살면서 자유를 갈구했는데, 『러시아기행(Ταξιδεύοντας: Ρουσία)』을 통해서 "러시아인은 피와 보드카에 절어 있으면서도 순수함을 간직할 수 있는 사람"이라고 말했다. 그는 『그리스인 조르바(Βίος και πολιτεία του Αλέξη Ζορμπά)』를 통해서 인간 본질을 깊숙이 탐구했다. "인간의 영혼은 육체라는 뻘 속에 갇혀 있어서 무디고 둔한 것이다. 영혼의 지각 능력이란 조잡하고 불확실한 법이다. 그래서 영혼은 아무것도 분명하고 확실하게 예견할 수 없다." 그렇다. 그는 인간의 본질이 사랑과 육체와 불만의 호소로 이루어진 모순 덩어리라는 사실을 간파했다.

몸은 인간 본질과 함께 소설의 대중성을 고민했는데, "화가가 붓과 물감을 가지고 생각을 짜내듯이 소설가도 자신의 역사를 가지고 생각을 짜낸다"고 생각했다. 그런데 몸은 오직 그림만을 위해 철저하게 모든 것을 희생하는 고갱의 삶을 '달과 6펜스(The Moon and Six pence)'라는 이미지로 표현했다. '달'은 고갱의 그림에 대한 광적인 열정을, 6펜스는 고갱이 헌신짝처럼 내던진 세속적인 명예와 행복을 상징한다. 몸은 『과자와 맥주(Cakes and Ale)』의 여주인공 로지를 묘사하면서 "그녀는 아무것도 하지 않을 수 있는 능력을 가지고 있었다"라고 포착했다. 순간순간을 치열하게 사는 『달과 6펜스』의 스트릭랜드, '아무것도 하지 않을 수 있는 능력'을 갖고 일상을 살아가는 로지가 있었다.

    그것은 마치 열과 성을 다해 십 년에 걸쳐 책 한 권을 완성하는 역사가와 이 세상에 할 일이 하나도 없을 때까지 그 책을 아무데나 놓아두는 독자와도 닮았다. 인생은 열정으로 살 수도, 무위로 살 수도 있는 동전의 양면과 같다. 무엇이 좋은 선택인지 눈을 감은 자만이 알 수 있을 듯하다.

2020년 10월

김 영 수

차례

5 저자의 글

프롤로그. 서울에 퍼진 소문

17 서울의 연회와 을미사변의 악몽
19 단발령의 여파와 명성황후 생존설
25 들불처럼 일어난 을미년 의병

1부. 1896년 2월, 러시아
공사관으로의 파천

31 외국 공사관에 보호를 요청한 고종
31 어두운 정동 공사관 거리
34 쉬뻬이에르에게 몰래 전해진 고종의 메모
39 고종의 구원 요청과 도피 계획
48 고무라 공사의 낙관적 정세 판단

56 아관파천의 재구성
56 정동 언덕에 자리잡은 러시아공사관
59 쉬뻬이에르 공사가 지켜본 아관파천 순간
64 까르네예프 대령이 포착한 아관파천 순간
71 김홍집 내각의 파멸
78 고무라의 조선 정세 보고
84 충격에 빠진 고무라의 대응
92 아관파천의 일등공신, 이범진

101 주한 서구인의 반응
109 고종이 파천을 단행한 까닭
116 내각의 조직과 개혁 실행
125 윤치호가 바라본 아관파천

134 서울·도쿄·모스크바에서의 움직임
134 러시아의 군사지원
144 막강한 정치적 영향력을 가진 베베르
154 일본군 병영 이전 및 일본 수비대 교체

165 국내 정치세력 간의 연대와 대립
165 고종시대 정치세력, 개화파와 수구파
174 지방관 관제 개혁을 둘러싼 갈등
179 정국 주도를 둘러싼 궁내부와 독립협회의 대립

2부. 1897년 2월, 고종의 환궁

189 환궁을 위한 준비
189 고종의 경운궁 복원
196 광무 연간 고종의 정치무대, 경운궁
205 '서울외교단의 꽃', 손탁의 활약

215 환궁 요청 상소와 러일협상
215 윤효정의 환궁 상소와 안경수의 활동
221 고무라와 베베르의 환궁 협상
226 조선군대 양성을 둘러싼 러·일의 동상이몽
233 신임 총리대신 김병시의 임명장 사양
240 요리히토의 고종 접견
245 러시아 군사교관단의 조선군대 훈련

251	경운궁 환궁에 대한 국내외 반응
251	신민의 환호와 기대 속에 돌아온 고종
257	환궁에 대한 구미인들의 시각
261	러시아의 복잡한 시선
267	예의 주시하며 환궁을 반긴 일본

에필로그. 아관파천이 가져온 정국 변화

281	청일전쟁 이후 재편된 동북아 질서
285	정국 장악을 위한 고종의 선택
287	아관파천을 주도한 사람들
289	러시아 카드로 시작된 고종의 전제정치

293	후기
299	찾아보기

프롤로그

서울에 퍼진 소문

드디어 빠리다! 아름다운 도시, 거리, 가로수길, 상점, 건물들이 참으로 웅장하다. 이 큰 도시에 나 자신을 담고 싶어서 아침 식사 후 곧바로 나갔다. 마들렌 거리와 콩코드 광장 주변의 주요 거리들을 따라 걸었다. … 날이 저물어 갈 때 그늘은 더 길어진다. 사람이 나이가 들어갈수록 기억은 더 멀리 미친다.

『윤치호일기』, 1896. 8. 21, 1896. 9. 12.

서울의 연회와 을미사변의 악몽

봄날의 거리는 눈과 진흙으로 범벅되어 지겨울 정도로 질퍽거렸다. 그날 저녁 조선 내각 주재의 연회가 열렸는데, 가무를 하는 소녀 5명의 발은 자랑할 만큼 아름다웠다. 조선 여성의 의상은 일본 같이 화려함은 부족하지만 중국 의상보다는 품위가 있으며 자연스러웠다.

방 안에서 노래가 울려 퍼지는 동안 그 안은 연기로 자욱했다. 조선의 음악은 중국의 음악보다는 확실히 더 낫게 들렸다. 사람들은 노래를 부르거나 춤을 추거나 술을 마시거나 음식을 먹을 때 손님들 앞에서 요강을 사용하면서 아무도 낯을 붉히지 않았다. 아무리 술잔이 크다 해도 마시는 사람은 그 안의 술을 다 비울 때까지 결코 잔을 내려놓지 않았다. 심지어 술을 마시면서 음식까지 씹었다. 조선인은 세상에서 가장 담배를 많이 피우는 사람들임에 틀림없다. 아무리 상류층이라고 해도 여성들도 언제나 담배를 피웠다. 담배, 시가, 작은 담뱃대, 큰 담뱃대가 누구에게나 잘 어울렸다.[1]

1895년 3월 9일(음력 2. 13) 의정부 참의(參議) 윤치호는 오후 6시 내각 비서관이 주재한 연회의 참석하여 그 모습을 기록했는데, 청일전쟁의 여파에도 불구하고 조선 내각과 왕실은 여전히 사치와 향락으로 가득 찼다.

그 뿐만이 아니었다. 고종은 1895년 9월 4일(음력 7. 16) 오후 3시 조선왕조 504년 개국기원절 행사에서 주한 외교사절단을 접

---

[1] 國史編纂委員會編, 『尹致昊日記』 4권, 國史編纂委員會, 1984; 국사편찬위원회 편, 『국역 윤치호 영문 일기』 3권, 2015, 37쪽; 『承政院日記』, 고종 32년 2월 2일.

견했다. 명성황후는 오후 5시 주한 외국공사 부인, 조선 대신과 협판의 부인을 접견했다. 오후 8시 만찬은 경회루(여름궁전)에서 시작되었는데, 일본, 청국, 서양의 등불이 경회루를 아름답게 비추었다. 1주일 동안 준비한 경복궁 경회루는 온갖 등으로 장식되어 깔끔하고 화려했다.

병풍을 이용해 커다란 경회루의 누각을 두 칸으로 나누어, 넓은 공간은 조선과 외국의 남자들이, 좁은 공간은 부인들이 앉았다. 짧은 연설로 축하연을 시작한 고종은 연설을 마치고 자리에 착석하여 내빈들이 축하연을 편안하게 즐기도록 했다. 명성황후도 여성이 모여 있는 공간에서 동일하게 했다. 모두가 연회를 즐겼다. 조선식으로 무용, 음악, 노래 등을 진행했는데, 이날 연회의 정점은 조선인이 만든 폭죽이 터진 순간이었다. 개국기원절 축하연은 밤 12시가 넘어서야 끝났다.[2] 전날 외부협판으로 임명되어 행사의 통역을 전담한 윤치호는 경회루 내부의 풍경과 개국기원절 행사를 상세히 기록했다.

그런데 1년 후 윤치호는 1896년 8월 25일 모스크바대관식에 참석한 이후 파리에 머물면서 1년 전 있었던 왕실의 행사를 회상하며 명성황후를 기억했다.

그 행사는 1895년 8월 24일(음력 7. 5) 주한 외국대표를 초청하여 경회루에서 열린 연회였다. 그날은 달이 밝았고, 여러 가지 장식과 등이 궁궐에 걸려있었고, 온갖 종류의 기다란 식탁이 준비되었다. 윤치호는 온유한 모습을 띤 고종, 만면에 미소를 짓고

---

2   國史編纂委員會編, 『尹致昊日記』 4권, 國史編纂委員會, 1984; 국사편찬위원회 편, 『국역 윤치호 영문 일기』 3권, 2015, 61쪽; 『承政院日記』, 고종 32년 7월 15일, "윤치호는 명성황후가 자신의 부인과 아기를 매우 우아하게 맞아주었고, 고종이 자신의 아기와 악수하면서 예쁜 조선 부채를 선물로 주었다고 기록했다."

있는 명성황후, 다소곳한 모습의 궁녀, 성품이 넉넉한 귀빈들을 떠올렸다.

그날 밤 주한 러시아공사 베베르의 부인은 고종과 명성황후가 더이상 고난이 없기를 기원했다. 호사다마랄까, 술에 취한 주한 일본영사는 명성황후와 궁녀들이 자리하고 있던 누각을 곧장 가로질러 가는 무례를 범했다.

파리의 밤을 보내며 1년 전 그날의 회상에서 깨어난 윤치호는 울부짖었다.

"단지 1년이 지났을 뿐인데 왕후는 어디에 계신가? 그 사이 어떠한 비극 아니 어떠한 일련의 비극이 일어났던가! 겨우 한 달 뒤에 명성황후는 더이상 존재하지 않게 되었다."

"인생은 일장춘몽이다. 그것은 악몽이었다."[3]

윤치호는 조선 내각과 왕실의 행사 이후 벌어진 10월 8일(음력 8. 20) 을미사변에 대한 강렬한 기억을 '악몽'으로 표현했다. 윤치호에겐 그 당시 슬픔을 견딜 수 없을 것 같았지만 시간이 지나면서 차차 누그러졌고, 결국은 자비로운 망각의 도움을 받아 그는 인생의 짐을 다시 질 수 있었다.

단발령의 여파와 명성황후 생존설

조선의 관료 윤치호는 을미사변을 '악몽'으로 기억했지만, 조선의 백성들은 일본의 국모시해라는 '비극'으로 받아들였다. 당

[3] 國史編纂委員會編, 『尹致昊日記』 4권, 國史編纂委員會, 1984; 국사편찬위원회 편, 『국역 윤치호 영문 일기』 3권, 2015, 258쪽.

시 백성들은 을미사변을 1895년 10월 8일 새벽 주한 일본공사 미우라(三浦梧樓)가 지휘하는 폭도들이 경복궁에 난입하여 명성황후를 암살한 사건으로 기억했다. 여기에 일본은 을미사변으로 반일감정이 들끓고 있는 조선의 민심에 기름을 부었다. 일본의 후원을 받던 김홍집(金弘集) 내각은 1895년 12월 30일(음력 11. 15) 성년 남자의 상투를 자르는 단발령(斷髮令)까지 발표했다.[4] 그러자 1895년 1월 을미의병이 봉기했고, 충청도 유인석(柳麟錫)과 강원도 이소응(李昭應)은 반일 의병운동의 중심이 되었다.

단발령에 대한 반발은 기름에 불을 붙인 듯 과히 폭발적이었다. 1896년 1월 1일(음력 11. 17) 전후 서울은 눈 덮인 백색의 계엄령 정국이었다. 고종과 대원군은 일본의 강요로 머리카락을 잘랐다. 지방에서는 을미의병이 봉기하기 시작했다. 서울 주둔 일본수비대 600명은 자국민 보호를 구실로 경계를 더욱 강화했다.

일본의 압력에 못 이긴 고종은 12월 30일(음력 11. 15)자로 단발을 결심하면서 관료와 백성도 단발령에 관한 자신의 모범을 따르라는 명령을 내렸다. 1895년 12월 31일(음력 11. 16) 고종과 대원군은 러시아공사를 포함한 주한 외교대표의 협조를 기대했지만 아무도 오지 않아서, 어쩔 수 없이 머리카락을 자를 수밖에 없었다. 종로 거리의 상인도 단발을 피하기 위해 31일 철시했다. 시장 상인들이 문을 닫으면서 서울의 생필품 가격은 폭등했다.[5]

1896년 1월 1일(음력 11. 17) 윤치호는 눈 내린 서울의 낭만적인 풍경과는 달리 단발령으로 동요하는 서울의 민심을 포착했다.

---

4 『承政院日記』, 고종 32년 11월 15일.
5 國史編纂委員會編, 『尹致昊日記』4권, 國史編纂委員會, 1984; 국사편찬위원회 편, 『국역 윤치호 영문 일기』3권, 2015, 112쪽.

"두텁게 쌓인 눈이 온 도시에 은색의 눈부신 장관을 연출했다. 눈이 언제나 저렇게 희었으면 좋겠다." 그럼에도 윤치호는 단발령 때문에 서울 안팎이 울부짖고 있다고 기록했다. 윤치호는 조선인이 폭동을 일으키지 않을까 우려하면서도, 서울 주둔 일본 군대가 소요사태를 막을 수 있을 것이라고 판단했다. 조선인은 단발령에 대해서 머리양식이 아닌 자신들의 정신과 마음을 바꾸려는 것으로 의심했다. 윤치호는 김홍집 내각이 강제적으로 망건을 포기하도록 불필요하게 민심을 자극하는 이유를 모르겠다고 기록했다.[6]

1895년 10월 을미사변 이후 지방에서 을미의병이 발생했다. 단발령까지 내려져 을미의병은 더욱 강력해졌고 1896년 2월 11일 아관파천 이후에도 서울에서 출동한 친위대와 총격전을 전개할 정도로 막강한 세력을 유지했는데 을미의병이 서울을 위협할 정도였다.

주한 미국공사 실(J.M.B. Sill)에 따르면 지방 을미의병은 단발령을 기점으로 1896년 1월 19일 전후 대대적인 폭동을 일으켰다. 2월 7일 히로시마재판소가 미우라를 석방했다는 소식이 조선에 알려졌다.[7] 실은 아관파천 직전 단발령으로 인해 을미의병이 서울에 근접할 정도로 격화되었고, 서울 주둔 조선군대가 을미의병을 진압하는 데 대부분 동원되어, 서울의 경계가 약화되었다고 미국정부에게 보고했다.[8]

---

6 國史編纂委員會編,『尹致昊日記』4권, 國史編纂委員會, 1984; 국사편찬위원회 편,『국역 윤치호 영문 일기』3권, 2015, 115쪽.
7 John M.B Sill, 1896.4.16, Chronological Statement Event-Enclosure, pp.4-5(NARA FM 134 Roll 12 No 213).
8 John M.B Sill, 1896.2.11, King; a refugee at Russian Legation, pp.1-2

러시아 참모본부 소속 까르네예프(В.П. Карнеев) 대령은 1896년 1월 말 2월 초 을미의병의 상황에 대해 조선정부가 을미의병 진압을 위해 2개 대대를 지방에 파견했다고 기록했다. 서울주둔 훈련대가 을미의병 진압을 위해서 지방에 상당수 파견되어 서울의 병력이 약화되었다. 조선정부는 4명의 일본 교관의 지휘하에 210명의 훈련대를 평안도로, 6명의 일본 교관의 지휘하에 315명의 훈련대를 충청도와 전라도로, 6명의 일본 교관의 지휘하에 315명의 훈련대를 강원도 춘천과 원주로 파견했다.[9]

까르네예프 대령은 강력한 춘천의병의 상황을 기록했다. 대원군을 지지하는 이소응은 강원도에서 의병들을 지휘하여 무기고를 폭파하고, 춘천 관찰사를 죽였다. 이소응은 자신의 부대를 조직하고 좋은 총기를 확보하여 명사수인 호랑이 사냥꾼들까지 동원하여 서울에 파견 나온 훈련대를 격파시켰다. 그 과정에서 훈련대 병사 315명 중 30명이 사망했다.

까르네예프에 따르면 조선정부는 을미의병을 진압하기 위해서 420명의 훈련대 병사를 파견했다. 조선정부는 서울 방어를 위하여 훈련대의 군속자를 중심으로 3대대를 구성했는데, 일본인이 필요한 무기와 탄약을 공급해 주기로 약속했다.[10] 을미의병은 서울에서 동쪽으로 50베르스타(약 53km) 떨어진 정부 소유의 화약

(NARA FM 134 Roll 12 No 195).
9 Карнеев и Михайлов, Поездка генерального штаба полковника Карнеева и поручика Михайлова по Южнее Корее в 1895-1896 гг, По Корее. Путешествия 1895-1896 гг. М. 1958. С.177. 전체 상황을 보았을 때 1개 대대는 2중대 400명이 맞고 2개 대대는 800명이 맞다. 다만 본문의 800명 언급은 전체 인원을 파악했을 때 군인 800명으로 추정된다.
10 Карнеев и Михайлов, Поездка генерального штаба полковника Карнеева и поручика Михайлова по Южнее Корее в 1895-1896 гг, По Корее. Путешествия 1895-1896 гг. М. 1958. С.183.

창고를 점령한 뒤 도시로 진격했다. 원산과 부산으로 연결되는 전신선도 모두 의병에 의해서 절단되었다. 그럼에도 을미의병은 지위 계통이 서 있지 않아서 활동이 산발적인 한계를 갖고 있었다.[11]

주한 러시아공사 쉬뻬이에르(А.Н. Шпейер)는 1월 '명성황후 생존설'까지 떠도는 뒤숭숭한 서울의 소식을 러시아정부에 보고했다. 쉬뻬이에르는 1896년 1월 14일(러시아력 1. 2) 베베르가 말한 명성황후 생존 소식을 전달했다. 이 문서에는 명성황후 생존설을 기원하는 조선인의 희망이 섞여있었다. 고종도 일본의 강요에도 불구하고 명성황후 장례식을 연기시키려고 노력했다.

쉬뻬이에르에 따르면 "베베르는 자신이 수집한 모종의 정보를 외무부에 보고했다. 그 정보는 명성황후가 살아서 숨어 있으며 주한 러시아공사관에 피신하기를 원한다는 소문이었다. 이 소문은 서울에서 끊임없이 퍼져 나가고 있다. 고종은 이런 소문에 특별한 의미를 부여했다. 고종은 베베르에게 명성황후 소식을 가장 먼저 알려준 조선인을 찾아달라고 요청했다. 이범진에 따르면 아직 아무런 결과가 없고, 소식을 전한 조선인은 행방불명되었다. 고종은 아직 희망을 버리지 않고 있었다."

쉬뻬이에르는 일본인이 과도한 경비 지출을 피하기 위해 1896년 1월 말 명성황후의 가짜 시체로 장례식을 거행하려 한다고 보고했다. 하지만 고종은 일본인의 명성황후 장례식 계획을 반대하며, 입춘까지 장례식을 연기해 줄 것을 요청했다.[12]

---

11 Карнеев и Михайлов. Поездка генерального штаба полковника Карнеева и поручика Михайлова по Южнее Корее в 1895-1896 гг, По Корее. Путешествия 1895-1896 гг. М. 1958. С.184.
12 АВПРИ. Ф.150.Оп.493.Д.5.Л.8-9об.

주일 러시아공사 히뜨로보(М.А. Хитрово)는 1896년 1월 15일 (러시아력 1. 3) 을미사변 이후 고종의 어려운 상황을 러시아정부에 보고했다. 고종은 포로 같은 생활로 정말로 참기 힘들 정도로 어려웠다. 고종은 허울뿐인 권력만 남아 있었다. 이런 상황에서 친일 세력은 아무런 통제를 받지 않고 권력을 휘둘렀고, 왕세자를 일본으로 보내려 시도했다. 명성황후가 살아 있다는 소문이 확산되면서 고종은 러시아가 일본인의 폭압에 맞서 달라는 도움을 요청했다.[13]

일본 외무대신대리 사이온지(西園寺)는 1896년 1월 21일 왕세자의 일본 연행설 관련 정보를 주한 일본공사 고무라(小村)에게 제공했다. 히뜨로보도 쉬뻬이에르의 전신 내용을 사이온지에게 알려주었다. 쉬뻬이에르는 조선에서 일본의 주의를 촉구했다. 고종은 현재 포로 상태로 행동까지 자유롭지 못했고, 왕세자를 일본으로 연행하려는 계획을 강력하게 반대했다. 하지만 사이온지는 왕세자의 일본 연행에 대한 보고가 사실무근이라고 히뜨로보에게 답변했다.[14]

'명성황후 생존설'은 여러 가지 정치적 고려가 뒤섞인 것이었다. 고종은 일본이 왕세자의 일본 연행을 계획하자, 김홍집 내각에 저항하는 방안을 고민했다. 여기에 일본이 명성황후 장례식을 계기로 정치적 사건들을 신속히 정리하려고 하자, 고종은 명성황후 시해사건을 정치적 현안으로 제기하는 방법을 선택했다. 그 핵심이 죽은 '명성황후의 생존설'이었다.

13 АВПРИ. Ф.150.Оп.493.Д.5.Л.61.
14 『駐韓日本公使館記錄(7)』, 1896년 1월 21일, 電信「조선국 세자 일본연행설에 대한 진상 규명」, 西園寺 → 小村公使, 273쪽.

을미사변으로 촉발되어 단발령으로 퍼진 반일정서는 고종의 아관파천으로 이어졌다. 아관파천이란 1896년 2월 11일 고종이 을미사변 이후 신변의 위협을 느껴 러시아공사관으로 피신한 사건이다. 일본의 개혁에 반발한 고종은 아관파천 이후 1896년 3월 을미사변에 대한 재조사를 명령했고, 1897년 8월 단발령까지 취소했다.[15]

들불처럼 일어난 을미년 의병

을미의병은 1896년 1월 충청도 제천 유인석과 강원도 춘천 이소응을 중심으로 일어나, 2월에는 경상도 북부와 강원도 북부, 그리고 함경도 북부까지 확대되었다. 아관파천 시기 을미의병은 일본에 대한 저항에서 시작되었지만 정부에 대한 반발도 포함되었기 때문에 11월까지 산발적으로 전개되었다.[16]

그런데 아관파천 직후 을미의병은 일부 지역에서 일본인을 공격했다. 그 과정에서 발생한 '죽변사건'은 대한제국 시기 한일 양국의 최대 외교 현안 중 하나였다. 죽변사건은 1896년 3월 13일 강원도 울진군 죽변에서 조선인이 일본인 15명을 피살한 사건이다. 그 후 주한 일본공사관은 러일전쟁 직전까지 '죽변사건'에 대한 보상을 조선정부에게 집요하게 요구했다.

주한 일본공사 고무라는 1896년 4월 4일 죽변사건의 관련자

---

15 『高宗實錄』, 고종 34년 8월 12일.
16 『駐韓日本公使館記錄(11)』, 1896년 11월 18일, 報告第15號 「施政一班 등 보고」, 加藤 臨時代理公使 → 大隈 外務大臣, 99쪽.

색출을 요구하는 서신을 외무대신 이완용에게 제출했다. 고무라는 "최근 조선의 난민(亂民)들 손에 죽은 일본인이 벌써 35명에 달했지만, 죽변사건이 가장 참혹한 것이다"라고 주장했다. 고무라는 "조선정부가 조속히 지방관에게 엄명하여 빨리 가해자를 색출 체포하여 국법에 의해 엄중하게 처벌할 것"을 요구했다. 주한 일본공사관을 포함한 일본정부는 죽변사건을 심각하게 받아들였다.

외무대신 이완용은 '죽변사건'에 대한 파장을 우려하여 고무라의 서한에 대해서 3일이 지나서야 답변서를 겨우 작성했다. 이완용은 주한 일본공사관의 4월 4일자 공문을 통해서 강원도 울진 등지에서 쓰치하시 등이 피살되었다는 사실을 확인해 주었다. 1896년 4월 7일 외무대신 이완용은 죽변사건에 대해서 주한 일본공사 고무라에게 "조선의 각 지방 의병(匪類)의 행동으로 인하여, 일본인 피살자가 15명이라는 숫자에 매우 놀랐다"고 답변했다. 이완용은 "문제의 해결을 위하여 이미 내부(內部)에 통지했고, 일정 기간 안에 흉악범을 체포해서 법부(法部)에 압송하도록 해당 지방관에게 명령했다"고 답변했다.[17]

주한 러시아공사 베베르는 아관파천 직후 러시아공사관의 입장이 대단히 어려웠는데, 고종의 신변보호, 조선인과 일본인의 충돌 방지 등의 어려운 일을 수행했다고 회고했다. 베베르는 러시아공사관의 안전은 물론 고종의 생명에 대한 책임까지도 짊어졌는데, 서울에서 조선인과 일본인 간의 충돌 가능성까지 고려

---

17 『駐韓日本公使館記錄(9)』, 1896년 4월 7일, 一. 本邦人被害에 關한 件 三·四(8) 照會 第17號 [蔚珍地方에서의 日本人 集團殺害事件 處理에 대한 照覆], 外部大臣 李完用 → 大日本辨理公使 小村.

해야 했다.

그런데 베베르는 아관파천 이후 일본인 약 40명의 사망을 보고하면서 명성황후 시해에 대한 배상을 처음으로 언급했다.

주한 일본공사관은 아관파천 이후 사망한 자국민에 대한 배상을 조선정부에 요구했다. 그러자 베베르는 명성황후 시해 배상 요구를 일본정부에게 제기할 것을 권고했고, 이에 따라 조선정부는 명성황후 시해에 대한 배상을 주한 일본공사관에 요구했다. 결국 주한 일본공사관은 아관파천 시기 일시적으로 일본인의 사망에 대한 배상 요구를 포기했다.

그런데 아관파천 시기 죽변사건을 주도하고 참여한 인물은 누구였을까? 지금까지 을미의병은 춘천 이소응과 제천 유인석 의병만 알려졌는데, 죽변에 출몰하여 대규모의 일본인을 공격한 의병부대는 어떻게 조직되었고, 그 영향은 무엇일까? 일본정부는 현재까지 명성황후 시해에 대한 사과와 배상을 진행한 적이 없다. 당시 죽변사건은 명성황후 시해 배상과 맞물린 문제로 한일관계의 뜨거운 감자였다. 죽변사건의 실타래를 풀기에 앞서 먼저 아관파천의 긴박한 현장으로 달려가 보자.

1부

1896년 2월, 러시아공사관으로의 파천

외국 공사관에 보호를 요청한 고종

어두운 정동 공사관 거리

검은 어두움이 하늘에서 내려오고 있었다. 스산한 구름이 나직이 깔리고 쌀쌀한 기운이 도는 것이 아무래도 눈이 내릴 것 같았다. 마포에서 공덕동을 겨우 지나자 깜깜한 어둠이 짙게 내려왔고 저 멀리 서대문이 보였다. 도시가 시야에 들어왔을 때 모든 것이 그만 마법의 주문에 걸린 듯이 얼어붙어 있었다.

서울 도성 중심에 있는 종루(보신각)에서 새벽 4시경 종이 33번 울리면 성문을 열고, 밤 10시경 종이 28번 울리면 성문을 닫았는데, 성문 운영시간에 맞춰 백성은 하루를 시작하고 마감했다. 삼십삼천 세계는 미물 곤충 등 모든 것을 깨우는 신호였고, 이십팔천 세계에는 욕계, 색계, 무색계의 모든 중생을 편안히 재우는 소리였다. 종루의 종소리 하나하나를 따라 듣고 있노라면 한없이 어두운 심연 속으로 나선형의 곡선을 그리며 빠져들어서는 헤어날 출구를 찾지 못할 만큼 가라앉아 버렸다.

1905년 정동 거리(위)와 구한말 정동교회(아래)

"이미 어둠이 도시 전체를 뒤덮고 있었다. 조그만 등을 든 조선인의 안내를 받아 좁은 골목길을 따라가다가 마침내 작고 빈 안뜰에 들어섰다. 우리가 대문을 두드리자 그 문이 열렸다."

영국인 선교사 존 로스(John Ross)는 1890년 서대문을 지나서 찾아간 정동 거리와 교회를 기억했다.

정동은 1880년대 '양인촌(洋人村)'이라 불렸다. 코 크고 키 큰 외국인 외교관, 선교사 들이 이곳을 선호했기 때문이었다. 미국 선교사 알렌(H.N. Allen)은 1884년 정동에 주택을 건립하여 정동 외국인 거주지의 디딤돌을 놓았다. 알렌은 선교사들이 미국공사관 주변에 몰려 살도록 주선했다. 미국 선교사 언더우드(H.G. Underwood)는 정동 32번지에 있던 토지와 한옥을 사들여 1886년 고아원을 만들었다. 언더우드는 1887년 정동 13번지 한옥의 사랑방에서 예배를 드렸는데, 정동교회의 시작이었다. 정동은 경운궁, 중명전, 선원전, 정동제일교회, 배재학당, 태평로 지역 등의 6개 권역으로 나뉘었다.[1]

정동에는 독서실과 당구장이 있는 외교관 클럽(정동구락부) 등이 있었다. 외교관 클럽은 매우 편리한 사교기관이었다. 관청 근무자와 상인들이 하루의 일과를 마치면 매일 저녁 그곳에 모여들어 당구나 트럼프 놀이를 즐겼고, 책을 읽고 신문을 열람하는 데 시간을 보내곤 했다.[2]

경운궁(덕수궁)은 경복궁 앞 육조의 광화문 사거리에서 태평로 길이 휘어져 내려오고 경운궁의 동쪽으로 소공로와 서소문로 갈

1 김정동, 『고종황제가 사랑한 정동과 덕수궁』, 발언, 2004, 9-16쪽, 144-147쪽.
2 에일 마르텔, 『외국인이 본 조선외교비화』, 1934, 259쪽; 이순우, 『손탁호텔』, 하늘재, 2012, 242쪽.

라지는 방사선 도로망에 위치했다.

서대문에서는 전신주가 서 있는 긴 거리를 지나면 더 넓은 거리가 나타났고 서양식 건물들이 보였다. 건물 터가 뒤쪽 성벽까지 연장되서 지대가 높아 도시의 전경과 둘레의 산들이 잘 보였다. 정동이라는 골짜기에 위치한 외국 공사관들이나 가톨릭성당은 눈에 잘 띄었다. 그곳에는 영어로 쓰인 간판이 걸린 벽돌 건물들이 있었다.[3] 그 안에 들어서면 정동 오른쪽에는 경운궁 주변으로 외국 공사관, 학교, 교회, 호텔 들이 자리잡고 있었다. 서울, 그 거리의 기와집과 초가집 풍경 사이에 서양풍 건축물이 들어왔다. 미국인은 정동을 감리교와 장로교 지역으로 분할했다. 정동 한복판의 '공사관 거리(公館路)'를 따라 미국, 영국, 프랑스, 러시아 공사관이 자리잡고 있었다.[4]

쉬뻬이에르에게 몰래 전해진 고종의 메모

새로 부임한 주한 러시아공사 쉬뻬이에르(А. Н. Шпейер)는 서울의 첫 인상을 "서울은 자연스럽지도 정리되지도 않은 상태였다"라고 기록했다.

1896년 1월 14일(러시아력 1. 2) 쉬뻬이에르는 일본에 의해서 혼돈에 빠진 서울의 상황을 열거했다. 명성황후 시해 사건, 포로 상태인 고종, 피로 물든 김홍집 내각의 권력 장악, 일본의 지나친 내정간섭, 강제로 상투를 잘린 도시민 등이 바로 그것이다.

---

3   김영수, 『명성황후 최후의 날』, 말글빛냄, 2014, 18쪽.
4   까를로 로제티, 『꼬레아 꼬레아니』, 숲과나무, 1996, 55쪽.

주한 러시아공사 쉬뻬이에르

일본은 조선을 '일본화'하는 것이 목적이었다. 조선 백성은 저항할 힘이 없기 때문에 일상 생활의 치욕을 인내할 수밖에 없었다. 이런 일본의 강압정책으로 인해 일본인에 대한 조선인의 증오심은 더욱 강화했다.

쉬뻬이에르는 고종과의 면담 내용과 지원 요구 등을 러시아 외무부에게 보고했다. 쉬뻬이에르가 서울에 도착한 다음 날 전 궁내부 협판 이범진은 고종을 대신해서 환영 인사를 하면서 고종의 비밀서한을 전달했다. 이범진은 고종의 절대적 신임을 받았지만 을미사변 직후 주한 러시아공사관으로 도피한 상태였다.

1896년 1월과 2월 주한 러시아공사관에서는 전임 공사 베베르와 현임 공사 쉬뻬이에르 2명이 함께 거주했다. 1896년 1월 14일 (러시아력 1. 2) 쉬뻬이에르는 주한 러시아공사관의 모든 업무를 전 주한 러시아공사인 베베르로부터 위임받았다. 쉬뻬이에르는 1896년 1월 2일 경복궁에서 베베르의 소개로 신임장을 제출했다. 그 자리에서 고종은 "나는 일본인이 왕세자를 일본으로 데려가려고 한다는 소문을 확실하게 믿고 있습니다"라고 말했다. 그날 쉬뻬이에르는 고종의 신변 안전 요청을 수용할지 여부를 전보를 통해서 러시아 외무대신에게 질문했다.[5]

1896년 1월 22일(러시아력 1. 10) 쉬뻬이에르는 고종과 왕세자를 분리시키려는 일본의 음모를 막아달라는 고종의 요청을 러시아 외무부에 보고했다.

사실 고종은 주한 러시아공사의 빈번한 경복궁 방문이 유리하다고 판단했고, 주한 러시아공사관에 피신한 이범진을 통해서 쉬뻬이에르의 방문을 요청했다. 쉬뻬이에르는 1월 8일 고종을 다시 방문했다. 그 자리에는 고종에게 적대적인 대신이 배석했다. 쉬뻬이에르와 고종의 대화는 아주 평범한 주제로 한정되었다. 고종은 쉬뻬이에르를 배웅하며 악수를 청할 때 몰래 메모를 주었다. 이범진은 그 메모를 주한 러시아공사에게 읽어 주었다. "왕과 왕세자를 떼어 놓으려는 일본인들의 음모를 저지해 달라"는 간절한 내용이었다.[6] 그만큼 고종은 다급했고, 쉬뻬이에르는 그런 긴박한 상황을 러시아정부에 보고했다.

1896년 2월 2일(러시아력 1. 21) 쉬뻬이에르와 베베르는 고종의 아관파천 계획을 동의했다는 내용의 전보를 러시아 외무부에 보냈다. "고종은 생명의 위협을 느껴 수일 내로 왕세자와 함께 주한 러시아공사관으로 피신할 것이라고 비밀리에 통보해 왔습

5 "1896.1.2. 쉬뻬이에르 → 로바노프."(АВПРИ. Ф.150.Оп.493.Д.5.Л.5-7об).
6 АВПРИ. Ф.150.Оп.493.Д.5.Л.10-11об.

니다. 저는 동의한다고 답변했습니다."[7]

이러한 상황은 을미사변 이후 러시아정부의 적극적인 조선정책 때문에 가능할 수 있었다. 1895년 11월 8일(러시아력 10. 27) 러시아 외무부는 "만약 귀관이 현지 관점에서 불가피하다고 인정한다면 음모자들의 위협으로부터 고종을 보호하기 위한 모든 조치를 승인한다"라고 지시하여, 주한 러시아공사의 판단 하에 고종의 신변 안전에 대한 모든 수단을 승인했다.[8]

2월 2일(러시아력 1. 21) 쉬뻬이에르는 러시아 외무부에 전보를 보낸 다음 고종의 아관파천 요청 관련 비밀 서한을 상세한 보고서로 기록했다. 쉬뻬이에르에 따르면 고종은 며칠 전 자신과 왕세자의 눈앞에 닥친 위협 때문에 주한 러시아공사관을 은신처로 택했다. 고종은 주한 러시아공사관이 받아들여 보호해달라고 요청했으며 경복궁에서 자신들이 도피할 날짜와 시간을 미리 알려주겠다고 적었다. 고종은 위험한 도피의 성공 가능성을 최대한 보장받기를 원했다.

쉬뻬이에르는 베베르와 함께 고종의 밀서를 전달한 이범진에게 경복궁에서 주한 러시아공사관으로 이동할 때, 고종이 경복궁 담장 근처에서 위험에 처할 수 있다고 지적했다. 이범진에 따르면 경복궁이 고종에게 더 위험한 장소이므로, 만일 러시아가 고종을 받아들이기로 결정했다면 고종은 작은 위험 정도는 감수할 만큼 결심이 확고했다.

쉬뻬이에르는 베베르와 함께 고종의 계획에 동의할 수밖에 없

[7] "Опасаясь за свою жизнь, король секретно уведомил нас, что на днях намерен укрыться в Миссии с наместником. Ответил согласием."(АВПРИ. Ф.150.Оп.493.Д.5.Л.78).
[8] АВПРИ. Ф.150.Оп.493.Д.6.Л.119-120об.

었다고 주장했다. 그는 고종 앞에 수많은 난관이 가로놓여 있지만 아관파천 이외에는 다른 어떤 출구도 없다고 확신했다.[9] 도피하려는 고종과 받아들이려는 쉬뻬이에르, 두 사람의 합의는 이뤄졌다.

고종의 요청으로 주한 러시아공사관은 아관파천 준비에 분주했다. 1896년 2월 9일(러시아력 1. 28) 저녁 2명의 장교와 100여 명의 수병이 대포를 가지고 서울에 도착했다. 의병이 서울로 진격할 경우 주한 러시아공사관의 안전과 유럽인의 보호를 대비한다는 것이 공식적인 명분이었다. 주한 러시아공사관은 장교 5명, 카자크인 4명, 수병 135명, 대포 1대를 보유할 수 있었다.

그날 쉬뻬이에르는 주한 러시아공사관의 방어를 참모본부 소속 까르네예프 대령에게 명령했다. 까르네예프는 주한 러시아공사관 방어의 총책임자였다. 까르네예프는 러시아공사관을 방어하기 위해서 주변을 여러 구역으로 나누고 주야로 감시할 수 있는 초소를 설치했는데, 총을 편리하게 사용할 수 있도록 발사 지점의 벽에 흙을 쌓아올렸다. 주한 러시아공사관 주변은 특수 부대가 경비했고, 경보 신호 전달 방법과 부대의 교신 방법도 시험했다. 주한 러시아공사관에서 러시아 수병을 모두 수용할 수 없었기 때문에 길 건너 러시아 영사의 집을 숙소로 사용했다.[10]

주한 러시아공사관은 예고된 손님인 고종을 맞이할 준비를 모두 마쳤다.

9   АВПРИ. Ф.150.Оп.493.Д.5.Л.25-31об.
10 Карнеев и Михайлов, Поездка генерального штаба полковника Карнеева и поручика Михайлова по Южнее Корее в 1895-1896 гг, По Корее. Путешествия 1895-1896 гг. М. 1958. С.185.

고종의 구원 요청과 도피 계획

"나는 자신의 운명을 심히 애통해 하면서 러시아의 도움만을 기다리고 있습니다. 러시아의 도움으로 희망찬 미래를 맞이하기를 기대합니다. 나와 왕세자를 떼어 놓으려는 일본인의 음모를 저지해 줄 것을 간절히 요청합니다."

고종은 1월 14일(러시아력 1. 2) 다급한 상황을 알리는 비밀서한을 쉬뻬이에르에게 보냈다.[11]

고종은 당시 반일정서를 이용해 일본의 영향력에서 벗어나고자 했다. 그런데 춘생문사건의 실패로 고종의 측근인 궁내부 세력이 크게 약화되었다. 춘생문사건이란 1895년 11월 28일 새벽에 고종의 측근 세력이 궁궐 밖으로 고종을 구출하여 을미사변 이후 구성된 친일파 내각을 붕괴시키려 했던 사건이다. 당시 고종은 구미 각국 공사관에 도움을 요청했고 특히 미국과 러시아에 큰 기대를 걸었다. 그런데 미국정부는 조선 내정 불간섭 방침의 외교정책을 펼쳤기 때문에 미국공사관은 고종의 도움 요청에 응할 수 없었다.[12]

미국 국무장관 올니(Richard Olney)는 1895년 12월 평화적 해결을 위한 조선의 거중조정(居中調停, 알선) 요청에 대해서도 "주한 미국공사가 미국정부의 지시 없이 행동하는 것을 암시하는 행위를 하는 태도를 금지한다"고 주한 미국공사 실(J.M.B. Sill)에

---

11 АВПРИ. Ф.150.Оп.493.Д.5.Л.5-7об.
12 Richard Olney, 1895.12.2, Telegram; 박일근 편, 『한국관계 영미중 외교자료집 1887-1898』, 부산대학교출판부, 1983, 1100쪽.

고종(왼쪽)과 순종(오른쪽)

게 지시했다.[13] 미국정부는 주한 미국공사가 조선에서 정치적 개입과 관련한 모든 행동을 금지시켰다.

방법은 러시아공사관뿐이었다. 고종은 늦어도 1896년 1월 중순부터 러시아공사관으로 도피할 것을 구체적으로 타진했다.[14]

고종은 자신의 안전을 위해서 러시아 함장과 장교를 의도적으로 면담했다. 러시아 참모본부 소속 까르네예프(В.П. Карнеев) 대령은 2월 1일(러시아력 1. 20) 오후 1시경 쉬뻬이에르 공사의 주선으로 보브르(Бобр) 함장과 함께 고종을 경복궁에서 면담했다.[15]

까르네예프 대령 일행은 주한 러시아공사관에서 문관복으로 갈아입고 가마를 타고 출발하여 경복궁에 도착했다. 가마의 지붕에는 도금된 방울과 선반이 달려 있었고, 바닥에는 녹색 나사(羅紗)가 깔려있어서 화려했다. 경복궁은 주한 러시아공사관으로부터 약 15분 거리였다.

까르네예프 일행은 광화문의 쪽문을 지나서 궁궐 안으로 들어갔다. 궁궐 담 안에 있는 문을 지나 서쪽의 벽면을 따라 왼쪽으로 돌았다. 약 7분 후 세 번째 문에 도착했다. 여기서부터 까르네예프 일행은 가마에서 내려 고종이 거처하는 집옥재로 들어갔다. 까르네예프 일행은 집옥재 옆 건물로 안내되어 탁자가 놓인 방으로 들어갔는데, 집옥재 입구 앞에는 처마 모양의 흰 목면 조각이

13 장경호, 「고종의 미관파천 시도와 한미관계(1894-1905)」, 한국학중앙연구원 한국학대학원 박사학위논문, 2018, 82쪽.
14 김영수, 『미쩰의 시기: 을미사변과 아관파천』, 2012, 경인문화사, 180쪽.
15 Карнеев и Михайлов, Поездка генерального штаба полковника Карнеева и поручика Михайлова по Южнее Корее в 1895-1896 гг, По Корее. Путешествия 1895-1896 гг. М. 1958. С.175. 까르네예프는 보브르 함장을 몰라스로 기록했다. 몰라스는 아드미랄 꼬르닐로프호의 함장인데 오류로 판단된다.

막대기에 팽팽히 매어져 있었다.

까르네예프 대령은 경복궁에서 외무대신 김윤식을 포함하여 조선의 대신들을 만났다. 쉬뻬이에르는 김홍집 내각이 일본의 영향력에 있기 때문에 주한 외국대표들에게 인정받지 못하여 모든 공식 관계가 끊긴 상태라고 까르네예프 대령에게 얘기해 주었다.[16]

까르네예프 대령은 고종과의 면담 과정을 기록했다. 까르네예프 일행이 도착하자 고종은 잠시 후 그들을 만나고자 한다는 내용을 전달했다. 고종이 작은 응접실로 향하는 복도 입구 근처에 당도하자, 조선 대신은 전부 엎드려 절을 했다. 까르네예프 일행은 쉬뻬이에르 공사를 따라 가볍게 세 번 절하고 응접실로 들어갔다. 고종은 자신의 후계자인 왕세자와 나란히 앉아 있었고, 고종의 오른쪽에는 주한 러시아공사 통역사가 있었다. 통역사는 양쪽에 날개가 달린 모자를 쓰고 궁중 옷을 입고 있었다.[17]

까르네예프 대령은 상복을 입은 고종과 순종의 첫 인상을 남겼다.

"고종은 44살, 키는 보통이었고, 현명해 보였으며, 눈이 매우 빛났다. 고종은 매우 호감 가는 인상이었다. 왕세자는 24세, 권태롭고 생기 없는 눈에 얼굴이 누렇게 떠서 마치 병자 같았다. 둘 다 머리에 흰색 모자를 썼고, 흰색 비단 도포를 입고 있었다."[18]

---

16 Карнеев и Михайлов. Поездка генерального штаба полковника Карнеева и поручика Михайлова по Южнее Корее в 1895-1896 гг. По Корее. Путешествия 1895-1896 гг. М. 1958. С.176.

17 Карнеев и Михайлов. Поездка генерального штаба полковника Карнеева и поручика Михайлова по Южнее Корее в 1895-1896 гг. По Корее. Путешествия 1895-1896 гг. М. 1958. С.176.

18 Карнеев и Михайлов. Поездка генерального штаба полковника Карнеева и поручика Михайлова по Южнее Корее в 1895-1896 гг. По Корее. Путешествия 1895-1896 гг. М. 1958. СС.166-182.

고종과 왕세자는 명성황후의 국상 중이라 흰색 상복을 입고 있었다. 고종은 여행에 대해서 까르네예프에게 물었고, 건강에 대해서 보브르 함장에게 물었다. 까르네예프는 자상한 배려와 알현을 허락해 준 것에 대해서 고종에게 감사를 표시하면서, 진심으로 고종과 왕세자의 건강과 평안과 성공을 바란다고 말했다.

까르네예프는 고종의 러시아에 대한 기대, 고종의 왕세자에 대한 지극한 애정을 포착했다.

"고종의 눈은 기쁘고 상냥한 불꽃으로 반짝였다. 고종은 왕세자에게 미소를 지어 보인 후, 우리를 향하여 자상하게 고개를 끄덕였다."

까르네예프는 세 번 경배를 하고 뒤로 서서히 물러나 복도로 나왔는데, 곁채로 안내되어 샴페인을 마셨다.[19] 주한 러시아공사 쉬뻬이에르는 2월 1일(러시아력 1. 20) 육군 대령 까르네예프의 고종 알현을 주도하여 고종의 심리적인 안정을 도왔다.

고종으로 불리는 이희(1852~1919)[20]는 40대 중반으로 160센티미터가 조금 넘는 정도의 중간 키에 잘생기지도 못생기지도 않은 외모였다. 이복구비는 적당했지만 평범한 인상이었다. 눈썹은 옅었고 조그만 눈은 부드럽게 보였다. 그저 선량하고 정직한 평범한 사람처럼 보였다.

고종은 대체로 주변 사람들의 조언을 들어주는 친절한 인물이었다. 그럼에도 고종에게는 정국을 풀어나갈 열정과 의지가 부

19　Карнеев и Михайлов, Поездка генерального штаба полковника Карнеева и поручика Михайлова по Южнее Корее в 1895-1896 гг, По Корее. Путешествия 1895-1896 гг. М. 1958. СС.176-177.
20　고종은 아명이 이명복(李命福), 초명이 이재황(李載晃)이었지만, 즉위한 다음 이희(李熙)로 개명했다.

족했다. 부드럽고 상냥한 좋은 품성을 지녔음에도 불구하고 군주로서는 치명적인 약점이었다.

고종은 1863년 11살의 어린 나이에 조선 26대 왕위에 올랐다. 1873년 21살이 되어서야 아버지 흥선대원군의 섭정을 중단시키고 직접 정국 현안을 결정할 수 있었다. 고종은 1880년대 서구 제도와 문물에 관심을 갖고 서구 열강과의 외교관계를 체결했다. 주한 미국공사 실은 고종을 자주 배알하며 그의 성품을 파악할 수 있었다. 실에 따르면 "고종은 의연한 대장부라고 할 수 없으며, 성품이 온순하고 두려움이 많아 타인으로 하여금 연민의 정을 일으키게 했다."[21] 그를 만났던 서양인들은 고종이 부드럽고 상냥하며 다정한 인물이라고 파악했다. 또 다른 서양인들은 총기 있는 눈을 소유한 고종이 신경이 예민한 인물이라는 사실도 포착했다. 서양을 이해하려고 눈을 반짝이며 상대편의 이야기를 들어주는 군주가 서양인에게는 매력적으로 보였다.[22] 그럼에도 병인양요, 임오군란, 갑신정변 등에서 보듯, 고종은 아버지 대원군과 아내 명성황후에게 의존적이었다. 이러한 의존은 고종의 예민하고 불안한 심리에서 비롯되었다.

21 『駐韓日本公使館記錄(7)』, 1895년 7월 4일, 一. 機密本省往來 一~四 (24) 機密發第67號 朴泳孝 氏에 관하여 美·露 兩公使가 來談한 件, 臨時代理公使 杉村濬 → 外務大臣臨時代理 侯爵 西園寺公望.
22 아손 그렙스트, 『스웨덴 기자 아손, 100년 전 한국을 걷다』, 책과함께, 2005, 218쪽; 비숍, 『한국과 그 이웃 나라들』, 살림, 1996 295쪽; 커즌, 『100년 전의 여행 100년 후의 교훈』, 비봉출판사, 1996, 118쪽; 분쉬, 『고종의 독일인 의사 분쉬』, 학고재, 1999, 79쪽. "창백하고 지적이며 친밀한 얼굴과 눈에 깃든 우수는 무척 호감이 갔다."(엠마 크뢰벨, 『나는 어떻게 조선 황실에 오게 되었나?』, 민속원, 2015), "친절한 성품인 왕은 인간으로서 약점을 가지고 있었고 아첨하는 신하의 설득에 곧잘 넘어가곤 했다."(Horace N. Allen 저, 신복룡 역, 『조선견문기』, 집문당, 1979, 200쪽), "조선의 군주는 쾌활하고 사람 좋기는 하나 어떤 의지력도 없고 자신의 주변 세계에서 일어나는 일을 파악할 능력이 전혀 없는 사람으로 알려져 있다."(William F. Sands 저, 김훈 역, 『조선의 마지막 날』, 미완, 1986, 53쪽).

흥선대원군

불안은 끊임없이 고종을 괴롭혔다. 불안의 원인은 아버지가 다시 권력을 잡을 수 있다는 공포, 아내의 암살에 대한 끔찍한 기억, 자신이 암살될 지도 모른다는 죽음에 대한 두려움 등 다양했다. 주변 상황의 불안은 다른 불안들이 이미 자기 할 일을 한 뒤에만 나타나는데 불안은 자신의 앞에 위험이 있다는 경고였다. 그럼에도 불안은 그의 생명력의 원천이었다. 아버지의 납치에도, 아내의 죽음에도, 치욕적인 왕권 침탈의 상황에서도 그는 살아남았다. 살아남는데 모든 에너지를 쏟다 보니 정작 국정개혁은 소홀해 질 수 밖에 없었다. 실제 고종은 주한 미국공사 실과 외교고문관 샌즈(W.F. Sands)가 포착했듯이 정책을 추진하려는 '의지'와 '열정'이 부족했다.

고종은 1896년 2월 2일(러시아력 1. 21) 또다시 아관파천을 희망하는 비밀 서한을 이범진을 통해서 주한 러시아공사관에 보냈다. 고종은 자신의 암살음모까지 알려주면서 오로지 러시아의 구원만을 희망했다.

"나는 지난 9월부터 계속해서 반역자들로 둘러싸여 있다. 최근 단발령은 전국적으로 분노와 폭동을 촉발시켰다. 반역자들은 나와 왕세자를 죽이기 위해 혼란의 기회를 이용한다. 나와 왕세자는 위험으로부터 벗어나기 위해 주한 러시아공사관에 보호를 구하려고 한다. 두 공사는 어떻게 생각하는가? 만약 러시아공사가 동의한다면 나는 조만간 밤중을 선택하여 주한 러시아공사관으로 비밀리에 피신하려고 한다. 나는 특별한 날짜를 통지할 예정이다. 나를 구할 다른 방법은 없다. 보호와 후원을 위해서 두 공사가 준비해 주기를 진정으로 희망한다."[23]

고종은 2월 3일(러시아력 1. 22) 아관파천 승인에 대한 감사를 쉬뻬이에르에게 표시하면서, 아관파천 계획을 상세히 알려주었다. 고종은 도피 준비 상황을 매일매일 주한 러시아공사관에게 보냈는데, 경복궁 내부의 2명이 고종과 왕세자의 의복 준비와 도주 계획을 성실히 준비하고 있다고 알려주었다.

고종은 2월 7일(러시아력 1. 26) 아관파천을 2월 9일 실행하겠다고 주한 러시아공사 쉬뻬이에르에게 알렸다. 하지만 쉬뻬이에르는 1월 24일부터 서울-부산 전신선의 단절로 러시아 외무부에 보고할 수 없었다. 고종도 주한 러시아공사관의 수비 병력 강화를 이유로 2월 11일(러시아력 1. 30)을 아관파천 날짜로 조정했다. 쉬뻬이에르는 고종의 안전을 위해서 제물포에 정박한 러시아 순양함 아드미랄 꼬르닐로프호(Адмирал Корнилов) 소속 해병의 파병을 해군소장 알렉셰예프에게 요청했다. 1896년 2월 7일(러시아력 1. 26) 저녁 러시아군함 아드미랄 꼬르닐로프호는 고베(神戶)에서 제물포 항구에 입항했다. 아드미랄 꼬르닐로프호의 3명의 장교는 2월 10일 저녁 100여 명의 러시아 수병과 함께 주한 러시아공사관에 도착했다. 이범진은 고종이 2월 11일 새벽 주한 러시아공사관으로 출발하기로 결단했다고 전달했다.[24]

일본의 압박으로 생명의 위협까지 느끼자 불안에 휩싸인 고종은 경복궁을 탈출하기로 결심했다.

---

23 АВПРИ. Ф.150.Оп.493.Д.5.Л.32.
24 АВПРИ. Ф.150.Оп.493.Д.5.Л.25-31об;『駐韓日本公使館記錄(10)』, 1896년 2월 7일 오전 8시 50분, 京城 電信「暴徒鎭壓과 電信線 保護措置 件」, 仁川 萩原 領事官補 → 小村, 81쪽. 인천 주재 영사관보(領事官補) 하기와라(萩原)는 러시아 군함 아드미랄 꼬르닐로프호의 입항 소식을 주한 일본공사 고무라에게 보고했다.

고무라 공사의 낙관적 정세 판단

"개혁사업은 우선 계획을 세우고 그 순서에 따라 서서히 한 걸음 한 걸음씩 진행해야 합니다. 조선 개혁사업을 단계적으로 실행하지 않으면 중도에서 실패하여 모처럼 드린 노력과 비용이 헛되게 되고 일본의 희망도 헛된 그림의 떡이 될 우려가 있습니다."[25]

1896년 1월 22일 주한 일본공사 고무라는 조선에서 단계적 일본식 개혁을 추진하지 않으면 조선이 '그림의 떡' 신세로 전락할 것이라고 경고했다. 고무라는 조선을 일본의 보호국화하려는 의지를 가지면서 조선에 대한 신중하고 꼼꼼한 전략을 준비했다.

당시 주한 일본공사 고무라는 왕세자와 이준용을 일본으로 연행하려는 계획까지 수립하고 실행하려고 했다.[26] 외무성 정무국장이던 고무라는 을미사변 사후 처리를 위해서 1895년 10월 변리공사(辨理公使)로 조선에 파견되었다.

그해 겨울 고무라는 김홍집 내각의 을미개혁을 지원하면서 조선정치를 낙관적으로 바라보았다. 1896년 1월 21일 주한 일본공사 고무라는 조선의 정치상황에 개입하면서 김홍집 내각의 개혁과정을 일본정부에게 보고했다. 고무라는 기본적으로 조선 상황을 안정적으로 파악했다. 고무라는 주한 외국공사관의 시선과 달리 김홍집 내각을 전폭 신뢰하면서 안정되고 자율적인 정권이라고 주장했다. 고무라는 조선의 정세가 다소 안정되자 조선의

---

25 『駐韓日本公使館記錄(9)』, 1896년 1월 22일, 機密第8號「조선정부의 公債 요청 건」, 小村 → 西園寺, 133쪽.
26 의화군 이강(李堈)은 1895년 10월 일본 보빙대사(報聘大使)로 임명되었고, 이준용(李埈鎔)은 1895년 12월 일본 파견이 결정되었다(문일웅, 「대한제국 성립기 재일본 망명자 집단의 활동(1895-1900)」, 『역사와 현실』 81, 2011, 298쪽).

일반적인 사정까지 연구할 수 있는 시간적인 여유가 생겼다.

김홍집 내각은 1895년 11월 28일 춘생문사건 이후 정치적인 영향력이 강화되었다. 고무라에 따르면 춘생문사건 이후 내각과 군대의 관계가 친밀해졌고, 주한 외교관들이 을미사변 처리를 김홍집 내각에게 강요할 수 없었다.

고무라는 김홍집 내각의 주요 인물이 명망이 높고 청렴하다고 평가했다. 그에 따르면 김홍집(金弘集)·어윤중(魚允中)·김윤식(金允植)·유길준(俞吉濬)·장박(張博)·정병하(鄭秉夏) 등이 모두 능력과 명성을 겸비했다. 고무라는 김홍집 내각이 열강과의 관계를 원만하게 처리하여 개혁사업이 진척될 것이라고 판단했다.

고무라는 고종의 정치적 개입이 약화되어 김홍집 내각이 자율성을 갖게 되었다고 주장했다. 김홍집 내각은 고종의 신임을 받지 못했지만 고종이 내각 인선에 개입하지 못하는 상태라고 보고했다.

고무라는 대원군과 이재면(李載冕)의 동향을 보고하면서 대원군의 정치적인 간섭이 약화되었다고 판단했다. 이재면은 고종의 친형이자 궁내부대신으로서 내각과 고종의 중재 역할을 수행했다. 대원군은 단발령에 동의하여 솔선해서 머리를 깎았기 때문에 현재 '허리 부러진 호랑이'의 상태였다.

고무라는 민비 가문도 약화되었다고 보고했다. 민비 가문의 수장 민영준(閔泳駿)은 오직 일신의 안전만을 도모했다. 고무라는 조선정부가 1,600여 명의 훈련대를 보유하고 있기 때문에 조선인만의 계획으로는 경복궁을 점령할 수 없다고 판단했다.[27]

---

27 『駐韓日本公使館記錄(9)』, 1896년 1월 21일, 機密第4號「朝鮮 現內閣의 地位」, 小村 → 西園寺, 128-130쪽.

1896년 1월 22일 고무라는 을미사변 이후 조선의 정치상황이 어느 정도 안정되자, 일본의 장기적인 조선정책을 논의하기 위하여 일시적인 귀국을 요청했다. 고무라는 조선의 정치상황이 안정되었기 때문에 을미사변 이후 일본의 조선정책을 재조정하려는 의도였다.

고무라는 을미사변을 조사하도록 출장 명령을 받았지만 갑자기 주한 일본공사로 임명되었다. 때문에 일본의 대한정책(對韓政略) 등에 관한 상세한 외무대신의 훈령을 받지 못했다. 고무라는 일본의 미래 전략을 위해서 을미사변 이후 조선 정황의 변화를 설명할 필요를 느꼈다. 고무라는 조선정책에 관한 일본정부의 방침과 훈령을 확인하기 위해서 자신의 일시 귀국을 사이온지 외무대신에게 요청했다.[28]

1896년 1월 22일 고무라는 일본의 조선정책에 관한 자신의 구상을 일본정부에게 보고했다. 그는 조선정부의 개혁사업이 정치적으로 가능한 상황이라고 판단하면서, 조선의 군제와 재정 개혁이 핵심이라고 주장했다. 고무라는 김홍집 내각에게 직접적인 자문을 수행했고 조선의 개혁방안을 직접 제시했다.

조선정부는 1895년 일본의 유도와 보조로 개혁사업을 시작했지만 불행하게도 항상 내부의 문제로 어려운[寸前尺退] 상황이었다. 최근 형세가 급변하여 개혁 과정에 가로놓여 있던 장애물도 없어지고 조선정부의 기틀도 점차 공고해져서 개혁사업을 추진할 수 있는 상황이었다.

우선 조선은 자력으로 국내의 안녕과 질서를 유지하고, 국가

---

28 『駐韓日本公使館記錄(9)』, 1896년 1월 22일, 機密第7號「사정을 상세히 보고하기 위해 일시 歸國할 것을 상신」, 小村 → 西園寺, 132쪽.

의 수요와 공급을 충족해야 한다. 오늘날 조선은 시모노세키조약으로 청국과 관계를 단절했지만 독립국이라는 헛된 이름만을 지니고 있을 뿐 오히려 실력이 없다는 것을 비관하고 있는 상황이었다.

"일본은 청일전쟁 당시 세계에 표명한 조선의 독립국가 개혁을 단행해야 합니다. 일본은 조선에게 일본군대를 빌려주어 민란을 진압[鎭撫]하고, 일본인을 고문관으로 삼아 정치개혁을 도와주고, 거액의 자금을 대여하는 등 조선의 독립을 강화하는 데 치밀해야 합니다."

고무라는 부패한 조선이 1년의 개혁만으로는 독립국을 달성하기 어렵다고 판단했다. 고무라는 조선 스스로 그 안녕과 질서를 유지할 수 있을 정도까지 개혁을 진행시키는 것이 가장 급선무라고 생각했다. 고무라는 조선정부가 2개년 계획으로 국내의 안녕과 질서를 유지하고 독자적으로 재정적 안정을 추진하도록 조선정부에 권고했다. 그 결과 조선정부는 일본 고문관을 통해 국정을 자문 받는 방안을 마련했다.

고무라에 따르면 첫째는 조선의 병제를 개정하는 것이고, 둘째는 조선의 재정을 정리하는 것이었다. 조선정부는 병제 개혁을 추진하기 위해서 1895년 12월 일본 육군교사(陸軍敎師) 초빙을 요청했다. 또 재정 정리 추진 방안도 요청했다. 고무라는 일본에 의한 조선의 군사와 재정 개혁 방안을 계획했다.

김홍집 내각은 일본 차관 500만 원을 도입하여, 그중 300만 원으로 2년 동안의 재정부족을 메우고, 200만 원으로 철도를 부설하려고 계획했다.

고무라에 따르면 조선은 재정적으로 1896년과 1897년 각각

150만 원이 부족했다. 하지만 고무라는 조선이 1898년이면 잉여 자금을 모아 독립 경영을 세우고 공채를 상환할 수 있을 것으로 예측했다.

고무라는 일본인 탁지부 고문(顧問)을 동원하여 조선이 정확한 예산을 세우도록 준비시켰다. 고무라는 조선정부의 차입 요청 금액을 상세하게 보고했다. 조선정부는 총계 500만 원이었는데, 예산 부족에 따른 1896년 250만 원, 1897년 250만 원을 요청했고, 추가로 철도 부설을 위한 200만 원이었다.[29] 이렇듯 고무라와 김홍집 내각의 공조는 매우 긴밀했다.

고무라는 조선의 상황이 불확실하지만 일본이 조선을 보호국으로 만들기 전까지는 조선의 독립을 보호하고 조력해야 한다고 주장했다. 결국 고무라의 최종 목표는 일본의 조선 보호국화였다. 이것은 고무라를 포함한 일본정부의 조선에 관한 핵심적인 전략이었다.

조선의 장래가 아직 확고하지 않아서 거액의 금액을 더 많이 대여하는 것은 경솔하다는 비난을 받을 수도 있었다. 고무라도 조선이 독립의 결실을 거둘 수 있을 것인지 의심을 갖고 있었다. 고무라는 끝내 일본과 러시아 혹은 열강들이 서로 합의를 해서 조선을 보호할지라도 아직은 많은 세월이 필요하다고 판단했다.

고무라에 따르면 일본은 여전히 청일전쟁의 선전조칙과 같이 독자적으로 조선 독립의 기초를 실행할 의무가 있었다. 현재 일본은 조선의 보호와 조력을 수행해야 할 부득이한 위치에 있으므로, 일본정부가 사정을 참작하여 조선정부의 요청에 대해 호의

---

29 『駐韓日本公使館記錄(9)』, 1896년 1월 22일, 機密第8號 「조선정부의 公債 요청 건」, 小村 → 西園寺, 133-134쪽.

를 표명할 것을 희망했다.30

고무라는 을미사변 이후 정서를 고려하여 2년 동안 조선의 독립 유지를 위한 경제와 군사 개혁의 방안까지 제시했다. 고무라는 조선의 군사개혁보다 경제개혁 방안을 중시했다. 그 과정은 철저히 일본 고문관에 의한 조선 개혁이었다. 무엇보다도 고무라는 조선의 철도부설을 다른 열강에 양보하는 것을 극단적으로 반대했다. 고무라는 일본식 개혁에 따라 조선의 군사와 경제 개혁이 성공하면, 그 다음 단계로 조선 보호국화가 목표였다.

당시 일본의 정보력은 상상 그 이상이었다. 일본 외무성은 조선에서 조선과 러시아의 전신을 도청했고, 고종 주변에 친일인물을 심었으며, 러시아 주재 일본공사와 일본 주재 러시아공사를 통해서 조선 관련 소식을 수집했다. 심지어 미국 국무장관을 통해서 주한 미국공사관의 조선 관련 보고서를 입수했다.

실제 일본 외무대신 무쓰(陸奧宗光)는 1896년 4월 13일 주한 미국공사 실이 본국 정부에 보낸 전보를 주미 일본공사 신이치로(栗野愼一郞)로부터 입수하여 주한 일본공사 고무라에게 보냈다. 주미 일본공사 구리노(栗野愼一郞)는 1896년 3월 14일 아관파천 관련 주한 미국공사의 문서까지 미국 국무장관을 통해서 입수하는 대단한 정보력을 보유했다.31

1896년 2월 7일 일본 외무대신 임시대리 사이온지(西園寺公望)는 주일 러시아공사 히뜨로보의 고종 관련 정보를 주한 일본공사

30 『駐韓日本公使館記錄(9)』, 1896년 1월 22일, 機密第8號 「조선정부의 公債 요청 건」, 小村 → 西園寺, 135쪽.
31 『駐韓日本公使館記錄(10)』, 1896년 4월 13일, 機密送第25號 「朝鮮駐在 美國公使 朝鮮狀況 報告 件 別紙 附屬書 朝鮮駐在 美國公使의 電報 실 美國 公使 → 워싱턴 올베이」, 外務大臣 伯爵 陸奧宗光 → 在京城 特命全權公使 小村壽太郎, 18쪽.

고무라에게 전달했다. 히뜨로보는 주한 러시아공사의 보고서 중 고종 관련 정보를 사이온지에게 알려주었다. 고종은 1896년 2월 주한 러시아공사 쉬뻬이에르와의 면담을 통해 자신의 상황을 긴박하게 전달했다.

"나는 흡사 갇혀 있는 몸과 같다. 왕세자를 일본으로 데려가려고 하는 인물이 있다."[32]

사이온지는 러시아와 일본 사이에 오해가 발생하지 않도록 주한 러시아공사와 대화할 것을 고무라에게 지시했다. 사이온지는 고무라에게 고종의 주한 러시아공사 면담 내용을 김홍집 내각에게 알릴 것도 지시했다.[33]

그 뿐만이 아니었다. 1896년 2월 8일 사이온지는 러시아 주재 일본공사 도쿠지로와 러시아 외무부 아시아국장 까쁘니스뜨와의 면담 내용을 고무라에게 전달했다.

까쁘니스뜨에 따르면 대원군이 행정 실권을 갖고 있고 고무라가 정무적 실권을 지휘하고 있기 때문에, 조선은 일반적으로 불만족스러운 감정을 품고 있다. 그러자 도쿠지로는 전적으로 소문에 불과하며 일본정부가 조선의 내정에 간섭할 뜻이 없다고 답변했다. 그럼에도 도쿠지로는 까쁘니스뜨가 아직도 의심을 품고 있는 것처럼 보인다고 보고했다. 도쿠지로는 일본정부가 조선에 대해 평화의 의향을 가지고 있다는 사실을 히뜨로브에게 충분히

---

[32] 『駐韓日本公使館記錄(10)』, 1896년 2월 7일, 機密送第14號「朝鮮國王 駐日 러시아 公使 面談要旨 通報 件」, 外務大臣臨時代理 侯爵 西園寺公望 → 在京城 特命全權公使 小村壽太郎, 4쪽.

[33] 『駐韓日本公使館記錄(10)』, 1896년 2월 7일, 機密送第14號「朝鮮國王 駐日 러시아 公使 面談要旨 通報 件」, 外務大臣臨時代理 侯爵 西園寺公望 → 在京城 特命全權公使 小村壽太郎, 4쪽.

이해시켜야한다고 주장했다.³⁴ 고무라는 일본 외무성을 통해서 이러한 러시아 외무부의 동향을 파악할 수 있었다.

그런데 1896년 2월 10일 고무라는 "오늘 러시아 사관 5명과 수병 107명이 포 1문을 휴대하고 서울로 출발했다. 현재 주한 러시아공사관 병력은 모두 약 150명 정도가 되었다"며 러시아 수병의 서울 출발을 일본 외무성에 신속히 보고했다. 고무라는 일본수비대가 의병을 진압하기 위하여 출동하지 못하도록 견제하려는 목적이라고 추측했다.³⁵

고무라는 1896년 초 김홍집 내각의 안정을 발판으로 조선의 개혁을 추진하여 일본의 영향력을 강화하려고 계획했다. 그럼에도 고무라는 고종과 러시아의 긴밀한 아관파천 준비를 사전에 파악하지 못했고, 다만 10일 러시아 수병의 서울 출발 정보를 입수했지만 그 정확한 이유를 파악하지 못했다.

등잔 밑이 어두웠다.

---

34 『駐韓日本公使館記錄(10)』, 1896년 2월 8일, 機密送第16號「러시아 亞細亞局長과 西公使와의 談話 件」, 外務大臣臨時代理 侯爵 西園寺公望 → 在京城 特命全權公使 小村壽太郎, 5쪽.
35 『駐韓日本公使館記錄(10)』, 1896년 2월 10일 오후 1시 京城, 電信「暴徒鎭壓과 電信線 保護措置 件」, 小村 → 仁川 萩原 領事官補, 82쪽.

아관파천의 재구성

정동 언덕에 자리잡은 러시아공사관

주한 러시아공사관은 주한 외국인들이 대체로 '웅장함', '위엄성', '강력함', '우세함', '화려함' 등으로 묘사할 만큼 조선에서 러시아의 커다란 위상을 보여주는 건물이었다.

러시아 참모본부 소속 까르네예프 대령은 주한 러시아공사관에서 거주하면서 아관파천 직전 러시아공사관의 외부와 내부 모습을 기록했다.

주한 러시아공사관은 유럽식 주택 구역인 정동에서 멀지 않은 곳에 있었다. 주변에는 미국, 영국, 프랑스의 국기가 펄럭이고 있었는데, 그중에서도 러시아 국기가 가장 높았다. 주한 러시아공사관은 붉은 벽돌 건물로, 정문에는 러시아를 상징하는 쌍독수리가 그려져 있었고, 담 안에는 러시아제국의 웅장한 공사관 건물이 우뚝 솟아 있었다.

주한 러시아공사관은 터가 매우 높고 넓어서, 서울 전체가 한 눈에 들어올 정도로 전망이 좋았다. 주한 러시아공사관은 큰 건물 이외에도 작은 건물이 4채 있었는데, 주변의 울타리 건설과 부지 구입까지 포함해 33,000루블이 사용되었다. 건물 뒤에는 헛간이 달린 작은 곁채와 정원이 있었는데, 그곳에서 토종 비둘기들을 많이 길렀다. 주한 러시아공사관 울타리 왼편 정면에 독서실과 당구장이 있는 외교관 클럽이 있었다.

당시 주한 러시아공사관에는 제물포에 정박한 포함 '보브르'에서 온 해군 중위 무사또프(Мусатов)와 수병 35명의 상륙 부대가 함께 머물고 있었다. 베베르는 멕시코공사로 임명되었는데, 서울에 남아서 인수인계를 하는 동안 건물의 왼쪽을 사용했고, 오른쪽은 쉬뻬이에르 공사가 사용했다.[1]

프랑스 고고학자 에밀 부르다레(Emile Bourdaret)는 1901년 한국을 방문하여 주한 러시아공사관을 기록했다. 주한 러시아공사관은 시내와 궁전을 내려다볼 수 있는 언덕에 자리잡고 있었다. 화려한 축제에도 선보였던 근사한 정원을 끼고 있었다. 건물은 널찍널찍하고, 건축의 붉은 벽에 있는 베란다는 편안해 보였다.[2]

독일 기자 지그프리트 겐테(Siegfried Genthe)는 1901년 한국을 방문해서 서울에서 공간과 세력의 연관성을 포착했다. 웅장하고 위엄 있는 주한 러시아공사관은 우뚝 선 위치에 화려하고 강력한 인상을 주었다.[3] 묘하게도 외국 건물의 규모만 보아도 국가

---

1 Карнеев и Михайлов, Поездка генерального штаба полковника Карнеева и поручика Михайлова по Южнее Корее в 1895-1896 гг, По Корее. Путешествия 1895-1896 гг. М. 1958. С.173.
2 에밀 부르다레 저, 정진국 역, 『대한제국 최후의 숨결』, 글항아리, 2009. 117쪽.
3 지그프리트 겐테, 『독일인 겐테가 본 신선한 나라 조선, 1901』, 책과함께, 2007, 221쪽.

주한 러시아공사관

의 영향력과 의도를 짐작할 수 있었는데, 이국적인 건물 중 러시아와 프랑스의 공사관이 제일 먼저 눈에 띄었다. 교회 중에는 프랑스 가톨릭교회와 미국 장로교교회가 단연 압도적이었다. 구미 열강 중 러시아, 프랑스, 미국은 실제로 조선에서 중요한 역할을 했다.

　주한 러시아와 프랑스 외교대표는 호화저택을 세워, 서울 전체가 초라해질 만큼 땅속으로 꺼져 들어가는 듯했다. 서울 안에 자랑할 만한 건축물이나 열강의 힘을 과시하는 건물도, 도시 언덕에 위치한 화려한 주한 러시아와 프랑스 공사관보다 강력한 인상을 주지는 못 했다. 조선에서 두 나라의 관심은 경제적 가치를 추구하는데 그치지 않았다. 러시아와 프랑스가 추구하는 것은 정치적 영향력이었다.

　그것은 마치 수도와 황제의 궁전이 러시아와 프랑스의 깃발

아래 직접 보호를 받고 있는 것처럼 보였다.[4]

쉬뻬이에르 공사가 지켜본 아관파천 순간

"정말입니다. 오늘 오전 7시 30분 주한 러시아공사관 마당에 여자 가마 한 쌍이 도착했습니다. 고종과 왕세자가 여자 옷을 입고 가마에 앉아 있었습니다."[5]

실제 고종이 도착한 그 순간 쉬뻬이에르는 놀라움을 감추지 못했다.

주한 러시아공사 쉬뻬이에르는 2월 11일(러시아력 1. 30) 아관파천 당일의 모습과 주한 외국대표의 고종 면담[謁見]을 기록했다. 쉬뻬이에르는 고종이 도착하자마자 고종과 왕세자를 위해 준비했던 두 개의 방 정리를 마치고, 즉시 주한 외국대표들에게 다음과 같이 통보했다.

"고종은 불안한 현 정치상황으로 인해 경복궁에 계속 머무르는 것이 위험하다고 판난했습니다. 고종과 왕세자는 함께 주한 러시아공사관을 은신처로 택했습니다."

통보 직후 고종은 미국공사 실을 비롯한 주한 외국대표들에게 오늘 정오 자신을 알현해 달라는 전문을 보냈다. 고종은 주한 외국대표들을 영접한 뒤 자신이 러시아의 도움을 찾아 도피하게 된 이유를 설명했다. 쉬뻬이에르를 포함한 주한 외국대표들은 현

---

[4] 지그프리트 젠테, 『독일인 젠테가 본 신선한 나라 조선, 1901』, 책과함께, 2007, 199-200쪽.
[5] АВПРИ. Ф.150.Оп.493.Д.5.Л.25-31об.

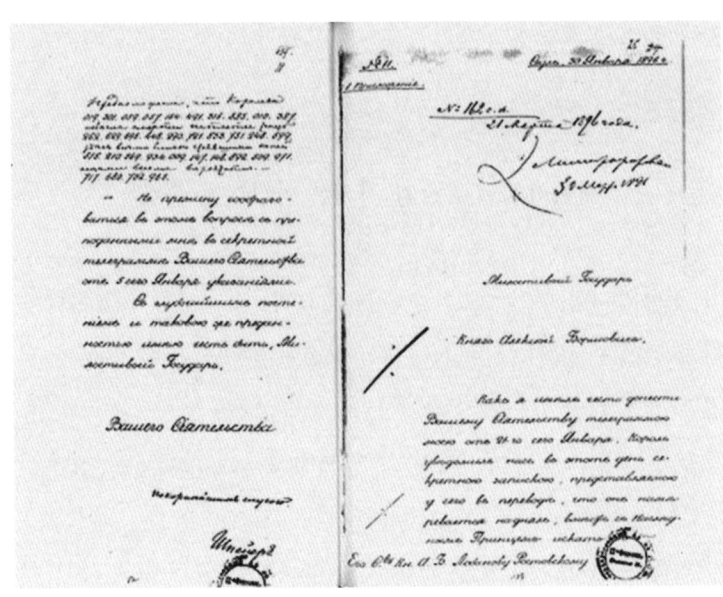

쉬뻬이에르의 아관파천 관련 문서
(1896. 2. 11. 러시아 대외정책문서보관소 소장)

상황에 대한 깊은 공감을 나타냈다. 주한 외국대표들은 아관파천의 성공을 진심으로 축하했다.

주한 일본공사 고무라만 다른 주한 외국대표들과 같은 반응을 보이지는 않았다. 하지만 고무라는 새로 전개된 상황에 대해 가능한 한 정중한 모습을 보였다. 고무라는 자제심을 잃지 않고 평정심을 유지하려고 무척 애쓰는 모습이었다.

고종은 2월 11일(러시아력 1. 30) 아관파천 당일 칙령을 발표하고 신임 관료를 임명했다. 고종은 아관파천 당일 4시간 동안 백성에게 알릴 발표문을 작성했다. 고종은 경복궁에서 탈출할 수밖에 없었던 이유를 설명했다. 고종은 불만을 초래할 수 있는 행동을 자제할 것이고, 국가를 통치하면서 어떠한 불안도 야기하지 않겠다고 약속했다. 고종은 가능한 빠른 시일 내에 불필요한 내분과 불화를 종식시킬 계획이니 질서와 안정을 지켜줄 것을 호소했다.

고종은 경무사, 군부대신, 궁내부대신, 외부대신, 내부대신 등의 신임 관료를 신속히 임명했다. 신임 대신의 취임은 아주 빠른 속도로 진행되었고, 결정적인 어떤 반대에도 부딪히지 않았다. 군부대신 이윤용은 서울 경찰 인원을 400명에서 800명으로 요구하여 증원했다. 경찰들은 고종에 대한 복종, 고종의 완벽한 권력 부활 축하, 자신들에게 관직을 부여한 국왕에 대한 감사를 표하기 위해 국왕을 찾아갔다.

쉬뻬이에르는 고종의 정치적 중립을 요청했다. 고종은 신임 대신을 임명하면서 면직 관료들에 대한 보복을 자제했다. 쉬뻬이에르와 베베르는 고종에게 최대한 중용과 관대함을 지켜야 한다는 조언을 했고, 고종은 이런 조언을 받아들일 것을 약속했다.

쉬뻬이에르는 고종의 반일의식, 김홍집과 어윤중 등의 친일 관료와 일본인의 사망, 주한 일본공사관의 대응 등을 기록했다.

처음에는 지난 몇 개월 동안 모반자들의 박해에 시달린 고종은 자신을 무척 고통스럽게 한 친일세력에게 복수하는 것이 여러 면에서 자신에게 유익할 것이라고 판단했다.

고종은 경찰에게 모반자의 수뇌부들을 체포하라는 명령을 내렸다. 1차 체포 대상자는 총리대신 김홍집, 내부협판 유길준, 농상공부대신 정병하였다. 경찰이 그들을 체포하여 연행하는 과정에서 일부 백성이 폭력을 가했다. 일본군대가 유길준을 경찰로부터 빼앗았다. 그런데 갑자기 백성들이 김홍집과 정병하를 경찰의 손에서 다시 빼앗아 그 즉시 장터에서 참수해 버렸다. 그들의 시체 위에 광분한 백성들의 울분이 울려 퍼졌고, 경찰 부대가 강력히 저지하면서 사건이 끝났다.

쉬뻬이에르와 베베르는 서울 거주 일본인에 대한 백성들의 모욕적인 행위를 막아야만 한다고 고종에게 요청했고, 고종은 이를 받아들였다. 이처럼 모든 백성이 환호하고 있을 때 청국인과 2명의 일본인 사이에 싸움이 벌어져 일본인 1명이 사망했다. 쉬뻬이에르와 베베르는 일본인 사망이 일본의 불평과 비난을 불러일으켜 위험한 일이 될 수 있으므로 적극적인 대처 방안을 생각해야 한다고 고종에게 말했다.

쉬뻬이에르와 베베르는 즉시 주한 일본공사 고무라에게 정중한 표현의 전문을 보내야 한다고 고종을 설득했다. 전문에 따르면 고종은 자신이 앞장서서 죄인들을 본보기로 처벌한 것이며 그 이전에 주한 일본공사의 요구조건을 만족시킬 협상을 진행하겠다고 약속했다.

쉬뻬이에르는 아관파천 성공 이후 지식층의 흥분, 개혁의 강화 등을 기록했다.

쉬뻬이에르는 고종이 주한 러시아공사관의 도움으로 평화적 개혁을 달성했고, 조선의 개혁이 무조건 성공적으로 끝날 것이라고 판단했다. 기쁨과 환호로 가득찬 백성들은 충성심과 존경심을 전하기 위해 고종을 만나게 해달라고 요구했다. 기쁨으로 충만한 분위기는 일본인의 심각한 오해로 금방 암울해질 수도 있으므로, 이런 오해는 사소한 사건에 의해서도 금방 위기를 초래할 수 있었다. 쉬뻬이에르는 서울 대부분 지식층이 지나치게 흥분하여 대비하지 않고 있으며, 예방책을 마련하기는 어려울 것

아관파천 당시 러시아공사관 앞에 서 있는
고종(왼쪽), 순종(가운데), 베베르(오른쪽)

같다고 보고했다.

쉬뻬이에르와 베베르는 새로운 개혁을 공고히 추진하기 위해서 고종과 신임 대신을 지지할 수 있는 가능한 모든 방안들을 제안하기 위해서 노력했다고 주장했다. 쉬뻬이에르는 고종의 아관파천이 위험한 계획이었지만 이미 성공했음에도 불구하고 향후 고종 앞에 산재한 여러 문제를 해결하는 과정이 더욱 어려울 것으로 전망했다.[6]

서울의 소식은 2월 11일 다음날 일본과 청국에 알려졌다. 주일 러시아공사 히뜨로보(М.А. Хитрово)와 주청 러시아공사관

---

6 АВПРИ. Ф.150.Оп.493.Д.5.Л.25-31об.

무관 대령 보각(К.И. Вогак)은 1896년 2월 14일(러시아력 2. 2) 고종의 아관파천 소식을 긴급하게 러시아정부에 타전했다.

주일 러시아공사 히뜨로보는 고종의 아관파천 소문을 전달하면서, 서울-부산 전신의 두절 상황을 보고했다. "아직은 비공식적입니다. 오늘 저녁 서울에서 완전한 개혁이 이루어졌다는 소문이 퍼지기 시작했습니다. 저는 서울에서 아무런 정보도 받지 못했습니다. 2월 5일(러시아력 1. 24)부터 전신이 중단되었습니다."[7]

주청 러시아공사관 무관 보각 대령은 아관파천 소식을 러시아 군부 참모본부에 알렸다. "러시아 수병이 서울에 도착했고, 고종이 주한 러시아공사관으로 피신했습니다. 고종은 주한 러시아공사관에서 친일파 내각을 해산하고 새로운 내각을 구성했습니다. 3명의 전임 대신들이 죽었으며, 대원군이 주한 러시아공사관에 갔습니다."[8]

그 당시 전신으로 세계가 그물망처럼 연결되었는데 서울의 소식은 순식간에 도쿄와 북경에 퍼졌고 다음 날 모스크바에도 알려졌다.

까르네예프 대령이 포착한 아관파천 순간

"가마 2대가 1월 30일 오전 7시 30분 동쪽 담에 있는 쪽문 앞에 나타났다. 주한 러시아공사관의 쪽문이 바로 열렸고 가마가 들어왔다. 가마 1대는 궁녀 1명과 고종이 타고 있었고, 다른 가

7   АВПРИ. Ф.150.Оп.493.Д.5.Л.80.
8   АВПРИ. Ф.150.Оп.493.Д.5.Л.98.

마는 궁녀 1명과 왕세자가 타고 있었다."

러시아 참모본부 까르네예프(В.П. Карнеев) 대령은 2월 11일(러시아력 1. 30) 주한 러시아공사관 수비를 책임지면서 고종의 아관파천 순간을 생생히 포착할 수 있었다.

까르네예프는 이기동과 이범진의 구체적인 역할을 알려주었다. 주한 러시아공사관에 피신한 이범진은 사전에 이른 아침 고종이 경복궁을 떠나 주한 러시아공사관으로 올 것이라는 사실을 알려주었다. 고종은 그동안 물샐 틈 없는 감시를 받았다. 고종은 궁녀들과 이기동의 도움을 받아 경복궁에서 탈출하는 데 성공했다. 이범진은 고종의 지지자 모두를 결속했다. 개혁은 이범진의 열정과 지도력 덕분에 대신 2명만 살해되고 커다란 인명 피해 없이 성공했다. 고종의 권위는 어느 때보다도 높아졌다.

까르네예프는 고종의 탈출이 성공할 수 있었던 이유를 다음과 같이 기록했다. 그것은 궁궐 감시가 소홀한 새벽을 선택했기 때문이다. 왕비의 빈전에는 궁녀들이 머무르고 있었다. 궁녀들은 아침 일찍 가마를 타고 궁궐의 안뜰까지 들어간 다음 다른 궁녀들과 교대했다. 조선의 관습에 따라 궁녀들의 가마는 궁궐 수비대가 건드리지 않았다. 고종은 새벽까지 일하고 매우 늦게 잠자리에 드는 습관이 있었다. 고종은 보통 정오에 일어났다. 이런 습관을 잘 알고 있어서 이른 아침에 그 누구도 고종을 감시하지 않았다. 가마꾼조차도 주한 러시아공사관에 도착해서야 고종이 가마에 타고 있었다는 사실을 알았을 정도였다.[9]

9 Карнеев и Михайлов, Поездка генерального штаба полковника Карнеева и поручика Михайлова по Южнее Корее в 1895-1896 гг, По Корее. Путешествия 1895-1896 гг. М. 1958. CC.185-186. 러시아 육군중장 운떼르베르게르는 1898년 1월 여성용 가마를 통한 고종의 아관파천 성공 이유를 기

까르네예프 대령
(러시아 대외정책문서보관소 소장)

　까르네예프는 아관파천 당일 주한 외국공사관의 움직임도 기록했다. 고종은 2월 11일 정오 주한 미국공사 실의 편지를 읽는 동시에 주한 외국대표와의 면담을 허락했다. 주한 외국대표들은 고종의 결정에 찬성했고, 베베르와 쉬뻬이에르 공사를 진심으로 축하해 주었다. 주한 일본공사 고무라는 일본의 영향력이 결정적인 타격을 입은 사실을 인정하면서도 겉으로는 새로운 사태에 태연히 대처했다.

　　　록했다. 고종은 매일 아침 궁궐에서 시내로 나가는 궁녀들을 나르는 여성용 가마를 이용해 왕세자와 함께 탈출했다. 여성의 가마를 검문하지 않는 조선의 풍속, 고종이 새벽에 잠이 드는 습관 때문에 궁궐 수비대의 감시를 벗어날 수 있었다. 조선의 풍습에 따르면 궁궐 수비대는 여성용 가마를 직접 확인해서는 안 되었다. 혹시 궁궐 수비대가 가마를 살짝 엿볼지 모르기 때문에, 고종과 왕세자는 궁녀가 각각의 가마 앞쪽에 앉도록 하여 궁녀 뒤에 숨을 수 있었다(АВПРИ. Ф.150.Оп.493.Д.8.Л.9-25).

까르네예프 대령은 아관파천 당일 조선군대와 경찰의 움직임을 기록했다. 서울 거주 800명의 경찰 및 서울 주둔 조선군대는 고종에게 책임자를 보내서 충성을 맹세했고, 고종의 복귀에 동참할 준비가 되었음을 알렸다.

까르네예프는 아관파천이 있던 2월 11일 오전 10시 러시아군대의 모습을 기록했다. 러시아 수병은 오전 10시, 공사관 현관 계단 근처에서 고종에게 경의를 표할 대오를 갖추었다. 고종은 사열하면서 쉬뻬이에르 공사를 통해서 러시아 수병에게 인사를 건넸다. 고종은 러시아 수병에게 2번 감사를 표시하면서 상륙 부대를 해산시켰고, 수병들의 용감한 모습에 감격했다. 고종은 쉬뻬이에르 공사에게 조선군대의 편성과 교육을 러시아에게 맡기고 싶다는 뜻을 전했다.[10]

까르네예프는 2월 11일 오전 10시가 넘어 도착한 시위대(궁궐수비대)의 모습도 기록했다. 러시아 수병이 처음에 시위대를 일본군대로 착각하여 경계를 강화하는 해프닝이 있었다.

갑자기 궁궐 쪽에서 병사들이 나타났다. 탑에서 보초를 서던 병사는 '일본인이 온다'고 외쳤다. 각 초소에서 호각이 울렸다. 그런데 알고 보니 시위대였다. 시위대는 주한 러시아공사관 안으로 들어와 현관 앞에 4열로 섰다. 고종이 현관으로 나오자 군인들은 받들어 총을 했다. 나팔수는 3분 정도 계속해서 나팔을

---

10 Карнеев и Михайлов, Поездка генерального штаба полковника Карнеева и поручика Михайлова по Южнее Корее в 1895-1896 гг, По Корее. Путешествия 1895-1896 гг. М. 1958. С.186. 까르네예프 대령은 아관파천 당일 내부협판 유길준의 행적을 기록했다. 일본병사는 내부협판 유길준을 경무청으로부터 빼내어 경복궁 근처 자신들의 병영 안에 숨겼다. 그 다음 날 비밀리에 제물포를 거쳐 일본으로 탈출시켰다.

불었다. 그런데 시위대의 군기는 허술했다. 시위대 중 일부는 자기들끼리 이야기를 주고받았다. 일부 시위대는 바지도 넣지 않고, 단추도 채우지 않았다. 이런 모습으로 미루어 까르녜예프는 시위대가 제대로 훈련을 받은 것이 분명했다고 주장했다.

군부대신 이윤용은 시위대에게 "자신이 왕에게 임명을 받았으므로 시위대가 자기 명령에만 복종하고 임무를 수행해야 한다"고 말했다. 이윤용은 "시위대는 고종을 보호하기 위해 주한 러시아공사관 주위에 초소를 설치해야 한다"고 지시했다.

까르녜예프 대령은 2월 11일 저녁 시위대의 모습을 기록했다. 시위대는 주한 러시아공사관과 영사관 사이 광장에 푸른색 천막을 세웠다. 제1중대 200명은 거리 구석과 공사관 문에 위치한 초소에 자리를 잡았다. 천막 안에 있던 시위대는 땅에 돗자리를 깔고, 질이 좋이 않은 붉은 모포와 자신의 옷을 덮고 잤다. 붉은 모포는 러시아의 외투 옷감과 비슷했으며 말아서 어깨에 메고 다녔다. 시위대는 교대 시간이 되면 자유롭게 러시아 군인에게 자신들의 소총을 넘겨주었다. 시위대 병사는 단발형의 레밍톤(Remington) 소총과 모제르(Mauser) 소총으로 무장했다. 한 사람당 실탄 80개들이 탄창 한 벌씩을 가지고 있었다. 일부는 허리에 찬 가죽 주머니에 탄환을 넣어 다녔고, 일부는 어깨나 허리에 꿰매 붙인 면댕기에 넣고 다녔다.[11]

주한 러시아공사 쉬뻬이에르는 1896년 2월 19일(러시아력 2. 7) 까르녜예프 대령이 러시아 군사교관단 중 시위대 교관으로 적합

---

11 Карнеев и Михайлов. Поездка генерального штаба полковника Карнеева и поручика Михайлова по Южнее Корее в 1895-1896 гг. По Корее. Путешествия 1895-1896 гг. М. 1958. С.187.

한 인물이라고 추천했다. 러시아군부 참모본부 까르네예프 대령은 조선 현지의 상황을 조사하면서 조선군대의 훈련 업무를 수행함에 있어서 필요한 원칙을 서술했다. 까르네예프 대령은 서울에 머무는 동안 조직, 인물, 조선 군대의 역사 등을 조사했다.[12]

까르네예프(В.П. Карнеев, 1854년생)는 160센티미터 정도의 키에 세련되지 않았지만 넓은 이마에 부드러운 이미지를 풍겼다. 그는 적당한 코에 육감적인 입술을 가졌다. 적은 머리숱에 가르마를 타고 짙은 눈썹 아래로 푸른색 눈동자가 반짝였다. 체격이 크지 않았지만 균형이 잘 잡혀 있어서 체격이 단단해 보였다. 힘도 세 보였고 사내다운 기운이 넘쳤다.

까르네예프는 1873년 미하일롭스끼 포병대를 졸업하고 소위로 임관했다. 그는 1886년부터 1893년까지 연흑룡강 군사관구에 근무하면서, 1890년 대령으로 승진했다. 그는 1894년부터 1897년까지 육군참모본부 소속 특별임무를 수행했는데, 주한 러시아공사관 무관을 수행하면서 주요 도시와 백두산 등을 답사하고 측량했다.[13]

12   АВПРИ. Ф.150.Оп.493.Д.214.Л.203-205об.
13   그는 이후 1907년 육군중장으로 승진했다(ria1914.info). 부산 주재 일본영사 가토(加藤增雄)는 1896년 1월 8일 러시아육군 대령 블라지미르 뻬뜨로비치 까르네예프(В.П. Карнеев)의 조선 도착과 활동을 주한 일본공사 고무라(小村壽太郎)에게 보고했다. "1895년 12월 20일 長崎에서 입항한 郵船會社 기선 伊勢丸으로 러시아 陸軍大佐 까르네예프는 副官 1명과 코쟉크兵 4명, 그리고 러시아에 귀화한 조선인 2명을 인솔하고 부산에 도착하여 미국인 스미스 집에 숙박했다. 까르네예프는 관찰사 및 稅關長 등의 주선으로 馬匹 등을 구입하고 마부를 고용했다. 그는 관찰사로부터 제반 일에 편의를 주라는 공문을 받아 使府의 使丁 金德成의 길 안내로 12월 26일 부산을 출발했다. 까르네예프가 이곳 체재 중 방문하자 본관은 答訪했는데, 당시 크리스마스로 세관장의 茶席이나 만찬에 초대되었을 때에 동석하며 대화했고 까르네예프는 다음과 같이 말했다. "여행 목적은 전번의 소코닝 일행과 같이 러시아 地學協會 黑龍江省 支部에 부속된 물품 진열소를 위해 이것을 採緝하는 데 있다. 그러므로 當港 근해에 있는 魚類의 견본을 얻을 것을 본관에게 의뢰했다." "여정은 전번의 소코닝 일행은 일본의 병참선로를 따

이미 까르네예프 대령이 1896년 1월 조선의 군대 현황, 한러 군사협력에 관한 보고서를 제출했다.

당시 서울에는 훈련대 2개 대대가 있었다. 훈련대는 일본식 교육을 받고 일본식 제복을 입었으며, 1개 대대의 병력은 하사관 포함 884명 규모로 구성되었다. 최근 훈련대는 을미의병을 제압하기 위해 지방에 군대를 파견해야 하는 상황이었다. 그래서 조선정부는 훈련대 1개 대대 신설이 절실했지만, 미완의 과제로 남아있었다. 조선정부는 적은 국가 예산과 재정부족 등으로 당분간 자력으로는 대규모 병력을 유지하기 어려운 상황이었다. 까르네예프는 조선이 유럽식 군대를 양성한다면 3개 보병대대, 1개 포병중대 규모로 제한해야 한다고 주장했다.

보고서 마지막에 까르네예프는 만일 조선정부가 군대 양성을 위한 러시아 군사교관 파견을 요청한다면, 러시아가 조선에 필요한 군사교관을 보낼 것을 제기할 정도로 조선문제에 적극적이었다.[14]

라 京城으로 향했다. 이번에는 중복을 피하여 다른 길로 이동하는데, 먼저 동해안을 따라서 각지에 있는 일본의 옛 성터를 답사하고 거기서 경성으로 향한다." "현재 2~3일 전 蔚山과 彦陽 지방에서 돌아온 일본인의 정보에 의하면, 一隊는 언양에 있고 一隊는 울산에 있으면서 자주 측량에 종사하고 있었다. 一隊는 언양에서 경주로 나오고 一隊는 울산에서 동해안을 따라서 迎日灣에 이르고 다시 경주로 나와 서로 합하여 거기서 永川·義興·安東·榮川 등을 거쳐 경성으로 이동할 것으로 판단된다." "일행의 복장은 大佐·부관 어느 쪽이고 일반 여객의 복장이고 코쟉크병 4명은 무장했으며, 러시아 귀화 조선인 2명은 양복을 입었다. 이들은 관찰사가 붙여준 수행원 1명을 합해 도합 9명이고, 말은 12필이다."(『駐韓日本公使館記錄(10)』, 1896년 1월 8일, 機密第2號「러시아 陸軍士官이 來港하여 육로로 京城으로 향한 件」, 在釜山 一等領事 加藤增雄 → 在京城 辨理公使 小村壽太郎, 229쪽).

14 АВПРИ. Ф.150.Оп.493.Д.214.Л.206-213об.

김홍집 내각의 파멸

 주한 일본공사관 통역관 고쿠분(國分)이 밤 사이의 상황을 묻자, "이제는 일신을 돌볼 때가 아니며, 내가 먼저 주한 러시아공사관에 가서 폐하를 알현하고 직언(忠諫)을 해야겠다"라고 김홍집은 답변했다.

 1896년 2월 11일 오전 총리대신 김홍집·외부대신 김윤식·내부대신 유길준·궁내부대신 이재면·내각총서 권재형 등은 경복궁 내부에 있는 내각에 모였다.¹⁵

 그날 오전 총리대신 김홍집은 내각회의를 소집했고, 그 자리에서 내부대신 유길준은 말했다. "대사(大事)는 이미 지나갔다. 마땅히 내각은 총사직을 제출하고 각자의 길을 도모해야 한다."

 김홍집은 유길준의 제안을 뿌리쳤다. "나는 먼저 폐하를 알현하여 폐하가 마음을 돌리실 것을 촉구하고 성사가 되지 않으면 일사보국(一死報國)하는 길 밖에 없다."

 처음 김홍집은 주한 영국공사관에 들려 통역인 친척과 함께 주한 러시아공사관으로 출발할 생각이었다. 그런데 김홍집이 내각을 나서자 경무청에서 파견된 순검이 경복궁으로 들어와 즉시 김홍집을 압송해서 경무청으로 구인했다.

 동시에 경무청 순검 수십 명은 농상공부대신 정병하의 저택으로 향해 그를 붙잡아서 경무청에 구인했다. 순검은 김홍집과 정병하를 경무청 문 앞으로 끌어냈다. 입추의 여지가 없이 백성들

---

15 『駐韓日本公使館記錄(9)』, 1896년 2월 13일, 機密第11號「朝鮮國 大君主 및 世子宮 露國公使館에 入御한 顚末報告」, 辨理公使 小村壽太郎 → 外務大臣臨時代理 文部大臣 侯爵 西園寺公望, 136쪽.

이 모여들자, 순검은 칼을 뽑아들고 백성들을 쫓아버린 다음 김홍집을 차서 쓰러뜨린 후 가슴과 잔등을 내리치며 난도질했다. 순검은 정병하도 끌어내서 한칼에 참살한 후 김홍집과 정병하의 시체 다리 부분을 거친 새끼줄로 결박해서 종로까지 끌고 갔다.

두 사람의 시체에는 '대역무도 김홍집 정병하(大逆無道 金弘集 鄭秉夏)'라고 크게 쓴 장지(帳紙)를 붙였다. 길 위를 가득 메운 보부상들은 시체를 향해서 큰 돌을 던지기도 하고 발로 짓이겨서 온전한 곳이 한 군데도 없도록 만들었다.

1895년 명성황후 폐위 당시 김홍집은 주도자로서 상소를 기초했고, 정병하는 상소를 국왕에게 봉정(捧呈)했던 치명적인 과오가 있었다.[16] 11일 오후 3시 김홍집과 정병하는 경무청 문 앞 큰 거리에서 살해되었고, 두 사람의 시체는 종로거리에 놓여졌고, 밤에 불태워졌다.[17]

김홍집은 둥근 얼굴과 뚜렷한 이목구비에 꼭 다문 입술을 소유했다. 그는 처음에는 일본과 대원군이라는 두 개의 힘에 의해 조종당하는 기계처럼 행동했다. 하지만 신중한 성격인 그는 사실을 관찰하면서 고종의 정치적 개입을 최소화시켰다.

김홍집(金弘集, 1842~1896)은 1868년 별시문과에 급제하여 승정원(承政院)에서 근무를 시작했다. 1880년 6월 2차 수신사(修信使)로 참여했다. 1881년 2월부터 『조선책략』의 외교정책을 비

---

16 『駐韓日本公使館記錄(9)』, 1896년 2월 13일, 機密第11號「朝鮮國 大君主 및 世子宮 露國公使館에 入御한 顚末報告」, 辨理公使 小村壽太郎 → 外務大臣臨時代理 文部大臣 侯爵 西園寺公望, 138쪽.
17 『駐韓日本公使館記錄(10)』, 1896년 2월 14일 오전 8시 20분, 電信「加藤領事가 외무대신에게 보낼 전보내용 통보를 훈령한 件」, 小村 → 仁川 萩原 領事官補, 86쪽.

김홍집

판하는 척사운동이 전개되면서 관직에서 잠시 물러나기도 했다. 얼마 후에 통리기무아문의 통상사당상(通商司堂上)의 직책을 맡았다. 1884년 9월에 예조판서와 독판교섭통상사무(督辦交涉通商事務)를 겸임하면서 대외교섭의 담당자로 조선 개방의 실무를 책임졌다. 김홍집은 1894년 여름 영의정에 임명되었다. 김홍집은 같은 해 7월 23일 일본군대의 '경복궁 침입사건' 이후 1차 갑오정권에서 총리대신으로 내각을 이끌었다. 일본의 개입으로 박영효, 서광범 등 갑신정변 주도세력이 참여한 연립내각이 구성되었지만, 박영효와의 갈등으로 총리대신에서 사임했다. 1895년 박영효 역모사건이 발생하여 박영효가 재차 일본으로 망명하자 3차

내각을 책임졌다.[18]

명성황후는 1894년 갑오개혁 이후 출범한 김홍집 내각과 정치적으로 대립했다. 명성황후는 김홍집 내각에 관해서 '역적'과 '흉악'이라는 극단적인 용어까지 사용했다. "여러 역적들이 이미 하늘과 귀신에게 죄를 지었으니 죄가 크다. 흉악한 무리들의 악한 행동이 이미 차고 넘쳤다."[19]

명성황후는 1894년 청일전쟁 이후 구성된 김홍집 내각을 평가했다. "내각의 권력은 항상 군주를 억압하고, 모든 정무는 내각이 전권을 휘둘러, 군주는 다만 그 주문에 따라 재가하지 않으면 안 되었다는 것이 오늘까지의 모습이었다."[20]

총리대신 김홍집은 1895년 11월 6일 이노우에 공사와 함께 정국 현안을 논의했다. 이날 이노우에 공사는 명성황후 암살과 폐위가 모두 조선정부의 책임이라고 주장했다. 이노우에는 을미사변을 조선역사에서 가장 치욕적이며, 조선이 야만적인 민족이라는 것을 알려준 사건이라고 강조했다.[21] 이노우에는 철저히 조선정부의 책임론을 부각시켰다.

김홍집은 이에 반발했다. "군대를 지휘하는 장교들의 위협이 너무 강력했기 때문에 나머지 대신들과 마찬가지로 그들의 요구에 동의할 것을 강요당했다."[22] 김홍집은 모든 비난의 화살을 훈련대 장교 탓으로 돌렸다.

18　『한국근대외교사전』, 성균관대학교출판부, 2012, 88쪽.
19　『高宗實錄』, 34년 11월 22일. 궁내부 특진관 민영소(閔泳韶)가 행록의 초고를 기초했다.
20　井上馨 → 西園寺, 1895년 8월 6일, 「248號」, 『日本外交文書』 28-1, 371쪽.
21　АВПРИ. Ф.150.Оп.493.Д.6.Л.230.
22　АВПРИ. Ф.150.Оп.493.Д.6.Л.230об.

김홍집은 자신의 배신행위에 대한 비난을 변호하며 현재의 위기상황을 강조했다. "죽어서보다는 살아서 왕을 훨씬 더 잘 보좌할 수 있다." "도망자들이 고종과 왕세자를 러시아공사관으로 유도하고 있다."23

김홍집은 현재 권력과 내각을 유지하기 위해서 일본의 지원을 통한 조선 개혁을 끝까지 수행하며 책임졌다.

내부대신 유길준은 도피의 길을 선택했다. 그는 오직 한 가지 생각, 즉 목숨을 부지하는 것에만 집착했다. 설사 먹고 자는 단조로운 일밖에 없고 고통이 끊이지 않는 삶이라도 그러했다.

유길준은 아직 내각을 나서지 않았는데 흰 평상복을 입은 한 명이 갑자기 들어와서 포박하려 하자, 일어나서 그 자의 두포(頭巾)를 붙잡고 놓지 않았다. 체포자가 힘이 세서 유길준을 그대로 방 밖으로 끌고 나가자, 마침 같은 방에 있던 관보국(官報局) 고원(雇員) 일본인 2명이 유길준을 구하려고 방 밖으로 나가자 체포자는 도망쳐버렸다. 일본인은 체포자를 추적하다가 뒤돌아 유길준을 보았더니 벌써 순검에게 붙잡혀서 정문을 향하고 있었다. 일본인 2명은 되돌아와서 유길준을 도로 빼앗아 문을 나섰으나 군집(群集)한 순검에게 붙잡혀서 땅 위에 쓰러졌다. 유길준을 일으켜 세우고 순검을 막으면서 겨우 경복궁 앞 일본수비대 영소(營所)에 들어갔다. 그런 다음 유길준은 변장을 하고 일본공사관으로 피신했다.

법부대신 장박(張博), 내부위생국장 김인식(金仁植), 법부형사국장 조중응(趙重應)은 그날 아침 경복궁으로 갔지만, 문지기가

23 АВПРИ. Ф.150.Оп.493.Д.6.Л.231.

들어가는 것을 막아 주한 일본공사관으로 피신했다. 고무라는 그날 밤 유길준을 포함한 4명을 변복시켜 일본인 상점에 숨겼다.

외부대신 김윤식은 내각에서 관망하다가 귀가하여 자택에 칩거했다. 고무라에 따르면 김윤식은 끝까지 내각에 머물러 있었는데 고종의 명령에 따라 러시아공사관으로 가서 문안드렸다는 소문도 있었다.[24] 이후 김윤식은 김홍집과 어윤중 등의 참사를 듣고 크게 낙심하면서, 그들의 모습이 눈앞에 아른거리고 잠시도 잊을 수 없어서 괴로워했다.[25]

대원군과 이재면도 모두 운현궁으로 피신했다.[26] 대원군과 이재면은 아관파천 당일 최후까지 왕궁에 머물러 있었지만 더이상의 방법이 없다는 사실을 파악했다. 대원군은 자신의 저택으로 돌아갔고, 이재면은 고종을 알현하고자 주한 러시아공사관으로 갔지만 수비대가 저지하여 귀가했다. 경무청(警務廳)은 2월 14일 순검을 보내서 작년에 시행한 바 있는 존봉의절(尊奉儀節)을 다시 부활했다. 대원군은 운현궁 봉쇄로 거의 유폐 상태에 놓이자 몹시 분개했다.[27]

친위대 대대장 이범래와 이진호도 도망쳤다. 친위대 제1대대장 이범래(李範來), 친위대 제2대대장 이진호(李軫鎬) 두 사람은

---

24 『駐韓日本公使館記錄(9)』, 1896년 2월 13일, 機密第11號「朝鮮國 大君主 및 世子宮 露國公使館에 入御한 顚末報告」, 辨理公使 小村壽太郞 → 外務大臣臨時代理 文部大臣 侯爵 西園寺公望, 138-139쪽.
25 『駐韓日本公使館記錄(9)』, 1896년 2월 24일, 機密第14號「新政府의 現況報告」, 小村 → 西園寺 外務大臣臨時代理, 152쪽.
26 『駐韓日本公使館記錄(10)』, 1896년 2월 14일 오전 8시 20분, 電信「加藤領事가 외무대신에게 보낼 전보내용 통보를 훈령한 件」, 小村 → 仁川 萩原 領事官補, 86쪽.
27 『駐韓日本公使館記錄(9)』, 1896년 2월 17일, 機密第12號「親露派 李範晉등의 음모에 대한 보고」, 辨理公使 小村壽太郞 → 外務大臣臨時代理 文部大臣 侯爵 西園寺公望, 145쪽.

10일 전 낙마로 부상당하여 일본영사관이 운영하는 병원에서 치료를 받고 있었다. 아관파천 직후 이범래와 이진호는 바로 도망쳐서 잠복했다. 그들은 시간이 지나면 기회가 올 것이라 믿었다.

처음에 탁지부대신 어윤중은 행방불명이었다. 고무라에 따르면 어윤중은 당일 소재불명이었지만 현재 자택에 틀어박혀 있다는 보고가 있었다.[28] 그런데 어윤중은 서울을 떠나 고향인 충청도 보은으로 돌아가던 2월 19일 용인에서 끝내 자객에 의해 맞아 죽었다. 어윤중은 서울의 급변(轉變)하는 상황을 목격했는데 고향에 은신하고자 우선 경기 광주에 있는 친척을 찾아갔다. 그는 한곳에 오래 머무르기 어려워 5일 동안 머물다가 용인에 숙박했다. 하지만 용인 안씨와 정씨는 용인 군수에게 어윤중을 살해하자고 제의했다. 용인 군수는 정부의 명령[令達]을 받지 못했다고 거절하면서, 오히려 어윤중에게 빨리 이곳을 떠날 것을 재촉했다. 어윤중은 다음날 아침 출발하자마자 길에서 자객을 만나 타살되었다. 소문에 따르면 안씨와 정씨는 이범진의 근친으로서 이미 어윤중 암살 지시를 받았다고 한다. 이완용에 따르면 신내각(新內閣)은 어윤중의 횡사를 애석해 하면서 시신을 염해서 장례를 치르도록 명령했다.

고무라는 1896년 2월 24일 김홍집과 정병하의 사망 등을 보고했다. 신내각은 폐위를 꾀했다는 역모를 내세워 전내각(前內閣)을 해산했을 뿐만 아니라 을미사변의 죄를 물어 김홍집과 정병하를 살해했다. 신내각은 도망 중인 조희연(趙羲淵) 이하 친위대 대

---

28 『駐韓日本公使館記錄(9)』, 1896년 2월 13일, 機密第11號「朝鮮國 大君主 및 世子宮 露國公使館에 入御한 顚末報告」, 辨理公使 小村壽太郎 → 外務大臣臨時代理 文部大臣 侯爵 西園寺公望, 139쪽.

장 등을 체포하라고 명령했다.[29]

삶과 죽음의 갈림길에서 그들은 각자의 평소 신념에 따라 남은 자와 도피한 자로 갈렸다.

고무라의 조선 정세 보고

"오늘 아침 새벽쯤 고종과 왕세자는 몰래 대궐을 나와 러시아 공사관에 피신[入御]했습니다. 러시아 병사 4명은 전(前) 경무관(警務官)이었던 이용환(李龍煥)과 동행하여 경무청(警務廳)에 와서 경무관 안환(安桓)을 러시아공사관으로 불렀습니다. 고종은 경무관 안환을 소환하여 역적(逆賊)을 포박하라고 지시[詔勅]했고, 경찰을 각처에 파견[分派]했습니다."

궁내부 관리 중 한 명은 11일 오전 10시쯤 다급하게 주한 일본공사관으로 가서 위와 같은 소식을 전달했다. 고무라는 즉시 상황을 탐문하기 위해서 고쿠분 통역관을 급하게 김홍집 내각에 파견했고 사태수습에 고민했다.

고무라는 사전에 전신선과 러시아 병력의 움직임을 파악했지만 아관파천을 예측할 수 없었다. 2월 5일 경기도 여주에서 봉기한 의병은 서울-부산 간 전신선을 파괴했다. 2월 10일 인천항에 정박한 러시아 군함 아드미랄 꼬리닐로프에서 사관(士官) 3명은 대포 1문을 이끄는 무장한 수병(水兵) 100여 명을 인솔했고, 보

---

29 『駐韓日本公使館記錄(9)』, 1896년 2월 24일, 機密第14號「新政府의 現況報告」, 小村 → 西園寺 外務大臣臨時代理, 151-152쪽. 탁지부대신 어윤중(魚允中)은 귀향하다가 용인에 이르러 거주하는 백성에게 살해되었다(『高宗實錄』, 고종 33년 2월 17일).

급병[糧食隊] 20명은 양식과 탄약을 구비하여 입경(入京)했다. 고무라는 러시아의 움직임을 파악한 후 2월 10일 인천항을 출범하는 공용선(公用船) 편에 부산항에서 전보를 발신했다.[30]

고무라는 1896년 2월 11일 오후 3시 아관파천 관련 전보를 인천 주재 하기와라(萩原) 영사관보를 통해서 일본 외무성에 급보했다. 당일 전신선 일부가 끊겨서 전보를 인천에서 부산까지 배편으로 보내고 다시 부산에서 나가사키로 전신을 보내야했다.

고무라는 러시아 수병 100여 명이 서울에 도착했다는 사실을 10일 전보로 보냈다. 고종과 왕세자는 11일 새벽 경복궁 수비의 빈틈을 엿보아 주한 러시아공사관으로 잠행했다. 동시에 조칙(詔勅)을 서울에 게시하고 내각을 교체했다. 총리대신 김병시(金炳始), 내무대신 박정양(朴定陽), 군부대신 겸 경무사 이윤용(李允用), 법부대신 조병직(趙秉稷), 학부대신 겸 외부대신 이완용(李完用), 궁내부대신 이재순(李載純)이 임명되었다.

고무라는 아관파천 당일 커다란 충격을 받았지만 차분히 대처하려고 노력하면서 대립보다는 타협을 모색했다. 고무라는 1896년 2월 11일 오후 3시 아관파천 이후 일본이 병력을 사용하면 러시아와 충돌이 발생하므로 외무성의 훈령이 도착하기 전까지 '온건한 수단'을 사용할 계획이라고 보고했다.

"일본당(日本黨)은 태반이 축출될 것입니다. 일본은 사변이 발생한 이상 병력을 이용하는 수밖에 없습니다. 병력을 사용하면 반드시 러시아와의 충돌을 면치 못할 것입니다. 본관은 이런 충

---

[30] 『駐韓日本公使館記錄(9)』, 1896년 2월 13일, 機密第11號「朝鮮國 大君主 및 世子宮 露國公使館에 入御한 顚末報告」, 辨理公使 小村壽太郎 → 外務大臣臨時代理 文部大臣 侯爵 西園寺公望, 136쪽.

돌은 지금이 아니라고 판단합니다. 외무성의 훈령을 받을 때까지 온건한 수단으로 나갈 각오입니다. 조속히 훈령을 내려주시길 바랍니다."

고무라는 아관파천 직후 쉬뻬이에르를 면담하면서 양국의 군사적 충돌 방지를 위해서 노력했다. 고무라에 따르면 "현재 인심이 흉흉한 만큼 서로 주의를 해서, 양국 군대 사이에 분쟁이 생기지 않게 노력해야 합니다." 그러자 쉬뻬이에르도 같은 의견이라고 답변했다.[31]

일본 외무성은 1953년 고무라의 기록 등에 근거하여 『일본외교문서』의 별책으로 『고무라외교사(小村外交史)』를 발간했다. 『고무라외교사』에 따르면 일본 고문관이 조선정부에 많았지만 아관파천의 음모를 사전에 탐지하지 못한 것은 '천추(千秋)의 한사(恨事)'라고 기록했다. 고무라는 냉정하고 침착하여 표정을 드러내지 않는 인물이었음에도 불구하고 아관파천 당일 '격색(激色)'을 보일 수밖에 없었다.[32] 사실 고무라는 1896년 2월 24일 아관파천에 대해서 "매우 분개할 사실로 두말할 여지가 없다"며 자신의 적대적인 감정을 숨기지 않았다.[33]

고무라는 40대 초반으로 150센티미터 정도의 작은 키에 외소한 체격이었다. 얼굴이 길고 이마가 넓었으며, 깊은 눈매에 말쳐

---

31 『駐韓日本公使館記錄(10)』, 1896년 2월 11일 오후 3시, 電信「國王·王世子 俄館播遷 後 情勢變動 件」, 小村 → 仁川 萩原 領事官補, 84쪽.
32 外務省編, 『小村外交史』, 東京: 原書房, 1961, 82쪽. 원래 『小村外交史』는 1953년 일본외교문서의 별책으로 공간되었다. 信夫淳平은 외무성이 보유한 주요 외교문서에 기초하여 '侯爵小村壽太郞傳'을 작성했는데, 전후 외무성은 개정 증보하여 '고무라외교사(小村外交史)'로 제목을 바꾸었다(外務省編, 『小村外交史』, 東京: 原書房, 1961, 序).
33 『駐韓日本公使館記錄(9)』, 1896년 2월 24일, 機密第14號「新政府의 現況 報告」, 小村 → 西園寺 外務大臣臨時代理, 154쪽.

```
小村外交史

第一章　前　史

第一節　生い立ち

阿片戦争による武力威圧の結果一八四二年・天保十三年清国は南京条約を締結し、開国を余儀なくされたが、それより十二年後の安政元年・一八五四年ペリーの率いるアメリカ艦隊の威容の下に、我が徳川幕府も亦神奈川条約により開港を約したのであつた。一八五七年・安政四年英仏聯合軍は広東を攻略占領し、更に翌一八五八年五月白河口を砲撃の後天津条約を強要するに成功したが、此等の形勢を巧に利用したハリスの督促に幕府は勅許なしに日米通商条約を調印し、片務的な領事裁判権・協定関税率・最恵国条款を主内容とする不平等条約を締結するの止むなきに至つた。該条約の改訂は明治期の外交を貫く主軸となつたのであるが、最終的解決に成功した外相小村壽太郎が日向の一阿淑肥町に誕生したのは、実に神奈川条約締結の翌年安政二年で、その歿年は即ち平等条約達成の明治四十四年・一九一〇年であつた。つまり小村の生涯は極東の封建後進国に過ぎない日本が、外国勢力の圧迫に抵抗し又彼等の内訌を有利な背景として依存しつゝ、急激に資本主義社会を育成し、その発展とともに東亜に於ける唯一の帝国主義国家

1
```

『고무라외교사』 첫 장
(일본 외무성 편)

럼 긴 코를 소유했다. 그는 말 수가 적어서 속내를 잘 들어내지 않았다.

고무라 주타로(小村壽太郎, 1855~1911)는 1875년 제1회 문부성 유학생으로서 하버드대학에서 법학을 전공했다. 1888년 외무성 번역국장을 거쳐, 1893년 청국 주재 공사관 참사관에 임명되었는데 조선공사를 겸임한 오토리 게이스케(大鳥圭介)가 서울에 주재하면서 11월 임시대리공사가 되었다. 1894년 6월 일본군이

고무라 주타로

조선에 출병하자 일관되게 강경론과 개전을 주장했다. 1895년 외무성 정무국장이 되었고, 명성황후 시해사건 사후 처리를 위해 조선판리공사를 맡아 러시아와 절충해 서울의정서(고무라-베베르 각서)를 체결했다. 그 후 1901년 제1차 가쓰라 다로(桂太郞) 내각의 외무대신에 취임, 1906년까지 재임했다. 외무대신 시절인 1902년에는 영일동맹협약 조인에 성공해 남작 작위를 받았다. 그 뒤 러일 개전외교, 이른바 고무라외교를 펼쳤다. 러일전쟁 이후 강화회의가 열리자 전권대표로 파견되어 1905년 9월 포츠머스조약을 체결했다.[34]

34　"규슈(九州) 오비(飫肥) 번(藩) 출신이다. 1861년 번교(藩校) 신토쿠도(振德堂)에 들어가 두각을 나타냈고, 1869년 나가사키(長崎)에 유학했다. 이후 상경해 메이지기주쿠(明治義塾)를 거쳐 다이가쿠난코(大學南校, 이후 開成學校로 이름을 바꿈)에서 법률을 공부했다. 주미공사, 주러시아공사를 거쳐 1901년 주청공사에

실제 고무라는 아관파천 전야 주한 러시아공사를 만났지만 사태를 전혀 예측하지 못했다. "고종을 주한 러시아공사에게 빼앗긴 것은 자신의 실수였다. 나는 감히 자기변호는 하지 않는다. 단지 아관파천 이후 러일협약을 위한 자신의 노력을 후세 사가(史家)가 판단하기를 기다릴 뿐이다." 그는 할 말이 없거나 대답이 궁할 때는 무조건 입을 다무는 편이 낫다는 것을 알고 있었다.

당시 일본인 중 일부는 고무라를 '국가의 적[國賊]'이라고까지 생각했다. 러시아가 고종을 빼앗는 계략을 탐지하는 똑똑함[明]이 없었고, 심지어 고종이 러시아공사관에 숨은 당일 저녁 남산의 주루에 올라 기생들과 즐기며 자신의 임무를 망각했다. 이러한 국적은 주살하는 것마저 성에 차지 않는다고 주장했다.[35]

『고무라외교사』에 따르면 고무라는 서울의정서를 체결하고 1896년 5월 31일 서울을 출발하여 6월 8일 귀국했다. 고무라는 귀국 이후 해군대신을 역임한 가쓰 가이슈(勝海舟)를 방문한 자리에서 가쓰가 대한정책을 묻자 다음과 같이 대답하며 크게 웃었다고 한다. "여전히 막부 말기에 처한 바와 같습니다. 천자(天子)를 빼앗기고 만사(萬事) 끝나버렸습니다."[36]

고무라는 씁쓸했던 자신의 속내를 보여주었다.

임명되어 의화단사건(義和團事件) 후 국제회의에서 일본전권대표로 활약했다. 1908년 8월 제2차 가쓰라 내각의 외무대신으로 다시 취임해 1911년까지 재임하는 동안 다카히라(高平)-루트협정 체결, 만주5안건협약 체결, 제2차 조약개정교섭에 성공(관세자주권의 달성)했다. 한국에 대해서는 러일전쟁 개시와 함께 한일의정서에 이어서 을사조약을 강요하고 한국 강점을 달성해 그 공으로 후작(侯爵)에 올랐다. 그는 일본의 한국, 청국 침략을 추진하는 등 일본의 제국주의 외교를 강력히 추진했다."(『한국근대외교사전』, 성균관대학교출판부, 2012, 53-54쪽).

35 外務省編, 『小村外交史』, 東京: 原書房, 1961, 82쪽.
36 外務省編, 『小村外交史』, 東京: 原書房, 1961, 92쪽.

충격에 빠진 고무라의 대응

고무라는 1896년 2월 13일 아관파천의 상세한 내용을 정리한 보고서를 본국에 보냈다. 아관파천이 매우 중요한 사건임에도 불구하고, 이틀이나 지나서야 본국정부에 보고서를 보냈다. 사실 고무라는 1896년 2월 11일 오후 3시 아관파천 관련 전보를 보냈다. 사태의 급박성을 고려하면 늦게 전보를 보낸 것이다. 고무라는 아관파천으로 매우 큰 충격을 받아 평온을 찾기 위한 시간이 필요했고, 최대한 사실 파악에 주력하려는 신중한 모습을 보였다.

고무라는 11일 오전 쉬뻬이에르로부터 고종과 왕세자가 그날 아침 러시아공사관으로 피난했다는 통지를 받았다. 주한 미국공사 실은 11일 정오 12시 러시아공사관에서 고종이 각국 사신을 면담한다는 통지를 보냈다.[37]

고무라는 12시 고종 면담 사실을 기록했다. 고무라는 조금 늦게 도착했는데 이미 각국 공사와 영사가 알현을 끝내고 돌아간 상태였다. 고무라는 단독으로 고종을 알현했다. 고종은 "지금 궐내에 있어도 위험하기 때문에 이곳으로 들어왔다"고 말했다. 고무라는 11일 오후 6시 30분쯤 신임 외부대신 이완용으로부터 취임통지를 받았고, 회답을 일단 보류했다.

고무라는 고종을 알현한 직후 쉬뻬이에르에게 "현재 인심이 흉흉한 때이니만큼 양국 병사 간에 충돌을 일으키는 일이 없도록

---

37 『駐韓日本公使館記錄(9)』, 1896년 2월 13일, 機密第11號「朝鮮國 大君主 및 世子宮 露國公使館에 入御한 顚末報告」, 辨理公使 小村壽太郎 → 外務大臣臨時代理 文部大臣 侯爵 西園寺公望, 136쪽.

하고 싶다"고 군사충돌 방지를 제의했다. 그리고 즉시 일본공사관으로 돌아와서 긴급 상황을 일본 외무성에 알렸다. 고무라는 아관파천의 대략적인 상황을 인천영사와 부산영사를 경유하여 전신으로 보고했다.

고무라는 아관파천이 11월 28일에 일어났던 춘생문사건에서 출발한다고 판단했다. 춘생문사건을 주도한 이범진·이윤용··이완용 등은 그 후 모두 러시아와 미국 공사관에 숨어 있었다. 주한 러시아공사관은 항시 수십 명의 호위병을 배치해 경계했고, 금년에 와서는 호위병 교대를 할 때마다 병력(兵員)을 점차 증원했다.

2월 10일 인천항에서 100여 명의 무장 병력이 대포 1문을 이끌고 입경했다. 고무라는 이번 주한 러시아공사관의 증원이 반드시 깊은 책모가 있을 것으로 생각했다. 김홍집 내각은 그날 밤부터 특별히 순검을 70명으로 증원해서(평상시는 30명) 궁중 호위를 강화했고, 일본 수비대도 은밀히 경계를 했다.

"어찌 예측할 수 있었겠습니까?" 고무라는 새벽 고종의 피신까지는 예측하지 못했다고 탄식했다. 고무라에 따르면 고종은 2월 11일 새벽 일본당 대신 중 을미사변과 같은 음모를 꾀하는 자가 있으니 급히 외국 공사관에 피신해야 한다는 위조된 밀고를 받자마자 몹시 두려워했다. 마침내 왕세자와 함께 궁녀들이 타는 가마를 타고 경비의 허점을 틈타 밖으로 나와 러시아공사관으로 도피했다.

고무라는 궁녀가 가마를 타고 궁중을 출입하게 된 경위도 기록했다. 작년 춘생문사건 이후 궁녀가 출입할 때 가마에서 내려 도보로 출입케 하는 것은 무례하다는 문제점이 지적되었다. 이

러시아공사관으로 가는 길

런 행동에 대해서 고종을 포함해서 대원군도 반대했다. 결국 여성은 가마를 탄 채 출입하는 것을 허용했다. 이런 지침이 수위병에게 하달되었고, 이날 여자용 가마가 밖으로 나가는 것을 보고도 위병(衛兵)이 검문하지 않았다. 고무라는 이런 사전의 모계(謀計)가 때마침 적중한 것이라고 주장했다.

10일 이른 아침부터 경복궁 문 앞을 비롯한 큰 길에는 지방에서 올라온 보부상 차림의 사람들이 가득하여 거의 지나갈 수 없을 정도였다. 이는 고종과 왕세자를 궁궐로부터 유도해 내려는 계책이었다. 만약 일이 잘못됐을 때는 비상수단을 써서 궁궐을 침범할 목적이었다.[38] 박정양·이윤용은 지방의 보부상들에게 명령을 내려서 이날을 기해 입경케 했는데 경기도에서는 전원이, 충청도와 황해도에서는 과반수의 보부상이 모두 이곳에 모여들었다. 보부상은 10일 밤을 기해 주한 일본공사관을 습격하려고 계획했다. 신임 법부대신 조병직은 그 계획을 듣자 곧 그 두령을 불러서 계획을 단념시켰다.

고무라는 아관파천 이후 반일정서를 보고했다. 아관파천 이후 서울의 인심은 평온하지 못했다. 일본인을 혐오하는 감정이 심각해졌다. 순검과 백성은 일본인에 대해서 온갖 욕설을 퍼부었다. 심지어 주한 일본공사관을 습격해야 한다거나 일본 거류민의 가옥을 불살라 버려야 한다는 여론도 성행했다. 13일은 조선의 음력설이었다. 서울 백성 대부분은 구제도로 되돌아갈 때가 되었다고 생각했다. 고무라는 주한 일본공사관을 포함하여 일본

---

[38] 『駐韓日本公使館記錄(9)』, 1896년 2월 13일, 機密第11號「朝鮮國 大君主 및 世子宮 露國公使館에 入御한 顚末報告」, 辨理公使 小村壽太郞 → 外務大臣臨時代理 文部大臣 侯爵 西園寺公望, 137쪽.

인이 모여 살던 이동(泥洞)의 경계를 강화했다.³⁹

고무라는 1896년 2월 14일 오후 1시 20분 주한 미국공사 실과의 대화를 인천 주재 하기와라 영사관보를 통해서 일본 외무성에 타전했다. 고무라는 2월 13일 주한 미국공사를 만났다. 실은 조선인과 일본인의 상호 폭력을 걱정하면서, 아관파천을 고종이 변란을 피한 행위라고 강조했다.

아관파천은 쉬뻬이에르가 이미 공문으로 통지한 대로, 고종이 주한 러시아공사관으로 변란을 피한 사건이었다. 일본 장사배(壯士輩)가 격앙해서 복수하려 하자 조선인이 일본인에게 폭행을 가했다. 고무라는 일본과 러시아 간에 갈등이 있지만 아무런 수단을 쓸 수가 없어서 당혹스럽다고 보고했다.

고무라는 주한 영국과 독일 영사 등을 방문했는데, 특별한 의견을 들을 수 없었지만 대체로 아관파천을 인정하는 분위기라고 보고했다.

고무라는 일본 국민의 행동을 통제하고 무력 충돌을 피하기 위해 충분한 주의를 기울이며 다음과 같이 보고했다. 주한 일본 거류민의 생명과 재산을 완전히 보호할 계획을 수립할 때까지는 반드시 일본군대가 주둔해야 한다. 현재 경복궁 앞에 있는 일본 병영은 일본 거류지 근처로 이동시킬 예정이었다.

고무라는 일본정부가 조선에 관한 각국 보호 또는 러시아와의 협의 등에 관한 방침을 신속히 결정해 줄 것을 재촉했다.

"본관은 서울의 형세 및 조선 북쪽의 보고에 근거할 때 러시아

---

39 『駐韓日本公使館記錄(9)』, 1896년 2월 13일, 機密第11號「朝鮮國 大君主 및 世子宮 露國公使館에 入御한 顚末報告」, 辨理公使 小村壽太郎 → 外務大臣臨時代理 文部大臣 侯爵 西園寺公望, 138-140쪽.

와 일본의 관계가 현재 매우 절박한 것으로 판단합니다. 일본정부는 조선을 각국 보호로 설정하든가 혹은 러시아와 협의를 하든가 선택해야 합니다. 조선 문제의 결정은 촌각도 유예할 수 없는 긴요한 사항입니다."[40]

주한 일본공사 고무라는 2월 13일 기밀제11호에 이어 2월 17일 기밀제12호와 함께 기밀제13호를 동시에 작성하여 아관파천 관련 상세 보고서를 일본정부에 제출했다. 고무라는 아관파천 관련 전보와 보고서 이외의 상세 보고서를 추가적으로 2개나 동시에 제출했다. 이 보고서는 아관파천의 총체적인 기록이었다. 이것은 고무라가 아관파천에 관한 종합적인 보고를 위해서 시간적인 간격을 두면서 노력했다는 사실을 알려준다. 고무라는 종합 보고서를 매우 신중히 작성했는데 꼼꼼하지만 악착같은 성격을 보고서에 반영했다.

고무라는 새로운 정부의 분열과 내각의 갈등을 부각했다. 고무라에 따르면 권재형은 내각이 서로서로 의심[疑懼]하여 거의 '가시밭' 속에 사는 느낌을 갖고 있다고 주장했다. 윤치호와 서재필은 김홍집과 정병하의 학살을 비난했다. 고무라는 신정부의 대립을 보고하면서 애써 신내각의 불안정한 상황을 강조했다.[41] 고통을 겪으면 고결해진다는 말은 사실이 아니다. 행복이 때로 사람을 고결하게 만들 수는 있으나 고통은 대체로 사람을 좀스럽고 앙심을 품게 만들 뿐이다. 아관파천의 상처는 고무라를 그렇

---

40 『駐韓日本公使館記錄(10)』, 1896년 2월 14일 오후 1시 20분, 電信「加藤領事가 외무대신에게 보낼 전보내용 통보를 훈령한 件」, 小村 → 仁川 萩原 領事官補, 86쪽.
41 『駐韓日本公使館記錄(9)』, 1896년 2월 17일, 機密第13號「지난 11일자 事變顚末 보고 후의 상황」, 辨理公使 小村壽太郎 → 西園寺 外務大臣臨時代理, 145쪽.

게 만들었다.

고무라는 서울에 소문이 잦아 불안한 상황이라고 보고했다. 고무라는 서울 안에도 유언과 그릇된 풍설이 성행해서 내외인 모두 크게 공포에 떨고 있다고 했다. 지난번 관군이 놓친 춘천의병이 각처로 흩어져서 그 부근 지방은 대체로 소란했다. 고무라는 아관파천 이후 불안한 조선 정세 관련 정보를 모으려고 노력했다.

고무라는 새로운 내각의 인물평을 보고하면서 흠집내기에 급급했다. 서자 출신이 아관파천을 주도하여 양반을 타파한 사건이라고 단적으로 폄하하면서 오래가지 못할 정권이라며 자신의 불편한 감정을 노골적으로 드러냈다.

고무라는 이범진, 이윤용, 안경수 등 모두 '일명 양반(서자)' 출신이 단결하여 양반을 타파한 것이라고 주장했다. 고무라는 신내각이 오래가지 못할 것으로 주장하면서 그 이유를 기록했다. 첫째, 신내각은 정무상 실무경험과 지식의 우열에서 볼 때 전임내각에 매우 미치지 못했다. 더구나 인망도 없고 지위도 낮았다. 둘째, 전임 내각 협판 이하 관료들은 내심 신내각을 모두 멸시하여 복종하지 않을 것이다.[42]

고무라는 1896년 2월 17일 오후 11시 조선의 국내 상황과 여론 동향 등을 인천 주재 하기와라 영사관보를 통해서 사이온지 외무대신에게 타전했다.

당시 서울은 대체로 평온하지만, 내외의 인심은 제2의 사변, 러일 간의 갈등이 발생하는 것을 두려워하여 매우 흉흉했다. 고종과 내각은 신변을 두려워해서 한 발짝도 주한 러시아공사관 밖

---

42 『駐韓日本公使館記錄(9)』, 1896년 2월 17일, 機密第13號「지난 11일자 事變顚末 보고 후의 상황」, 辨理公使 小村壽太郎 → 西園寺 外務大臣臨時代理, 147-148쪽.

으로 나오지 않았다. 내각은 서로 권세를 다투고, 명령[政令]이 귀착하는 일이 없는 거의 무정부상태였다. 고무라는 "백성이 고종의 소재를 잃고서 멍한 것 같았다"고 보고했다.

신내각은 춘천의병을 진압할 출정 군대를 소집했다. 아관파천으로 춘천의병 중 일부는 해산했지만 일부는 오히려 불평이 높아졌다. 춘천의병이 서울로 밀려올 것이라는 소문이 돌고, 백성들은 모두 일본 배척의 경향을 띠었다.

고무라는 신임 정부의 명령이 일본 배척의 모습으로 나타나고 있다고 보고했다. "1894년 7월 이후 개화를 칭하여 변혁을 실행했지만 실효는 없었다"고 주장했다.[43]

고무라는 1896년 2월 23일 아관파천 이후 지방의 혼란이 가중되었다고 보고한다. 고무라에 따르면 정부의 명령이 서울 밖에는 시행되지 않았고, 의병 진압의 수단이 없는 등 거의 무정부상태와 같았다. 고무라는 고종이 주한 러시아공사관에서 오래 머무르면 반드시 국내의 소요사태가 번질 것이라고 주장했다.[44] 고무라는 지극히 조선의 국내 상황을 일본의 입장에서 해석했다.

고무라는 서울의 여론을 비관적으로 보고하면서 신정부에 대한 자신의 부정적인 시선을 투영했다. 고무라에 따르면 현재 서울 안 관민 다수는 신내각에 희망을 걸지 않았다. 각자 일신의 안전만을 도모만하고 아무것도 하지 않아 벌써 나라가 망했다고 떠들었다.[45]

43　『駐韓日本公使館記錄(10)』, 1896년 2월 17일 電信 오후 11시, 「在鮮 日本人 保護 措置 報告 件」, 小村 → 仁川 萩原 領事官補, 93쪽.
44　『駐韓日本公使館記錄(10)』, 1896년 2월 23일 오후 8시 50분 발, 電信 「國王 俄館 播遷 후의 情況續報」, 小村 → 西園寺, 99쪽.
45　『駐韓日本公使館記錄(9)』, 1896년 2월 24일, 機密第14號 「新政府의 現況報告」,

아관파천을 저주하며 고무라는 소요사태가 번져서 신내각이 망하기만 기다리고 또 기다렸다.

아관파천의 일등공신, 이범진

"고종은 2월 11일 여자 가마 안에서 '박'이라는 궁녀 뒤에 앉았다. 왕세자도 고종의 잠행에 함께했다. 고종의 탈출을 솜씨 있게 처리한 이범진은 법부대신이 되었다. 일본의 노력은 허사가 되었다."

캐나다 선교사인 게일(Gale)은 아관파천 계획이 비밀리에 진행되었는데, 이범진은 궁녀를 통해서 비밀쪽지를 고종에게 전달했다. 궁녀는 대궐문을 통과할 때 수비대에게 의심을 받았다. 2월의 추위에 떨던 경비대는 다양한 종류의 따뜻한 음식을 제공받았다. 경비대는 자주 음식을 제공받았지만, 그 이유를 알지 못했다.[46] 엄비는 이범진의 계획에 따라 음식물을 제공했다.

아관파천에 참여한 궁녀 중 이상궁은 이기동과, 박상궁은 홍계훈과 친척이었다. 이상궁과 박상궁이 이기동을 앞세워서 경복궁에서 가마를 이용해 고종의 피신을 실행했다.

이기동은 자신의 친척인 이상궁과 함께 대궐에서 고종을 호위했다. 이상궁의 가마이기 때문에 경비대가 수색하지 않았다. 이범진은 새문고개로 고종을 마중나왔다. 고종의 아관파천 경로는

小村 → 西園寺 外務大臣臨時代理, 154쪽.
[46] Gale, *Korean Sketches*, 1898, pp.208-209; 게일 저, 장문평 역, 『코리언 스케치』, 현암사, 1977, 235쪽.

이범진

영추문(迎秋門) → 금천교(禁川橋) → 내수사 앞길 → 새문고개 → 러시아공사관이었다.[47]

고무라는 1896년 2월 17일 내각의 움직임을 보고했다. 주한 러시아공사관에 신임 내각을 설치하고 각부 사무소를 부근에 임시로 만들었다. 내각의 기관(機關)을 갖추어 당분간 경복궁으로 돌아올 가능성이 없었다. 내각 대신과 협판은 주한 러시아공사관 안에 있었다. 내각은 반대당 자객의 피습을 염려해 외출까지도 피했다.

---

47 "閣監李某는 저의 從妹 李尙宮이 大殿의 封書 內人이오. 李閣監이 同行하는 轎子는 依例히 李尙宮인줄 알고 檢査를 不行하게 되었다. 幾重夾門과 迎秋門을 나오시는데 李閣監이 隨後하니. 迎秋門外로부터 禁川橋에 至하니 四人轎를 等待하였는지라. 乘換하신後 內需司前路로 夜照街로 새문고개에 이르니 李範晋등이 待候했다. 陪從하야 露館에 이르니 韋貝는 歡天喜地하여."(윤효정, 『韓末秘史』, 秀文社, 1984, 177-178쪽). 윤효정에 따르면 '이각감(李閣監)'은 1894년 1월 공주영장 출신 이기동이다. 각감은 규장각 잡직의 하나, 어진을 봉안한 곳의 수직을 맡았다.

고종 황제 제1후궁 순헌황귀비(엄상궁)

고무라는 경복궁의 훈련대가 의병 때문에 줄어들자 이범진 등의 정동파가 고종의 아관파천을 실행했다고 추측했다. "아관파천은 주한 러시아공사관의 후원과 정동파 이범진 등의 음모 결과이다. 이범진 등은 먼저 춘천 폭도를 유도[誘起]해서 비밀리에 기맥(氣脈)을 통하여 일을 도모하려는 경황이 나타났다."

이범진 등은 먼저 '온화한 수단'으로써 궁녀 엄씨를 동원하고, 고종폐위설 유포 등을 준비했다. 고종이 총애하는 궁녀 엄씨는 미리 주한 러시아공사관으로 물품을 보내서 관심을 끌었다. 이범진 등은 궁녀 엄씨를 통해서 고종폐위설 관련 서한을 고종에게 전달할 수 있었다.

"각원(閣員)과 일병(日兵)이 공모해서 은밀히 반역을 꾀하고 경복궁 안에 들어가서 폐하를 폐하려고 합니다. 그리고 그 시기가 멀지 않으니 위험합니다. 속히 주한 러시아공사관에 파천하시어 해를 피하심이 상책입니다."

궁녀 엄씨는 만약 간신들이 고종을 폐위하는 날에는 자신의 신상도 위험하다 생각하고 고종의 아관파천에 적극적으로 가담했다.[48]

엄상궁과 김상궁의 가마를 활용한 아관파천 과정은 이랬다. "엄씨는 여관(女官) 김씨에게 알렸고, 서로 힘을 합쳐 주선해서 여자용 가마를 준비했다. 엄씨는 고종과 왕세자를 모시고 새벽에 궁궐 관리의 허점을 틈타 궁문을 나와 주한 러시아공사관으로 숨어들었다."

"문을 지키던 훈련대가 검문하지 않은 이유는 다음과 같다. 춘생문사건 이후 고종과 대원군의 이의가 있었다. 즉, 궁녀만은 가마에 탄 채 검사 없이 통행을 허용하기로 결정했다. 이 결정은 위병(衛兵)들에게도 전달되어 시행 중이었다. 그러므로 위병은 고종이 탄 가마를 조금의 의심도 없이 통상적인 궁녀로 보아 넘겼다."

---

48 『駐韓日本公使館記錄(9)』, 1896년 2월 17일, 機密第12號 「親露派 李範晉등의 음모에 대한 보고」, 辨理公使 小村壽太郞 → 外務大臣臨時代理 文部大臣 侯爵 西園寺公望, 144쪽. 가토는 1896년 6월 11일 엄비와 김홍륙의 영향력을 기록했다. 고종의 총비(寵妃)라면 엄빈(嚴嬪)만한 사람이 없었다. 최근 임신 중으로 더욱 위세와 권력을 남용하여 안팎의 일에 대해 참견했다. 가토는 주한 러시아공사관 통역겸 궁내부 시종(侍從)인 김홍륙(金鴻陸)도 기록했다. 가토에 따르면 주한 러시아공사관의 통역이며 시종 김홍륙은 점차 고종의 총애를 받아 현재 거의 내각을 능가하는 위세를 보여주었다(『駐韓日本公使館記錄(11)』, 1896년 6월 11일, 報告第1號 「陛下의 明禮宮 出御 件 등 보고」, 加藤 臨時代理公使 → 文部大臣 兼 外務大臣 侯爵 西園寺公望, 56쪽).

이범진 등은 '강경한 수단'으로써 춘천의병 동원, 인천 러시아 수병 동원, 보부상과 공병대 동원 등을 계획했다.

고무라는 이범진 등의 춘천의병 활용 계획을 차단하고자 노력했다. 고무라는 의병 세력이 커지기 전에 진압하는 것이 필요하다고 김홍집 내각을 설득했다. 그러자 김홍집 내각의 동의하에 춘천 등에 3개 중대를 파견해서 진압했다. 2월 8일 출정부대는 두 갈래로 나뉘어 춘천으로 진격하여 의병을 격파하고 점령했다.

이런 상황에서 이범진 등은 춘천의병이 실패하자 러시아 수병을 인천으로 불러 경복궁 안에 수비병이 적은 것을 틈타 국왕의 유인책(誘出策)을 강구했다.

이범진 등은 '강경한(무력) 수단'도 준비했다. 고무라는 보부상과 공병대 등의 무력 상황을 보고하면서, 여주의병의 전신선 절단을 이범진의 지시로 추정했다. 이범진 등은 아관파천 직전 충청·황해·경기도에 있는 보부상에게 밀지를 내려 11일 서울에 일제히 모여 왕궁을 호위하라고 명령했다. 수천 명의 보부상은 11일 새벽부터 경복궁 앞에 모여들었다. 공병대 일부도 11일 소집되었는데, 순검을 지원하고 여러 곳을 경계했다.

이범진 등은 주한 러시아공사관과 협의하여 여주의병의 전신선 절단을 주도했다. 충청도 여주에 거주하는 민씨 세력을 동원하여 전신감시대(電信監視隊)를 습격하고, 남북 100여 리 간의 전신선을 절단했다.

이범진 등은 강경한 수단으로 경복궁의 무력진입도 계획했다. 무력진입은 경복궁 수비가 허술함을 틈타 의병을 몰아 세워서 경복궁을 습격하는 것이었다. 이때 러시아군대는 일본 수비대를 견제하여 움직이지 못하게 하는 것이었다.[49]

고종은 1896년 2월 17일 전후 국정을 장악하고 업무를 지시할 수 있었다. 신내각은 주한 러시아공사관 안에서 각부의 국장을 소집하고 주사를 불러들여 업무를 보았다. 고무라에 따르면 내각총서 권재형은 아관파천 직후 몹시 분주해서 지금까지 외출할 수 없었다.[50]

이범진 등의 세력은 성취된 여세를 몰아 김홍집은 물론 모든 일본당 전 내각을 한 사람도 빠짐없이 모두 죽여 화근을 없애려고 했다. 서재필·윤치호 등이 불가함을 주장하자, 할 수 없이 을미사변 관련 주요 인물만을 처형할 것을 명시했다. "그러나 속마음으로는 결코 달갑지 않음을 감출 수 없는 사실입니다."[51]

신내각은 궁궐 수비를 위한 군대 조직 문제라는 난관에 직면했다. 신내각은 국왕을 받들고 궁궐로 돌아간다해도 종전부터 왕궁을 수비했던 훈련대를 믿을 수 없었다. 훈련대 중에는 탈영병도 생길 정도였다. 신병(新兵)을 모집하더라도 갑자기 숙련된 군대를 만들 수 없었다. 훈련대를 인솔하여 호위 임무를 해낼 수 있는 장교도 없는 상황이었다. 러시아 병사에게 왕궁 호위를 요

---

49 『駐韓日本公使館記錄(9)』, 1896년 2월 17일, 機密第12號「親露派 李範晉등의 음모에 대한 보고」, 辨理公使 小村壽太郎 → 外務大臣臨時代理 文部大臣 侯爵 西園寺公望, 143-144쪽.

50 『駐韓日本公使館記錄(9)』, 1896년 2월 17일, 機密第13號「지난 11일자 事變顚末 보고 후의 상황」, 辨理公使 小村壽太郎 → 西園寺 外務大臣臨時代理, 145쪽 "內閣總書 權在衡은 처음에 내각을 나와서 관보국에 갔었고 거기에 러시아공사관으로부터 그에게 來館하라는 사환이 왔지만 그는 의심과 두려움에서 여기에 없다고 전하게 했습니다. 잠시 후 집으로부터 그의 가족이 그 사환과 동행해서 다시 찾아와 반드시 여기에 있을 것이니 동행하라고 하면서 안으로 들어와 할 수 없이 권재형은 러시아공사관으로 갔다고 합니다."(『駐韓日本公使館記錄(9)』, 1896년 2월 13일, 機密第11號「朝鮮國 大君主 및 世子宮 露國公使館에 入御한 顚末報告」, 辨理公使 小村壽太郎 → 外務大臣臨時代理 文部大臣 侯爵 西園寺公望, 139쪽).

51 『駐韓日本公使館記錄(9)』, 1896년 2월 24일, 機密第14號「新政府의 現況報告」, 小村 → 西園寺 外務大臣臨時代理, 151쪽.

청하여도 주한 러시아공사는 승인하지 않을 것으로 보였다.

윤치호에 따르면 이범진은 아관파천의 주모자였다. 이범진은 스스로 1등 공신이라 말하면서 안하무인으로 권력을 마음대로 휘둘렀다. 고무라는 윤치호의 대화 내용 중 괄호를 사용하면서 이범진 주장을 기록했다. 이범진은 항상 아는 사람을 만나면 다음과 같이 말했다.

"나는 1895년 11월 28일 춘생문사건 당시 궁궐의 담을 뛰어넘을 때 한쪽 다리를 삐어서, 지금도 지팡이를 짚고 보행한다. 이번에 겨우 예전 원수를 갚을 수 있게 되어 유쾌하며, 이젠 나라가 망하더라도 별로 유감이 없다."[52]

그의 목소리에는 진실한 열정이 담겨 있었다. 그의 마음속에는 명성황후에 대한 복수로 들끓는 격렬한 힘이 있었다. 매우 강렬하고 압도적인 반일 정신이 꼼짝할 수 없도록 그를 사로잡고 있었다.

이범진은 160센티미터 정도의 키였지만 용맹하여 담장과 집을 훨훨 뛰어넘었다. 균형 잡힌 얼굴에 중간 크기의 눈, 커다랗고 공격적인 코를 소유했다. 입은 큼지막하고 입술은 두텁고 육감적이었다. 정말이지, 참으로 종잡을 수 없는 사람처럼 보였다.

이범진(李範晉, 1852~1911)은 갑신정변 당시 명성황후를 구해준 인연으로 총애를 받아 민씨 가문과 긴밀한 관계를 맺을 수 있었다. 이범진은 갑신정변 이후 고종의 특명에 의해 규장각 직각으로 승진하고, 삼국간섭 이후 궁내부 협판이라는 중요 관직에

---

52 『駐韓日本公使館記錄(9)』, 1896년 2월 24일, 機密第14號「新政府의 現況報告」, 小村 → 西園寺 外務大臣臨時代理, 153쪽.

발탁되었다. 그는 아관파천 시기 법부대신에 임명되어 을미사변을 재조사했고, 1896년 6월 주미 한국공사로 임명되었다. 그 후 1899년 주러 한국공사로 임명되었고 러일전쟁 전후 한러동맹을 추진했다.[53]

고무라는 2월 23일 신내각의 인사이동을 보고했다. 그중 이범진은 법부대신에 임명되었을 뿐만 아니라 경무사를 겸임했다. 고무라는 이범진 법부대신 임명이 친일파 청산이라고 보고했다. 이범진 등이 반정부세력의 재전복(再顚覆)을 우려해서 이범진 스스로 법부대신과 경무사를 겸했는데, 이는 일망타진의 수단을 취한 것이라고 추측했다. 법부대신겸 경무사 이범진은 취임 첫날 전임 내각과 연루된 인물을 전격적으로 체포했다.

2월 23일 이른 아침 경무청은 권영진(權濚鎭)의 친형 권용진(權溶鎭), 그의 매제인 이기진(李起鎭, 대원군 세력), 전궁내부 비서과장 정만조(鄭萬朝), 그의 동생 정병조(鄭丙朝), 궁내부사장 서주보(徐周輔), 전 법부협판 정인흥(鄭寅興, 춘생문사건 심판), 이태황(李台璜, 훈련대 제1대대장 이두황의 동생), 우낙선(禹洛善, 훈련대 제2대대장 우범선의 동생) 총 8명을 체포했다.

이범진은 3월 또다시 신내각을 반대하는 세력과 대원군과 연대한 세력을 모두 압박했다. 이범진은 대원군 세력을 포함하여 반일 세력의 체포를 주도했다. 전 내각의 심복, 친일 인물, 대원군 일파 다수가 체포되었으며, 경무청은 한성부관찰사 김경섭(金

---

53 이범진은 1880년대 同知春秋館事, 內務府協辦, 吏曹參判 등을 역임했다. 그는 삼국간섭 이후 상의사장(尙依司長), 제용원장(濟用院長)을 역임했다(김영수, 『명성황후 최후의 날』, 2014, 말글빛냄, 145-146쪽). 1911년 1월 그는 질식사가 아닌 경추골절로 사망했는데 그의 사인에 대해서는 자살이 아닌 타살 의혹이 제기된다(김영수, 「대한제국과 국제환경」, 『대한제국과 한일관계』, 경인문화사, 2014, 92-95쪽).

經攣, 대원군파의 사람), 여규형(呂圭亨, 대원군파로서 한성신문에 투서한 혐의) 등 총 20~30명을 포박했다. 이범진은 대원군 및 전임 내각을 단절시켜 후환을 없애려고 노력했다.[54]

1895년 10월 을미사변 관련자를 체포하고 대옥사를 일으킨 까닭은 신정부가 전 정부를 전복시킨 이유와 명분이 정당하다는 사실을 표시하기 위한 것이었다.

이범진은 체포자들을 재판도 거치지 않고 은밀히 교살하려고 했다. 그러자 주한 영국과 미국 공사가 주범자도 아직 체포되지 않았는데 종범자를 체포하는 것은 사리에 맞지 않다고 반대했다. 서재필과 윤치호도 동의하지 않았다.

이범진은 과거사 청산을 주도했다. 고무라는 1896년 5월 15일 조선 내부의 정치변동 등을 본국에 보고했다.

이범진은 법부대신으로서 대원군파와 일본당 관련 인물을 제거하면서 신임 정부의 입지를 공고히 했다. 이범진은 을미사변과 춘생문사건에 관한 과거 재판 결과를 뒤집었다. 이범진은 새로운 재판을 마무리한 후 법부대신을 사직하고 규장원경(奎章院卿)이란 한직에 취임했지만 예전과 다름없는 영향력을 행사했다.

고무라는 박정양, 조병직, 한규설 등이 환궁설(還宮說)을 주장하고 은밀히 이범진을 공격하고 있다고 주장했다. 이범진은 이윤용과 결탁하고, 러시아공사의 후원에 힘입어 전권을 휘둘렀다. 이범진의 지위가 견고하기 때문에 국왕의 환궁도 실행될 가능성이 없었다.

이범진은 왕명이 있다 해도 환궁을 수행할 수 없다는 결심을

---

54 『駐韓日本公使館記錄(9)』, 1896년 3월 4일, 機密第18號「事變後의 情況續報」, 小村 辨理公使 → 西園寺 外務大臣臨時代理, 159쪽.

단호하게 표현했다. "고종의 환궁은 매우 위험하다. 러시아병사에게 보호를 부탁하든가 또는 신뢰할만한 근위병을 조직하든가의 선택이 있을 뿐이다. 어떻든 완전한 근위병의 준비가 갖추어지지 않는 이상 환궁은 절대 불가하다."[55]

그 후 이범진은 6월 20일 규장원경에서 주미공사로 전임되었다. 일설에는 최근 이범진와 베베르 사이의 친분이 냉각되었다는 소문이 돌았다.[56] 주한 일본공사 하라(原敬)는 1896년 7월 18일 미국공사 이범진의 출발 소식을 보고했다. 하라에 따르면 주미 한국공사 이범진은 7월 16일 육로를 통해 인천으로 내려갔다. 그는 즈푸(芝罘)로 간 후 상해(上海)로 이동해 배편을 이용할 계획이었다.

고종에게 바른 말을 서슴치 않았던 이범진도 주변의 모함에는 버틸 재간이 없었다.[57]

주한 서구인의 반응

"매우 추운 날 전혀 의심을 품지 않은 수비병은 술과 밥을 실컷 먹어서 경계가 느슨했다."[58]

55 『駐韓日本公使館記錄(9)』, 1896년 5월 15일, 機密第30號 「朝鮮事變의 情況報告件」, 小村 → 外務大臣 伯爵 陸奧宗光, 176쪽.
56 『駐韓日本公使館記錄(11)』, 1896년 6월 30일, 報告第3號 「內閣動靜」 등 보고, 在京城 臨時代理公使 加藤增雄 → 文部大臣 兼 外務大臣 侯爵 西園寺公望, 64쪽.
57 『駐韓日本公使館記錄(11)』, 1896년 7월 18일, 報告第5號 「閣議決定事項」 등 보고, 特命全權公使 原敬 → 外務大臣 侯爵 西園寺公望, 71쪽.
58 1904년 한국에 입국한 스웨덴 기자 그렙스트(W.A. Grebst)는 이범진 주도의 아관파천을 기록했다. 그렙스트에 따르면 1896년 2월 11일 새벽은 매우 추운 날이었고, 경비병은 술과 밥을 실컷 먹어서 경계가 느슨했다. 그렙스트는 이범진 주

아관파천이 있던 날은 매우 추웠고 경복궁 훈련대의 경계도 허술했다. 주한 서구인들은 각자의 이해 관계에 따라 아관파천을 파악했지만 을미사변의 대응과 러시아의 조정 등이라는 관점에서 파악했다. 주한 서구인들은 대체로 당시 '반일정서'에 동의했다.

비숍 여사와 언더우드 부인은 고종의 입장을 지지하며 아관파천을 상세히 파악했다.

영국 왕실지리협회 회원인 비숍(I.B. Bishop)은 1896년 2월 11일 동이 틀 무렵 "극동 지역 사람 모두가 아관파천의 놀라운 소식에 경악했다"고 기록했다. 비숍은 궁녀와 러시아 수병의 움직임을 기록했다.

그날 아침 고종과 왕세자는 동이 틀 무렵 궁녀의 가마를 타고 보초들의 의심을 조금도 받지 않고 경복궁의 성문을 빠져나왔다. 이후 고종은 1년 이상 '비밀수용소'로 사용될 주한 러시아공사관의 커다란 방에 들어섰다.

탈출과 관련된 궁녀는 비밀을 잘 지켰다. 몇 주 전부터 여러 개의 가마를 문으로 출입시켜 탈출 당시 관심을 끌지 않도록 했다. 왕은 밤에 많은 업무를 했고 이른 아침에 쉬기 때문에 고종을 억류하고 있던 정부도 그가 잠들어 있으리라 생각했다.[59]

조선 병사는 러시아공사관으로 통하는 길목을 지켰다. 80명의 러시아 수병이 정문을 지켰다. 창문 밑 테라스로 대포의 작은 포문들이 보였다. 왕의 거처라는 증거였다. 내각은 무도장을 점유

도의 아관파천 실행이라고 주장했다(아손 그렙스트, 『스웨덴 기자 아손, 100년 전 한국을 걷다』, 책과함께, 2005, 256쪽).
[59] 비숍, 『한국과 그 이웃 나라들』, 살림, 1996, 420쪽.

 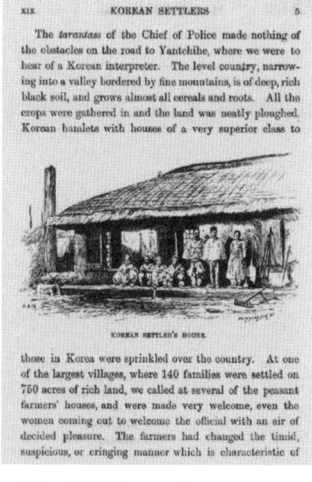

비숍(왼쪽)과 『한국과 그 이웃 나라들』(오른쪽)

했다. 고종 주변과 테라스에는 항상 대신들과 하인, 내시, 궁녀 등이 있었다. 탈출을 도운 엄상궁과 박상궁이 항상 고종의 곁에 있었다.[60]

선교사 언더우드 저택은 주한 러시아공사관 맞은편에 있었다. 언더우드 부인은 두 건물이 바로 붙어있기 때문에 모든 일을 직접 목격할 수 있었다.[61] 언더우드 부인은 서울에서 놀라운 일들이 일어났는데, "적들의 손에서 도움 하나 없이 4개월 동안 감금되어 있던 고종이 갑자기 주한 러시아공사관으로 무사히 탈출했다!"라고 놀라움을 표시했다.[62] 언더우드 부인은 "조선 문제에 대한 일본의 영향력이 당분간 끝났고, 거의 러시아의 손에 떨어

---

60 비숍, 『한국과 그 이웃 나라들』, 살림, 1996, 423-424쪽.
61 언더우드, 『언더우드』, 기독교문사, 1999, 167쪽.
62 릴리어스 호톤 언더우드, 『상투의 나라』, 집문당, 1999, 208쪽.

졌다"고 아관파천을 평가했다.

　언더우드 부인은 아관파천 당일 서울의 혼란, 훈련대의 실수 등을 상세하게 기록했다. 언더우드 부인은 고종의 입장에 서 아관파천으로 권력이 회복되었다고 판단했다. 언더우드 부인에 따르면 160명의 러시아 수병이 이미 제물포에서 주한 러시아공사관으로 도착했다. 고종은 1896년 2월 11일 아침 7시나 8시경에 도착할 수 있었다. 이것은 찬탈자의 실각을 의미하는 것이었다. 왕과 함께 있는 사람만이 모든 권위와 권력을 갖게 되는 것이었다.[63]

　언더우드 부인은 그날 "수천 명의 포효가 서울 공기를 가득 채웠다"며 서울 인근까지 격한 소요 상태에 들어갔고, 군인, 경찰, 사대부, 심부름꾼 등 실제로 거의 모든 사람이 거리로 쏟아져 나왔다고 기록했다.[64]

　미국인 외교고문관 샌즈(W.F. Sands)와 프랑스인 뮈텔 주교는 궁녀 엄상궁의 역할, 정치세력의 상호 이해에 주목했다.

　미국인 외교고문관 샌즈는 아관파천 당시 궁녀 엄상궁(엄비)의 역할을 강조했다. 샌즈는 아관파천 이후 조선에 도착했지만 외교관과 고문관의 지위로 비교적 상세하게 아관파천 과정을 파악할 수 있었다.

　성공적인 탈출책은 한 궁녀의 머리에서 나왔다. 그녀는 왕실 주방일로 하루에 열두 번도 더 경복궁을 드나들면서 경비병이 자신의 얼굴을 친숙하게 알도록 만들었고, 결국 검문을 소홀히 했다. 그녀는 또 다른 궁녀와 두 대의 가마로 출입하기 시작했다.

63　릴리어스 호톤 언더우드, 『상투의 나라』, 집문당, 1999, 209쪽.
64　언더우드, 『언더우드』, 기독교문사, 1999, 167쪽.

경비병은 긴장하여 조사하다가 다시 무관심해지고 말았다. 이때 그녀는 행동을 개시했다.

궁녀는 시내로 나가 가마에서 내린 뒤 낮은 신분의 여자들이 쓰고 다니는 녹색 장옷으로 몸을 가렸다. 그녀는 주한 러시아공사에 면회를 요청했다. 그녀는 두 분의 고귀한 신분의 손님을 적절한 경의를 갖춘 예우로써 맞이할 수 있는가를 물었다. 주한 러시아공사는 재빨리 말 속에 숨은 뜻이 있음을 알아차렸다. 러시아의 예법에 손님을 쫓는 법은 없으며 어떠한 손님이든 그의 사회적 신분에 걸맞은 예우로써 영접한다고 대답했다. 궁녀는 자기는 매일 같은 시간에 동료와 함께 경복궁에서 나오는데, 특별한 일이 없다면 이튿날 같은 시각에 주한 러시아공사관으로 다시 올 예정이라고 말했다.

샌즈는 주한 러시아공사관의 준비와 아관파천의 현장을 기록했다. 아관파천 이후 러시아의 보호 아래 고종의 안전이 확보되었고, 일본의 영향력이 일시적으로 후퇴했다고 판단했다.[65]

러시아 수병은 러시아 축제에 대비한다는 이유로 제물포에서 주한 러시아공사관으로 이동했다. 엄상궁은 아관파천을 성공시킬 수 있는 방안을 계획하고 실행했다. 엄상궁이 이틀에 걸쳐 아관파천을 준비했다. 엄상궁은 아관파천을 위해 대궐을 자주 드나들면서 경비병과 친숙해졌다. 경비병과 가까워진 엄상궁은 두 대의 가마로 대궐을 출입했다. 경비병은 처음에는 가마를 조사했지만 엄상궁의 반복되는 대궐 출입으로 경비는 소홀해졌다. 엄상궁은 경복궁 출입 때 경비병이 가마를 조사하지 않자 주한 러시

---

[65] 샌즈, 『조선의 마지막 날』, 미완, 1986, 75-78쪽.

아공사를 면회했다. 엄상궁은 다음날 고종과 왕세자가 가마를 이용해 주한 러시아공사관에 올 것이라고 말했다. 그러자 주한 러시아공사는 동의했다. 엄상궁은 고종과 왕세자를 여자 옷으로 감싸 가마에 태우고, 경복궁을 빠져나왔다. 샌즈는 엄상궁이 아관파천을 실행한 공을 인정받아 높은 계급이 되었다고 기록했다.

샌즈가 복원한 아관파천 과정은 대체로 두 가지의 사실을 제외하고는 다른 기록과 일치했다. 첫째, 알렌과 베베르가 가마를 이용해 고종을 이어시키려 했다는 사실이다. 가마 이어 방안은 엄상궁이 착안한 것이 아니라 춘생문사건 이전에도 있었다. 둘째, 하루 전날 주한 러시아공사에게 아관파천 승인을 요청한 것이 아니라 오래전부터 고종과 이범진이 아관파천을 계획했다.

프랑스인 뮈텔 주교는 아관파천을 '혁명'과 '해방'으로 파악하면서 정치적 상호 이해 관계에 주목했다. 뮈텔 주교에 따르면 처음 9일로 예정했었다. 그날은 바람이 불고 바다가 거칠어 러시아 수병이 상륙할 수가 없었다. 왕은 충분한 보호를 받을 수 있다는 확신이 서지 않는 한 주한 러시아공사관으로 가려 하지 않았다. 11일로 연기되었다.[66] 일본인은 자신들을 비난하는 여론의 움직임과 일본인이 학살당하는 사실에 몹시 난처해 있었다.[67]

뮈텔은 아관파천에 대해 '혁명'이며, 백성들이 '해방'으로 받아들이고 있다고 주장했다. 뮈텔은 아관파천에 대해 상호이해에서 성사된 것이 명백하다고 주장했다. 이러한 상호이해는 고종을 둘러싼 정치세력, 주한 러시아공사관 등이었다. 뮈텔은 아관파천의 성공 이유를 서울에 조선 군인의 수가 매우 적었고, 조선

---

66 『뮈텔주교일기』, 1896년 2월 13일.
67 『뮈텔주교일기』, 1896년 2월 11일.

내 일본인에 대한 비판 여론이 극심했기 때문이라고 판단했다. 무엇보다도 뮈텔은 아관파천 당시 엄상궁의 역할을 중요하게 기록했다. "고종은 이번에 엄상궁을 불러들였고, 그녀의 보살핌과 가마 때문에 주한 러시아공사관으로 갔을 것이다."[68]

그런데 외교관 로제티와 동양학자 그리피스는 일본의 시선에서 아관파천을 파악했다. 로제티(Carlo Rossetti)는 아관파천 이후에도 일본의 영향력이 약화되지 않았다고 판단했다. 일본은 절대적인 패권으로 조선을 휘어잡은 지 2년 만에 경쟁자인 러시아에게 고종을 던져 버린 꼴이 되었다. 하지만 일본의 거센 영향력이 위축되지는 않았는데 일본은 계속적인 개혁을 주장하면서 조선 백성을 마구잡이로 폭행하고 잔인하게 살해했다.[69]

미국의 동양학자 그리피스(W.E. Griffis)는 아관파천을 러시아인의 계획에 따른 사건이라고 주장했다. 그리피스는 일본의 시선에서 바라보며 철저히 러시아의 계획으로 파악했다. 그리피스에 따르면 1896년 2월 11일 아침, 궁녀들이 꾸미고 러시아인이 조정한 계획에 따라서 고종은 여자들이 이용하는 가마에 몸을 실었다. 몇 분이 시났다. 고종은 창백한 얼굴로 몸을 부들부들 떨면서 주한 러시아공사관의 북문(北門)을 두드렸다. 러시아인은 경복궁 근처에도 가본 적이 없을 뿐만 아니라 어느 누구도 관공서조차 찾아간 적이 없었다고 주장했다. 하지만 2월 10일 밤 제물포에 정박한 러시아 전함에서 거의 100명에 이르는 수병이 입성하여 주한 러시아공사관을 호위했다.[70]

---

68 『뮈텔주교일기』, 1896년 2월 18일.
69 까를로 로제티, 『꼬레아 꼬레아니』, 숲과나무, 1996, 218쪽.
70 그리피스, 『은자의 나라 한국』, 집문당, 1999, 610쪽.

그럼에도 주한 미국공사 실은 일본의 강력한 지배가 아관파천의 원인이었다고 판단했다. 실에 따르면 아관파천 이후 일본을 제외한 열강은 좋은 조건으로 이권을 획득했다. "일본의 지배는 갑작스런 고종의 아관파천을 야기했다. 현재상황은 견고한 듯 보인다."[71]

주한 외국대표 알렌, 실, 힐리어, 르페브르 등은 아관파천 직후 고종을 면담했다. 실에 따르면 아관파천 당일 고종은 안전하고 행복해 보였다.[72] "고종과 왕세자는 2월 11일 아침 7시에 러시아공사관으로 비밀스럽게 갔다. 그들은 피난을 요청했고 달성했다"[73]

고종은 오후 1시쯤 외교사절을 면담했다. 외교사절과의 면담에서 고종은 대궐에서 신변의 위협을 느꼈다고 스스로 밝혔다. 고종은 외교사절과의 면담에서 고무라를 제외하여 일본을 배제하려는 의도를 보여주었다. 실에 따르면 "11시 신임 외무대신 이완용이 편지를 보내왔다. 고종은 나에게 외교사절을 접견할 수 있도록 연락해 줄 것을 요청했다. 1시쯤에 고무라를 제외한 외국대표단과 쉬뻬이에르는 고종과 왕세자를 짧게 접견했다."

실은 "고종이 경복궁에서 많은 위험을 느꼈으며 아관파천 즉시 주한 외국공사들을 초대했다"고 기록했다.[74] 그는 고종의 아

---

71 John M.B Sill, *Removal of Guard and Report on Affairs*, 1896.7.17, p.756(NARA FM 134 Roll 13 No 226).
72 Ye Wan Yong, *King; a refugee at Russian Legation-Enclosure 4*, 1896.2.11, p.1(NARA FM 134 Roll 12 No 195).
73 John M.B Sill, *Chronological Statement Event-Enclosure*, 1896.4.16, pp.4-5 (NARA FM 134 Roll 12 No 213).
74 John M.B Sill, *King; a refugee at Russian Legation*, 1896.2.11, pp.3-4(NARA FM 134 Roll 12 No 195).

관파천을 당연한 것으로 받아들였고, 조선의 이권을 획득할 수 있는 좋은 기회라고 판단했다.

실은 1896년 3월 초 고종과 내각이 중요한 문제에 대해서 러시아의 의견에 따르고 있다고 보고했다. 실에 따르면 단발(斷髮) 중단을 제외하고 일본의 개혁 중 폐지된 것은 아무것도 없었다. 쉬뻬이에르는 주일 러시아대표로 임명되어 떠났다. 러시아가 중대한 간섭을 할 징후는 없었다. 주한 러시아공사 베베르는 간섭을 진심으로 부인했다. 주한 러시아공사는 미국인 법률고문이 명성황후 살해 혐의자들에 대한 모든 재판에 배석하여, 공정성을 확보하고 관행적인 고문을 방지하게 했다. 그럼에도 고종과 내각은 중요한 문제의 결정에 대해서 러시아의 의견만 따랐다. 주한 영국총영사는 아직까지는 러시아의 중립적인 태도에 만족한다고 말했다.[75]

당시 일본을 제외한 주한 외교사절은 갑오개혁 이후 일본의 이권 독점에 반발하여 아관파천을 지지했다.

고종이 파천을 단행한 까닭

"고종과 왕세자는 주한 러시아공사관에 도착한 후에도 매우 떨고 있었다. 기다리고 있던 주한 러시아외교관들이 즉시 영접했다. 고종은 밤에 일하고 아침에 잠을 자는 습관이었다. 주변

---

[75] 『駐韓日本公使館記錄(10)』, 1896년 4월 13일, 機密送第25號「朝鮮駐在 美國公使 朝鮮狀況 報告 件 別紙 附屬書 朝鮮駐在 美國公使의 電報 실 美國 公使 → 워싱턴 올-베이」, 外務大臣 伯爵 陸奧宗光 → 在京城 特命全權公使 小村壽太郎, 18쪽.

사람들은 고종이 안전하게 새로운 동지들의 보호를 받고 있다는 소식을 듣기 전까지는 고종의 탈출을 전혀 몰랐다."

영국인 기자 매켄지(F.A. McKenzie)는 아관파천 소식으로 서울에 있는 유럽인이 들끓었다며 당시의 긴박한 상황을 기록했다.[76]

고종은 정치적으로 이중적인 태도를 보였다. 자신의 의사를 솔직하게 표현하기에는 너무나 많은 정치적인 격변을 겪었는데, 임오군란, 갑신정변, 청일전쟁, 을미사변 등이 바로 그것이다.

윤치호는 자신에게 권력을 집중시키기 위해서 관료를 경쟁시키는 고종의 이중성을 포착했다. 1894년 갑오개혁 이후 일본인 군사교관은 훈련대가 고종을 배반하도록 유도했기 때문에, 고종은 일본을 두려워하고 증오했다.[77] 고종은 스스로 온화하지만 못 본 체하는 군주의 모습을 가지고 있었다. 윤치호는 "나쁜 성격과 좋은 자질을 함께 지니고 있는 고종은 역사에 잘 알려진 한 영국 국왕을 생각나게 한다"고 기록했다.[78] 윤치호는 고종을 통해서 한 인간의 마음 안에도 위엄과 위선, 악의와 선의, 증오와 사랑이 함께 자리하고 있음을 알게 되었다. 윤치호는 군주권을 강화하고 권력을 행사하려는 고종의 이중성을 파악했다.

실제 고종은 갑오개혁 당시 김홍집 내각이 "공화정부(共和政府)를 세워 국정을 실행한다"며 강력한 불만을 표시했고, 왕실을 강화하는 '군주전제(君主專制)'를 표방하며 1895년 5월 총리대신

---

76 매켄지, 『한국의 독립운동』, 집문당, 1999, 83쪽.
77 國史編纂委員會編, 『尹致昊日記』 4권, 國史編纂委員會, 1984; 국사편찬위원회 편, 『국역 윤치호 영문 일기』 3권, 2015, 136쪽.
78 國史編纂委員會編, 『尹致昊日記』 4권, 國史編纂委員會, 1984; 국사편찬위원회 편, 『국역 윤치호 영문 일기』 3권, 2015, 151쪽.

김홍집의 사직을 강요했다.[79] 고종은 왕권을 강화하여 '전제군주제'를 펼치려는 의도를 갖고 있었다.

1901년 한국을 방문한 프랑스 철도기술자 에밀 부르다레(Emile Bourdaret)는 을미사변 이후 "반일운동이 촉발되고 소요와 폭동이 끊이지 않았던" 불안한 국내 상황을 기록했다. 고종은 "조선인도 일본인도 믿을 수 없는 상황"이기 때문에 아관파천을 단행했다고 기록했다.[80] 당시 고종은 일본인도, 심지어 조선인도 믿지 못했다. 자신의 신변 안전이 가장 최우선이었기 때문에 일본을 제외한 어느 나라도 상관없었다. 그런 점에서 부르다레는 고종의 심리를 잘 파악했다.

고종은 자신을 지지하는 세력의 협력과 대립을 유도하면서 정국을 장악하려고 했다. 민씨가문, 개화파, 종친파, 근왕파 등이 지지기반이었다. 민씨가문은 명성황후의 지원 아래 1880년대 원로대신과 함께 국정을 주도했지만 을미사변 이후 약화되었다. 아관파천 이후 고종의 측근 세력은 궁내부 세력과 독립협회 세력으로 나뉘었다. 궁내부 세력은 종친파를 대표하는 이재순과 근왕파를 대표하는 이범진 등이었다. 고종은 종친파와 근왕파 간의 상호협력과 대립을 유도하면서, 일부 세력의 권력독점을 견제했다. 독립협회 세력에는 개화파가 다수였는데, 일본과의 연대를 추구하는 안경수와 미국과의 연대를 추구하는 윤치호 등이었다. 고종은 미국, 일본과의 외교 현안을 풀기 위해서 독립협회

---

79 "짐은 왕위를 물러나겠다. 그대들은 共和政府를 세워 국정을 행한다면 만족하겠지."(『駐韓日本公使館記錄(7)권』, 1895년 7월 13일, 一. 機密本省往來 (29) 機密發第 72號 1895년 6월 하순 궁중과 내각 간에 일어난 충돌에 관한 調査書, 京城 臨時代理公使 杉村濬 → 外務大臣臨時代理 文部大臣 侯爵 西園寺公望).
80 에밀 부르다레, 『대한제국 최후의 숨결』, 글항아리, 2009, 216쪽.

세력을 적극적으로 활용했는데, 만민공동회 이후 독립협회가 왕권을 위협하자 독립협회를 해산시켰다.

고종의 대외정책에는 아버지 대원군에 대한 반발 심리도 작용했다. 고종은 1860년대 대원군의 위정척사와 쇄국정책을 비판하면서, 1880년대 서구 열강과 적극적으로 조약을 체결했다. 고종은 주한 외교관, 조선을 방문한 서양인, 가톨릭과 기독교를 전파하기 위해 조선에 정착한 신부와 선교사 등을 적극적으로 만나면서 문호개방정책을 추진했다. 고종은 주한 청국, 일본, 미국, 러시아, 영국, 프랑스 등의 공사와 만나면서 서양에 대한 지식을 습득할 수 있었고, 대한제국의 개혁 모델을 고민했다. 고종은 1882년 임오군란 전후 청국식 개혁 방안, 1894년 갑오개혁 이후 일본식 개혁 방안, 1896년 아관파천 이후 러시아식 개혁 방안, 독립협회가 제안한 미국식 개혁 방안 등을 직간접적으로 파악하고 경험할 수 있었다.

그 과정에서 고종은 1882년 임오군란 이후 청국의 종속국가라는 외교적 수치를 겪었고, 1894년 일본군대의 강압에 못이겨 조약에 서명하며 갑오개혁을 수용했다. 고종은 청국과 일본의 일방적인 외교와 군사 압력에 굴복했던 쓰라린 경험을 갖고 있었다. 그 결과 고종은 미국, 러시아, 영국, 프랑스 등 서양 열강의 중재를 통해서 청국과 일본의 강력한 압박에서 벗어나고자 했다. 1886년 거문도사건, 1904년 중립국선언 등이 그 대표적인 사례였다. 무엇보다도 고종은 청국과 일본의 압력에 맞서 조선과 국경을 맞대고 있는 러시아 카드를 적극적으로 활용했다. 고종은 1880년대 한러밀약을 추진했지만 청국과 일본의 집요한 방해로 실행하지 못했다. 다만 고종은 1896년 모스크바대관식 전후 한

러비밀협약을 실제로 체결했다. 이는 고종이 한러 관계를 중심으로 다자외교를 추진했다는 사실을 알려준다.

고종은 1896년 2월 3일(양력 2. 15) 즈프(芝罘) 주재 러시아영사관을 통해 아관파천을 승인한 니꼴라이 2세에게 감사를 전달했다. 즈프를 통한 연락은 서울-부산 전신선의 두절 때문이었다. 고종은 러시아의 개입에 감동했다. 러시아 외무대신을 통해서 러시아의 구원에 대한 감사의 마음을 전달했다. 주한 러시아공사관에는 까르닐로프호와 보브르호의 전함에서 파견된 3명의 장교, 132명의 해병, 대포 1정이 있었다.[81]

주한 일본공사 고무라는 1896년 2월 15일 오후 6시 50분 아관파천 실행 과정과 주한 러시아공사관의 상황을 본국정부에 구체적으로 보고했다. 고무라는 인천 주재 하기와라(萩原) 영사관보에 지시하여 장문환(長門丸) 사무장이 나가사키에서 사이온지(西園寺) 외무대신에게 타전했다.

고무라는 아관파천과 반일정서의 연관성을 기록했다. 고무라는 아관파천을 을미사변에 대한 복수라고 정의했다. "고종은 아관파천 이전 이범진에게 한 번 복수의 뜻을 달성할 수만 있다면 설사 국가가 멸망하더라도 감히 마다할 바가 아니라고 분명히 말했다."[82]

고종과 왕세자는 주한 러시아공사관에서 환궁할 생각이 없었다. 내각은 주한 러시아공사관 안에 설치되었고, 내각의 각 부서는 공사관 부근에 임시 사무소를 두었다. 신정부 대신은 주한 러

---

81 АВПРИ. Ф.150.Оп.493.Д.5.Л.80. 즈프(芝罘) 주재 러시아부영사 찜첸꼬-오스뜨로베르호프(А.Н. Тимченко-Островерхов).

82 『駐韓日本公使館記錄(10)』, 1896년 2월 15일 오후 6시 50분, 電信「奉露主義者의 國王播遷計劃에 관한 보고」, 小村 → 仁川 萩原 領事官補, 90쪽.

시아공사관에서 나오는 일도 없었다.

고무라는 엄상궁과 김상궁이 아관파천을 주선했다고 보고했다. 아관파천을 주선한 것은 상궁 김씨와 엄씨 2명이었다. 엄씨는 왕의 총비였는데, 지금까지 주한 러시아공사관과 밀통하며 선물을 받은 '봉러주의(奉露主義)'의 부인이라고 불렸다.

고무라는 고종폐위설 관련 문서를 입수해 그 내용을 기록했다. 2월 13일 국왕의 근친 이재완이 고종을 알현했다. 고종은 시신(侍臣)을 물리치고 1봉의 서간을 이재완에게 보여주었다. 이 서간은 김명제(金明濟)가 휴대하고 입궁하여 상궁 엄씨에게 교부했고 고종이 열람했다. 이재완이 열람한 서간의 내용은 다음과 같았다.

"김홍집 내각이 일본군과 공모하여 몰래 불궤(不軌)를 도모하고 바야흐로 입궐해서 국왕을 폐하려고 합니다. 시기가 절박하고 매우 위험합니다. 속히 주한 러시아공사관으로 파천해서 화해(禍害)를 면해야 합니다."

고무라는 김홍집 내각이 일본군과 공모하여 불궤(不軌)를 도모한다는 것은 완전히 날조된 것이라고 주장했다. 오히려 고종을 유인해 내려는 계책이었다고 주장했다.

고종은 아관파천 직후 순검과 친위대의 일부, 그리고 공병대(工兵隊)를 주한 러시아공사관 문 밖과 인근 통로에 배치했다. 고종은 환궁하기 위해서 러시아공사관 근처에 있는 명례궁(明禮宮) 복원에 착수했다.[83] 시위대와 공병대 일부, 그리고 경찰은 주한

---

[83] 『駐韓日本公使館記錄(9)』, 1896년 2월 13일, 機密第11號「朝鮮國 大君主 및 世子宮 露國公使館에 入御한 顚末報告」, 辨理公使 小村壽太郞 → 外務大臣臨時代理 文部大臣 侯爵 西園寺公望, 139쪽.

러시아공사관 주위를 경계했다. 러시아군대는 공사관에 있으면서 수비했다. 춘천의병 진압을 위하여 파견된 훈련대는 2월 11일 모두 철수할 것을 명령받았다.[84] 궁빈 엄씨와 오씨 두 사람도 주한 러시아공사관으로 들어갔다. 국왕과 왕세자도 수리 중인 명례궁으로 환궁할 계획이었다.[85]

고종은 아관파천 시기 주한 러시아공사관에 머물면서, 명례궁으로 행차하여 의식과 외교 등을 수행했고, 정동 주변에서 여가 생활을 즐겼다.

고종은 아관파천 직후 주한 러시아공사관에서 내각회의를 열었다. 내각은 고종 주위에 머물며 평안을 찾을 수 있었다. 당시 고종의 괴벽으로 인해 일어난 우스운 이야기들이 많았다. 고종은 외국인들과 사귀고 싶어하여, 주한 러시아공사관 근처 정동구락부에서 당구를 즐겼다.[86]

쉬뻬이에르 공사 응접실은 아침부터 저녁까지 대신들로 붐볐다. 조선 대신은 자기 집에서 그곳까지 음식을 가져오기도 했다. 쉬뻬이에르 공사는 주일 러시아공사관으로 임명되어 도쿄로 떠나면서 出口가 따로 나 있는 자신의 오른쪽 끝방을 모든 대신들에게 사용하도록 허락했다.[87] 까르네예프 대령에 따르면 주한 러

---

[84] 『駐韓日本公使館記錄(10)』, 1896년 2월 14일 오전 8시 20분, 電信「加藤領事가 외무대신에게 보낼 전보내용 통보를 훈령한 件」, 小村 → 仁川 萩原 領事官補, 86쪽.
[85] 『駐韓日本公使館記錄(9)』, 1896년 2월 17일, 機密第12號「親露派 李範晉등의 음모에 대한 보고」, 辨理公使 小村壽太郞 → 外務大臣臨時代理 文部大臣 侯爵 西園寺公望, 144쪽.
[86] 매켄지는 러시아공사관에서 고종의 업무와 여가를 기록했다(매켄지, 『한국의 독립운동』, 집문당, 1999, 86쪽).
[87] Карнеев и Михайлов, Поездка генерального штаба полковника Карнеева и поручика Михайлова по Южнее Корее в 1895-1896 гг, По Корее. Путешествия 1895-1896 гг. М. 1958. С.188.

시아공사관은 즉시 베베르 전 공사가 묵고 있는 건물의 방 2개를 고종에게 제공했다.[88]

주한 러시아공사관은 넓은 건물이었음에도 불구하고 고종, 왕세자, 내각관료, 매일 수 명의 조선인이 들어가서 매우 혼잡했다.[89]

내각의 조직과 개혁 실행

"역적들이 명령을 잡아 쥐고 제멋대로 위조했으며 왕후(王后)가 붕서(崩逝)했는데도 석 달 동안이나 조칙(詔勅)을 반포하지 못하게 막았으니, 고금 천하에 어찌 이런 일이 있을 수 있는가?"

1896년 2월 11일 고종은 을미사변의 책임을 훈련대 장교들에게 물으면서, 을미사변 관련 김홍집 내각의 불법적인 행동에 대한 적개심을 들어내었다. 이날 고종은 을미의병사면[暴民鎭撫]에 관한 조칙을 발표하면서 백성들은 다시 생업에 종사하고, 군대로 귀환하라고 지시했다.

"지금 이미 국적(國賊)을 법으로 처단하고 나머지 무리들도 차례로 다스릴 것이니 지난번에 교화하기 어렵던 백성들도 아마 틀림없이 알고는 옛날의 울분을 쾌히 풀 것이다."

---

88 Карнеев и Михайлов. Поездка генерального штаба полковника Карнеева и поручика Михайлова по Южнее Корее в 1895-1896 гг. По Корее. Путешествия 1895-1896 гг. М. 1958. С.185.

89 1896년 8월 30일 주한 일본공사 하라(原敬)는 주한 러시아공사관의 혼잡한 상황을 일본정부에 보고했다. 하라는 이런 혼잡함 때문에 주한 러시아공사와 가족들은 조속히 고종의 환궁을 희망한다는 불평을 외무성에 보고했다(『駐韓日本公使館記錄(9)』, 1896년 8월 30일, 機密第65號 「國王 還宮에 관한 件」, 特命全權公使 原敬 → 外務大臣 侯爵 西園寺公望, 219쪽).

> 733. 外部大臣李完用接任事 (第9冊)
> （發）外部大臣　李完用
> （受）露公使　士貝耶
> 建陽 元年 2月 11日
> 西紀 1896年 2月 11日
>
> 大朝鮮外部大臣李, 爲照會事, 照得, 本月十一日, 奉有我大君主陛下勅命, 外部大臣金允植免本官, 仍命中樞院一等議官李完用任外部大臣, 欽此本大臣于本日接篆視務, 相應備文照會, 請煩貴大臣査照可也, 須至照會者.
> 右照會.
> 大俄欽命公使大臣　士貝耶
> 建陽元年二月十一日

1896년 2월 11일자 신임 외무대신 임명 통보(『구한국외교문서』)

고종은 1896년 2월 11일 을미사변 관련자 체포를 명령했다. 고종은 "죄가 있으면 반드시 승복시켜 국법에서 벗어날 수 없도록 할 것"이라고 주장했다. 고종은 도망친 유길준, 조희연, 장박, 권영진, 이두황, 우범선, 이범래, 이진호 등을 기간을 정해 놓고 체포할 것을 지시했다.[90]

신내각은 아관파천 직후 고종의 재가를 받아 다양한 포고문을 발표하면서 김홍집 내각의 모든 행적을 부정했다.

고종은 아관파천 당일인 2월 11일 신내각에 대한 관직 임명, 명성황후 복위, 감옥에 있는 죄수 사면령 등을 지시했다. 고종은 2월 13일 아관파천의 정당성에 관한 윤음(綸音), 공납장부(公納帳簿) 등의 각종 조세 탕감, 대원군을 존봉(尊奉)하는 의절 시행 등을 지시했다. 고종은 2월 15일 을미사변 관련자에 대한 공명정대한 재판[公判]과 처벌을 지시했다. 고종은 2월 16일 경운궁과 경복궁 수리를 지시하면서 조속히 환궁할 것을 공표했다. 고종은

90　『高宗實錄』, 고종 33년 2월 11일.

2월 18일 단발령 폐지, 을미의병 자진 해산 등을 지시했다. 고종은 2월 23일 을미사변과 춘생문사건 재조사를 지시하면서 이날 이범진을 법부대신에 임명했다.[91]

내각은 고종의 허락을 받아서 1896년 2월 12일 외국인에 대한 불법행위 금지 경고문을 경무청을 통해서 공표했다. 이것은 주한 일본공사관의 요청을 받아들인 결과였다.

"일본인을 살해한 것은 극히 놀랍고도 한탄할 일이다. 그 범죄인은 이번에 특별히 엄벌에 처할 것인즉 대소인민(大小人民)들은 이 뜻을 알아서 폭거(暴擧)의 폐가 없도록 하여라."[92]

내각은 고종의 허락을 받아서 1896년 2월 12일 주한 러시아공사관 파천 중 외국인 간의 불화조성 등을 자제하라는 포고문을 공표했다. 무엇보다도 고종은 2월 11일 새벽 "난당(亂黨)의 흉계(兇計)" 때문에 주한 러시아공사관에 도피하고 각국 공사의 보호를 받았다고 주장했다.

고종은 2월 13일 아관파천의 정당성에 관한 윤음(綸音)을 발표했다.

"상황을 모르는 백성들은 의구심을 일으키고 거짓말을 만들어 서양인, 일본인, 청국인 등에 대해서 서로 불화를 일으키는 일이

---

91 그 밖에 신임 내각은 2월 12일 외국인에 대한 불법적인 폭행 금지 등을 내부 및 경무청을 통해서 발표했다(『駐韓日本公使館記錄(9)』, 1896년 2월 13일, 機密第11號 「朝鮮國 大君主 및 世子宮 露國公使館에 入御한 顚末報告」, 辨理公使 小村壽太郞 → 外務大臣臨時代理 文部大臣 侯爵 西園寺公望, 139쪽).

92 "이번의 일은 국가를 반역한 신하를 국법으로 처벌하는 것 외에 다른 뜻이 없으므로 외국인에 대하여 불법행위를 하는 것은 군주의 성의에 위배되는 바이다."(『駐韓日本公使館記錄(9)』, 1896년 2월 13일, 機密第11號 「朝鮮國 大君主 및 世子宮 露國公使館에 入御한 顚末報告 別紙 제9호 市中의 民心 수습과 외국인에 대한 不法行爲 禁止警告文」, 辨理公使 小村壽太郞 → 外務大臣臨時代理 文部大臣 侯爵 西園寺公望, 142쪽).

발생했는데, 각국 공사가 보호해 주는 후의에 반하는 행동이다."[93]

고종은 "역적의 우두머리[逆魁]와 반역 무리[亂黨]의 흉악한 음모와 교활한 계책" 때문에 주한 러시아공사관으로 피신했다고 이유를 밝혔다. 그리고 고종은 13일 왕태후와 왕태자비가 경운궁으로 이동한 사실을 알렸다. 고종은 "며칠 안으로 장차 대궐로 돌아가려고 한다"며 환궁 의사를 알리며 생업에 종사할 것을 백성들에게 지시했다.[94]

고종은 아관파천 당일인 2월 11일 고종폐위설에 대해 "흉악한 무리들은 모두 내각과 군부의 장관"이라고 밝혔다. 또 고종은 반역음모의 주동자가 "조희연·권영진·이두황·우범선·이범래·이진호"라고 말했다. 그런데 고종은 김홍집과 정병하가 우두머리라고 밝히기 보다는 간접적으로 '내각'이라고 하여 주동인물을 지칭하지 않았다.[95] 고종 자신이 폐위설을 신뢰했고, 폐위설 때문에 고종이 아관파천을 결심하는 원인이 되었다. 고종은 "역적의 우두머리와 반역무리들이 흉악한 음모와 교활한 계책의 진상이 숨길 수 없게 되자"라고 하여 김홍집 내각의 반역 음모 때문에 아관파천을 단행했다고 주장했다.[96]

---

[93] "去曉或ル官吏ヨリ亂黨區測ノ兇計ヲ懷クモノアリト告發シタルニ因リ."(『駐韓日本公使館記錄(9)』, 1896년 2월 13일, 機密第11號「朝鮮國 大君主 및 世子宮 露國公使館에 入御한 顚末報告 別紙 제10호 皇帝 俄國公使館移御中 外國人 간의 不和造成 등을 自制하고 安心하라는 布告文」, 辨理公使 小村壽太郎 → 外務大臣臨時代理 文部大臣 侯爵 西園寺公望, 142쪽).
[94] 『高宗實錄』, 고종 33년 2월 13일; 『駐韓日本公使館記錄(9)』, 1896년 2월 17일, 機密第13號「지난 11일자 事變顚末 보고 후의 상황 別紙 제7호 露館으로 移於한 이유를 명시한 詔勅」, 辨理公使 小村壽太郎 → 西園寺 外務大臣臨時代理, 151쪽.
[95] 『高宗實錄』, 建陽 元年 2월 15일.
[96] 『高宗實錄』, 建陽 元年 2월 13일.

고종은 2월 13일 민심을 안정시키기 위해서 공납장부 등 각종 조세 탕감 지시를 내부대신 박정양을 통해서 발표했다.

고종은 1894년 6월 이후 "국가가 문명(文明)하고 진보한다는 명색만 있고 그 실질은 오히려 없으므로, 모든 백성이 의심을 품는 일이 없지 않았다"며 갑오개혁을 부정했다. 고종은 갑오개혁 이후 "중앙과 지방의 공납장부에 올라 있는 이포(吏逋), 백성들이 미납한 것, 각 공인(貢人)들에게 남아 있는 것" 등 조세 탕감을 지시했다.97

고종은 1896년 2월 13일 대원군 존봉 의절 시행을 지시하여 대원군의 정치활동을 봉쇄했다. 고종은 대원군 존봉 의절 조례에 따라 경계(警戒)하고 호위할 것을 지시했다.98

고종은 1896년 2월 15일 명성황후 시해 사건 음모 등에 관여한 인물(조희연 외 5명)을 참수하라는 조칙을 내부대신 박정양을 통해서 발표했다. 그런데 고종은 역적 참수에 대한 명령을 법부로 이송하여 재판받도록 수정했다. 고종은 사법 대상 처리문제에 관한 조칙을 변경했다.

다음 날인 1896년 2월 16일 외부대신 이완용은 을미사변 관계 불온게시문 내용의 오류 수정과 해명을 주한 일본공사 고무라에게 전달했다. 핵심은 반역 사건 관련 인물에 대한 참수가 아닌 법적 심판이었다.99

97 『高宗實錄』, 고종 33년 2월 13일; 『駐韓日本公使館記錄(9)』, 1896년 2월 17일, 機密第13號「지난 11일자 事變顚末 보고 후의 상황 別紙 제6호 민심 수습을 위하여 미납된 舊稅를 감면한다는 詔勅」, 辨理公使 小村壽太郞 → 西園寺 外務大臣臨時代理, 150쪽.
98 『高宗實錄』, 고종 33년 2월 13일.
99 『駐韓日本公使館記錄(9)』, 1896년 2월 17일, 機密第13號「지난 11일자 事變顚末 보고 후의 상황 別紙 제2호 乙未事變關係 不穩揭示文 解明 通知文」, 辨理公使 小

고종은 1896년 2월 16일 경운궁 수리에 착수하여 준공되면 환궁을 확정할 것이라는 '국왕환어준비(國王還御準備)' 조칙을 내부대신 박정양을 통해서 발표했다. 고종은 "지금부터 국가를 이롭게 하고 백성을 편안케 할 도리를 더욱 강구할 것"이라 다짐했다. 고종은 현재 신하들이 정착하지 못하고 "사졸(士卒)들이 노숙하며 경관(警官)이 분주하다"며 그 노고를 칭찬했다.[100]

사실 고종은 역적 괴수가 포박될 때까지는 환궁하지 않기로 결정했지만 서울 여론에 밀려서 경운궁 수리를 지시했다.[101] 고종은 자신의 군대를 양성한 다음에 환궁하기 위해서 경운궁과 경복궁 수리를 환궁 명분으로 내세웠다.

1896년 2월 19일 고종은 친위대 대대장 이남희(李南熙), 중대장 신우균(申羽均) 등이 춘천의병을 격파하고 돌아오자 직접 장졸에게 음식과 상을 내렸다.[102] 지방의 소요가 진정되자 지방으로 내려갔던 군대들이 속속 서울로 돌아와 고종을 배열했다. 고종은 모든 병사와 장교에게 감사를 표하고 포상으로 100냥씩을 하사했다. 군부협판 백성기와 병사에게도 포상금이 내려졌다. 포상금은 자루에 넣어 짐꾼들에게 운반하도록 했다. 고종은 포상금을 다 나눠줄 때까지 참을성 있게 주한 러시아공사관의 현관 앞에 서 있었다.[103]

村壽太郎 → 西園寺 外務大臣臨時代理, 149쪽.
100 『高宗實錄』, 고종 33년 2월 16일; 『駐韓日本公使館記錄(9)』, 1896년 2월 17일, 機密第13號「지난 11일자 事變顚末 보고 후의 상황 別紙 第4호 國王還御準備에 대한 詔勅」, 辨理公使 小村壽太郎 → 西園寺 外務大臣臨時代理, 150쪽.
101 『駐韓日本公使館記錄(10)』, 1896년 2월 23일 오후 8시 50분 발, 電信「國王 俄館 播遷 후의 情況續報」, 小村 → 西園寺, 99쪽.
102 『高宗實錄』, 고종 33년 2월 19일.
103 Карнеев и Михайлов, Поездка генерального штаба полковника Карнеева и поручика Михайлова по Южнее Корее в 1895-1896 гг, По Коре

주한 러시아공사 쉬뻬이에르는 1896년 2월 19일(러시아력 2. 7) 아관파천 이후 고종의 러시아 지지 요청, 러시아 고문관과 군사교관단 파견 요청 등을 보고했다. 고종은 조선이 독립국을 유지하는 것이 러시아 국익에 유리할 것이라고 주장했다. 이러한 생각은 베베르의 외교 자문에 따른 결과일 가능성이 매우 높았다. 고종은 러시아의 전폭적인 지원을 요청했다.

고종은 아관파천 이후 조선 개혁 조치에 관한 러시아의 전폭적 지지도 함께 요청했다. 고종은 쉬뻬이에르와 베베르를 접견한 자리에서, 러시아와 밀접해지기 위한 최근의 조치를 지지해 줄 것을 요청했다. 고종은 오직 러시아만을 무한히 신뢰하며, 티끌만한 의심의 여지도 없이 조선의 운명을 맡기길 희망했다. 고종은 향후 조선의 독립국가 성공 여부가 러시아의 참여 정도에 달렸다고 확신했다.

고종은 러시아의 태평양 동단에 위치한 조선이 완전한 독립을 유지한다면 러시아도 유익할 것이라는 정치적 판단을 했다. 고종은 조선이 일본에 종속되는 것을 막기 위해 러시아가 우호적 지원과 지지를 보내기를 기대했다.

고종은 대신회의에 참석할 러시아인 고문관과 3,000명의 정예군대를 양성할 러시아 군사교관을 요청했다. 고종은 모든 중요한 국가적 사안 결정 시 러시아의 조언과 지시에 무조건 따라야 하는 불가피성을 인식했다.

고종은 러시아정부 추천 인물을 내각 최고 고문으로 임명해 모든 대신회의에 참석하여 조선 대신들의 활동을 정당하면서도

e. Путешествия 1895-1896 гг. М. 1958. С.188.

이성적 발전 방향으로 이끌어주길 원했다. 러시아 고문관은 재정 기초가 부실하고 경험이 부족한 조선정부에게 특별한 가치를 지닐 것이었다.[104] 군사 분야를 올바로 조직하는 것은 조선을 위해서 재정 분야 못지않게 중요하고도 불가피했다. 고종은 신뢰할 수 있는 정예 군대를 조직하고자 했다. 조선군대는 3,000명으로 예상했는데, 현재 조선의 재정이 빈약하여 보다 광범위한 군대 양성은 불가능했다. 고종은 소규모 병력만으로도 국내 소요 진압과 외부의 침해로부터 국가의 안전을 충분히 보장할 수 있다고 판단했다.

쉬뻬이에르는 1896년 2월 21일(러시아력 2. 9) 고종이 러시아의 답변을 기다리고 있다는 전문을 주일 러시아공사 히뜨로보를 통해 전달했다. 전문에 따르면 고종은 주한 일본군대의 철수가 필요하고 일본에 대한 강한 불신을 표명했다. 고종은 환궁 이후 경운궁 수비까지 러시아해군에게 요청했다.

고종은 러시아정부의 협력과 보호를 요청했다. 고종은 조선의 재건이 오직 러시아의 협력에 의해서만 가능하다고 확신했다. 고종은 이제 조선에 주둔한 일본군대의 철수가 가능하며, 왕조의 질서와 평안을 신속히 회복시키기 위해서는 당연한 것으로 인식했다. 고종은 서울에 강력한 일본군대가 주둔하고 있기 때문에 러시아공사관을 떠나 유럽구역과 이웃한 경운궁으로 환궁하는 것이 불가능하다고 생각했다. 고종은 그만큼 일본을 심하게 불신했다. 고종은 러시아가 군사지원 등에 관한 요구를 수용했는지 여부에 따라 자신의 환궁을 결정할 생각이었다. 고종은 러

---

104 АВПРИ. Ф.150. Оп.493. Д.214. Л.203-205об.

시아 수병이 궁궐을 경비해 달라는 자신의 요청을 러시아가 동의한다 할지라도, 조속히 환궁할 생각이 없었다.[105]

고종은 2월 23일 을미사변과 춘생문사건 재조사를 지시하면서 22일 법부대신으로 임명된 이범진을 고등재판소재판장까지 겸직시켰다. 을미사변[逆變]과 춘생문사건[誣獄]을 바로잡도록 명령하면서 법관들이 최선을 다할 것을 특별히 지시했다. 고종은 "짐은 두 번 다시 말하지 않겠다"며 재조사에 대한 강한 의지를 표명했다.[106] 고종은 갑오개혁의 정책과 인물을 단계적으로 청산하는 과정을 밟았다.

까르네예프 대령은 고종을 긍정적으로 평가하면서 개혁을 추진한 인물이라고 기록했다.

"고종은 많은 시간을 정사를 돌보는 데 바쳤다. 밤에도 쉬지 않고, 새벽까지 각료들과 회의를 계속하는 경우도 종종 있었다."

"고종은 선조들 앞에서는 종교 의식을 철저히 지키는 유교의 추종자였다. 하지만 고종은 이교에 대해서도 매우 관대했고, 선교사의 활동에 대해 호의를 가지고 있었다."

고종은 조선정부의 경제문제 해결을 위해서 영국인 브라운을 기용했다. 총세무사인 영국인 브라운은 탁지부 전체에 대한 출납사무를 위임받았다.[107] 고종은 1896년 3월 2일 총세무사 브라운에게 탁지부 고문을 위임하는 칙령을 내렸다. "탁지부는 지출표를 만들어 탁지부 고문 브라운을 경유하되 같은 사람이 서명

---

105 АВПРИ. Ф.150.Оп.493.Д.5.Л.37-41об.
106 『高宗實錄』, 고종 33년 2월 23일.
107 『駐韓日本公使館記錄(9)』, 1896년 3월 4일, 機密第18號 「事變後의 情況續報」, 小村 辨理公使 → 西園寺 外務大臣臨時代理, 162쪽.

날인한 것이라야 돈을 지출한다. 수입에 대한 일체의 항목도 고문 브라운을 통하여 그 적부(適否)를 확인한 뒤 실행한다."108

고종은 아관파천 이후 신내각 임명, 을미사변 재조사, 을미의병 사면, 러시아를 통한 조선군대 양성, 브라운을 통한 재정관리 등을 통해 개혁을 진행했다.

하지만 잇따른 법령들의 발표는 백성들의 삶을 피곤하게 만드는 법이다.

윤치호가 바라본 아관파천

"폐하가 적지를 벗어난 것은 기쁜 일이다."

학부협판 윤치호는 자신을 포함한 춘생문사건 관련 인물이 반역자 누명을 벗게되어 안도했다. 윤치호는 고종이 진정으로 개혁 수행의 각오가 확고하지 않다면 결코 조선의 진정한 안녕은 이뤄질 수 없다고 주장했다.109

윤효정, 유길준, 서재필 등은 이범진 등이 '고종폐위설'을 조작하여 고종의 아관파천 실행을 유도했다고 파악했다. 반대로 생각하면 이범진은 '고종폐위설'이라는 고종의 아관파천 명분을 제공한 것이다.

---

108 『駐韓日本公使館記錄(9)』, 1896년 3월 4일, 機密第18號 「事變後의 情況續報 別紙 제3호 總稅務司 브라운에게 度支部顧問을 위임했다는 勅命」, 小村 辨理公使 → 西園寺 外務大臣臨時代理, 165쪽.
109 國史編纂委員會編, 『尹致昊日記』4권, 國史編纂委員會, 1984; 국사편찬위원회 편, 『국역 윤치호 영문 일기』3권, 2015, 134쪽.

에모리대학 시절 윤치호(위)와 「윤치호일기」(아래)

윤효정에 따르면 이범진과 이윤용은 '궁중의 여화(餘禍)'가 있을지 모른다면서 고종의 아관파천을 촉구했다.110 유길준에 따르면 고종은 김홍집 내각이 고종을 폐위하고 죽이려 한다는 거짓 보고를 전달받았다.111 서재필에 따르면 이범진은 대원군이 이준용을 왕으로 옹립하려 한다고 조작하여 고종의 마음을 움직였다.112

윤치호는 아관파천 다음 날인 2월 12일 학부협판에 임명되었고, 학부대신 서리까지 겸직했다.113 윤치호는 아관파천의 전체 계획은 이범진이 주도했고, 러시아가 후원하는 정도였다고 주장했다.114

윤치호는 1896년 2월 11일 오전 10시 30분쯤 아관파천 소식을 들었다. 윤치호는 러시아 병사 4명이 경무청 경무관 안환을 러시아공사관으로 데리고 갔다는 소문을 들었다. 윤치호는 오후 12시 30분 주한 러시아공사관 건너편에 집을 소유한 언더우드 부인을 방문했다. 그는 고종이 왕세자와 함께 나인의 가마를 타

110 "露館에 隱伏한 李範晋 李完用은 宮中에 連絡한 密路로 由하여, 大君主陛下의 親露思想을 鼓吹하기로 自身의 生命을 稱하여 時時封書로서 密告日 …… 日本은 又 何如한 計策을 應用할는지 可測키 難하오며 宮中의 餘禍는 何月何日에 伏在하였는지 …… 陛下는 잠시 露館에 移御하사 凶賊의 政府를 掃蕩하시고 草貝의 手를 握하사 國政의 整頓을 謀하시는게 第一良策이올시다. 但凶賊의 包圍中에서 一時 出宮하시기 極難하신고로 閹監李某에게 如此事情을 說諭하고 其策을 하라 하였사오니 洞燭하소서 했다."(윤효정, 『韓末秘史』, 수문사, 1984, 177-178쪽).
111 『兪吉濬의 英文書翰』, 「우리들이 作成한 改革案」 1896년; 이광린, 『개화파와 개화사상연구』, 1989, 235쪽.
112 "이범진은 이튿날 전날 밤에 비밀히 궐내에 들어가 대원군이 이준용을 국왕으로 책봉하려 한다고 고종에게 전달했는데, 고종의 마음을 움직여서 아관파천을 승낙 받았다. 미국과 러시아의 힘을 빌어서 일본의 세력을 축출하고, 왕위를 공고히 하려면 잠시동안 러시아공사관으로 피신하시는 것이 상책이라고 주장했다."(金道泰著, 『徐載弼自敍傳』, 1948, 246쪽).
113 『高宗實錄』, 고종 33년 2월 12일.
114 "전체 계획은 이범진의 작업이다. 러시아인들은 대궐 가까이 어느 곳에도 없었다. 4명의 러시아 병사들은 조선 전령을 보호하고 어떤 사람도 체포되지 않기 위해 경무청으로 보내졌다."(『尹致昊日記』 1896년 2월 11일).

고 아침 7시쯤 러시아공사관으로 갔다는 사실을 확인했다.

윤치호는 오후 6시쯤 이완용으로부터 암호와 통행증을 받고, 러시아공사관으로 향했다. 현장에 도착한 윤치호는 내각이 러시아공사관의 중심 건물에 위치한 가장 편리한 방들을 사용하고 있는 것을 목격했다. 고종과 왕세자는 베베르 부부가 침실로 사용했던 방을 임시거처로 사용했다. 고종은 윤치호를 면담하면서 매우 다정하게 대해 주었다.

윤치호는 내각에게 다음의 현안을 건의했다. 범죄자로 지목된 사람들의 가정과 가족을 보호해 주는 일, 일본 거류민을 보호하는 일, 김홍집의 시신을 가족에게 넘겨주는 일, 을미사변의 주모자 이외의 모든 사람들을 완전히 사면하는 일 등이었다.[115]

윤치호는 아관파천 직전 고종의 감시 상황과 탈출 과정을 기록했다.

고종의 형인 이재면은 궁내부대신으로 왕실을 안전하게 보호하는 임무가 맡겨졌다. 고종과 왕세자는 4명의 여성이 시중을 들고 있었다. 대원군의 부인과 첩이 고종의 거처에서 살림을 맡으며 감시했다. 두 노부인은 밤에 교대로 불침번을 서고 있었다. 2월 10일 초저녁에 모든 준비를 마친 고종이 두 노부인에게 옛날이야기를 해달라고 해서, 지치서 졸린 두 노부인은 새벽 2시쯤 곤한 잠에 빠져들었다.

고종과 왕세자는 잠자러 가는 척하다, 나인들의 도움을 받아 궁녀의 방으로 가서 문이 열리기를 기다렸고, 날이 밝아오자 가

---

115 國史編纂委員會編, 『尹致昊日記』 4권, 國史編纂委員會, 1984; 국사편찬위원회 편, 『국역 윤치호 영문 일기』 3권, 2015, 133쪽.

마로 들어갔다. 고종과 왕세자는 가마에서 상궁 뒤에 앉았다. 상궁들은 흔히 가마 하나에 둘이 타고 다녔기 때문에 아무런 의심도 받지 않았다. 경복궁의 문지기들이 약간의 술과 맛있는 국을 구석에서 마시는 동안, 가마는 서로 다른 문을 통해서 검문을 받지 않고 빠져나왔다.

윤치호는 아관파천의 모든 계획이 이범진의 작품이라고 주장했다. 러시아인은 아무도 경복궁 가까이 가지 않았고, 4명의 러시아 병사는 단지 조선인 전령을 보호하려고 경무청으로 갔을 뿐이었다.[116]

아관파천 이후 윤치호는 1896년 2월 14일 주한 러시아공사관을 방문했고, 고종의 조속한 환궁을 위해서 노력했다.

고종은 신변경호가 확실한 러시아공사관을 떠나려 하지 않았다. 2월 14일 새벽 5시 군부대신 이윤용은 자신의 부하 병사들이 밤새도록 경계를 서느라 추위에 떨고 있는데 안락한 소파에서 코를 골며 잠을 자고 있었다.

"참 잘하는 짓이다!"

윤치호는 비록 초가삼간일지라도 고종과 내각이 조선의 집으로 옮겨가야 된다고 설득했다.[117]

윤치호는 165센티미터 정도의 키에, 갸름한 얼굴에 긴 이마 아래로 이목구비가 몰려있어 미소년의 모습이었다. 상해에서 김옥균의 시체까지 목격했던 그에겐 세상은 이상한 짓을 하는 이상

---

116 國史編纂委員會編, 『尹致昊日記』 4권, 國史編纂委員會, 1984; 국사편찬위원회 편, 『국역 윤치호 영문 일기』 3권, 2015, 134쪽.
117 國史編纂委員會編, 『尹致昊日記』 4권, 國史編纂委員會, 1984; 국사편찬위원회 편, 『국역 윤치호 영문 일기』 3권, 2015, 136쪽.

한 사람들로 가득 찼다는 것, 사람은 자기 바라는 대로 되는 게 아니라 생겨먹은 대로 되는 것처럼 보였다.

윤치호(1866~1945)는 1881년 도쿄 도진샤(同人社)에 입학했고, 1888년 미국으로 건너가 1893년 조지아주 에모리대학을 졸업한 다음 1895년 2월 귀국했다. 그는 주한 외국대표 연회에서 고종의 통역을 담당할 만큼 뛰어난 영어실력을 갖추었다. 향후 그는 1898년 독립협회 회장으로 만민공동회를 이끌었지만 일제강점기 이토 지코(伊東致昊)라고 개명했다.

고무라는 1896년 2월 24일 학부협판 윤치호와 면담한 사람을 통해서 대화 정보를 입수했다. 윤치호는 러시아의 중립정책으로 조선의 개혁이 불가하다고 판단했다. 윤치호는 주한 러시아공사의 불간섭에 불만을 제기했다. 이것은 실제 주한 러시아공사 베베르가 조선 내정에 직접적으로 관여하지 않고 있다는 사실을 반증한다. 윤치호의 주장은 주한 러시아공사의 불간섭정책을 확인할 수 있는 중요한 대목이다.

윤치호는 신임 내각과 주한 러시아공사 베베르와의 관계를 다음과 같이 기록했다.

"아아! 조선은 이제 망국이 되었다. 어쩌면 구제할 길이 없다. 이번 고종의 아관파천은 조선에 대한 보호를 러시아에 의뢰한 것이다. 러시아는 신임 정부를 도와서 지향하는 바를 달성하고자 힘써야 한다. 그러나 주한 러시아공사는 그렇게 하지 않는다. 주한 러시아공사는 현재까지 러시아의 이익에 관한 한 가지도 제의한 바 없었다."

윤치호에 따르면 신임 내각이 중요 사건을 자문하면 베베르는 이렇게 말했다. "이 일은 귀국의 내정문제이니 우리가 간섭할 바

아니다. 공(公)들이 잘 생각한 뒤에 시행하라." 윤치호는 주한 러시아공사의 중립적인 태도에 불만을 제기하면서 현재 국내 상황을 비관적으로 보았다. "양국은 가깝지도 않고 멀지도 않은 입장이다. 베베르는 목적을 달성하려는 수단을 쓰지 않는다. 이는 조선이 망했다는 이유의 하나이다."

이완용과 이윤용은 이범진과 서로 공조해서 신임 내각을 조직했지만 서로 대립했다. 윤치호는 아관파천 이후 겨우 10여 일이 지났는데도 벌써 고종 앞에 아첨하여 서로 상대방을 물리치려는 경향이 있다고 주장했다.

윤치호는 아관파천 이후 주한 러시아공사의 불간섭, 내각대신의 대립 때문에 '조선이 망조에 들었다'며 신임 정부의 위기라고 판단했다.

1896년 2월 25일 윤치호는 법부대신 이범진이 며칠 전 경무사를 겸임한 사실을 기록했는데, 아관파천 직후 을미사변 관련 '친일파' 청산은 중요한 현안이었다. 을미사변에 연루된 혐의를 받고 있는 사람 가운데 13명 정도가 을미사변 재조사를 위해서 체포되었다. 윤치호는 단호한 제지가 아니면 이범진의 권력 남용을 막을 수 없을 것이라고 러시아공사에게 말했다. 베베르와 쉬뻬이에르는 이범진이 자백을 받기 위해 고문을 사용하지 못하도록 하겠다고 약속했다.[118]

윤치호는 베베르의 조선 불간섭정책에 불만을 터뜨렸지만, 러시아의 장기적인 외교적 태도에 놀라워했다. 주한 러시아공사는 지혜롭게 행동하고 있는 반면, 주한 일본공사는 현명하지 못하

---

118 國史編纂委員會編,『尹致昊日記』4권, 國史編纂委員會, 1984; 국사편찬위원회 편,『국역 윤치호 영문 일기』3권, 2015, 137쪽.

게 행동했다. 이노우에는 거만했지만, 러시아인은 정중했다. 일본인은 다가갈 수 없는 존재였지만, 러시아인은 친근감이 있었다. 일본인은 사사건건 간섭했지만, 러시아인은 다소 덤덤한 태도였다. 일본인은 모든 것을 다 가지고자 했지만, 러시아인은 아무것도 요구하지 않았다.[119]

윤치호는 1896년 2월 27일 아침 정치적 현안에 대해서 베베르에게 다음과 같이 요구했다.

윤치호는 이범진의 권력남용을 견제하려고 노력했다. 이범진의 권력남용을 절대적으로 제어할 필요성, 조선 병사를 조직해서 훈련시킬 필요성, 탁지부를 유능한 관리에게 맡길 것, 이범진의 경무사 직책을 회수할 것, 고종을 위해서 믿을만한 경비병을 배치해 빨리 환궁할 필요성 등이 그것이다. 베베르는 고종의 환궁과 관련하여 어떤 조치를 취하든 사전에 러시아와 일본정부의 입장이 우선적으로 고려되어야 한다고 주장했다.[120]

윤치호는 1896년 3월 30일 이범진이 러시아공사관의 베베르와 베베르 부인, 러시아어 통역관 김홍륙·주석면과의 적대적인 관계로 고종의 신임을 잃어가는 과정을 기록했다.

"불쌍한 이범진!"

윤치호는 고종이 궁녀와 러시아 통역에게 둘러싸여 이범진을 차갑게 대하기 시작했다고 파악했다. 윤치호는 아첨에 희생당하는 이범진을 연민의 시선으로 바라보았다. 이범진은 전쟁신을 섬기고, 점쟁이를 만나고, 은밀히 음모를 꾀하고, 대신들을 무시

---

[119] 國史編纂委員會編, 『尹致昊日記』 4권, 國史編纂委員會, 1984; 국사편찬위원회 편, 『국역 윤치호 영문 일기』 3권, 2015, 139쪽.
[120] 國史編纂委員會編, 『尹致昊日記』 4권, 國史編纂委員會, 1984; 국사편찬위원회 편, 『국역 윤치호 영문 일기』 3권, 2015, 141쪽.

하는 일 등에 대해서 고종에게 반대 의사를 표명했다. 이범진은 심지어 "명성황후가 단지 재치 있는 유머로 임금을 기분 좋게 하려고 나쁜 일을 그렇게 많이 할 수밖에 없었다"고 고종에게 진언했다. 러시아어 통역관 김홍륙과 주석면은 궁녀들의 도움을 받아 고종과 왕세자의 손발이 되어서 야비한 수단으로 나약하고 절망적인 고종을 호도했다.[121]

사람들은 자기가 읽고, 듣고, 본 모든 것이 거짓말투성이라는 것을 스스로 발견해야 한다.

---

[121] 國史編纂委員會編,『尹致昊日記』4권, 國史編纂委員會, 1984; 국사편찬위원회 편,『국역 윤치호 영문 일기』3권, 2015, 151쪽. 독립협회 회원 정교(鄭喬)는 1896년 2월 10일 아관파천을 '대군주출분(大君主出奔)'으로 기록했다. 정교는 김홍집 내각의 권력 독점과 단발령에 따른 을미의병을 아관파천의 이유로 판단했다. 정교에 따르면 단발령은 백성이 가장 따르지 않았는데, 전국이 가마솥 끓듯했으며, 의병이 각 지방에서 벌떼처럼 일어나 관리를 살해했다. 김홍집 내각은 고종이 가까이 하고 믿는 사람들을 모두 쫓아내자, 고종이 외롭게 되었다. 정교에 따르면 2월 11일(음력 12. 28) 새벽 고종은 궁녀의 교자(轎子)를 타고 몰래 건춘문(建春門)을 나와 주한 러시아공사관으로 거처를 옮겼다. 돈의문 안 황화방 정동(貞洞)에 있었다. 정교는 이범진(李範晋)과 이완용(李完用) 등이 함께 은밀히 모의를 꾸몄으며, 주한 러시아공사의 합의를 얻었다. 정교는 건춘문, 윤효정은 영추문으로 파악했는데, 금천교는 영추문 바로 옆에 있었다. 따라서 고종과 왕세자는 각자 경복궁 내부의 다른 협문으로 빠져나와 영추문을 통과했음에 틀림없다. 고종이 러시아공사관에 도착한 시각은 대략 오전 7시 20분경이었다(鄭喬, 1896. 2. 10-11,『大韓季年史』, 國史編纂委員會, 1957).

서울·도쿄·모스크바에서의 움직임

러시아의 군사지원

"고종은 정예 군대 3,000명 정도를 조직하길 원합니다."

고종이 조선군대의 근대적 양성을 요청하자 쉬뻬이에르는 신속히 협력했다.

주한 러시아공사 쉬뻬이에르는 1896년 2월 19일(러시아력 2. 7) 러시아가 조선군대의 양성을 맡는다면 고종이 만족할 것으로 판단했다. 러시아가 조직한 조선군대의 보호하에 고종은 미래를 낙관하면서 조선이 지닌 풍부한 자원을 개발할 수 있을 것이다. 쉬뻬이에르는 고종의 요청을 외교 전문을 이용하여 러시아 외무대신에게 보고할 것을 약속했다. 러시아가 고종의 요청을 우호적으로 승인할 경우, "제일 먼저 조선군대가 조직을 갖추도록 러시아 군사교관단의 파견을 늦출 수 없다"며 러시아정부를 재촉했다.[1]

쉬뻬이에르는 2월 21일(러시아력 2. 9) 지부에 3일간 정박한 후 돌아가는 보브로호 편에 다음과 같은 소식을 보고했다.

고종은 러시아의 군사지원 등에 관한 자신의 요청을 외무대신이 빨리 결정하기를 기다리고 있었다.[2] 고종은 일본군대의 서울 주둔이 자신에게 심각한 위협을 초래한다고 판단했다. 고종은 러시아 해병이 경운궁 수비를 수행하지 않는다면 주한 러시아공사관에 계속 머무를 예정이었다. 쉬뻬이에르와 베베르 두 사람 모두 고종의 요청을 수용해야 한다고 판단했다.[3]

1896년 2월 26일(러시아력 2. 14) 쉬뻬이에르는 고종의 신변보호, 일본의 영향력 약화, 조선의 경제상황 등을 보고했다.

고종은 다시 한번 러시아에 협력과 보호를 요청했다. 고종은 서울 주둔 일본군대 때문에 경운궁 환궁이 불가능하다고 판단했다.[4] 그러자 쉬뻬이에르는 고종의 환궁이 바람직하며 러시아의 개입 방안을 설명했다. 쉬뻬이에르와 베베르는 고종이 주한 러시아공사관에 계속해서 머무는 것이 바람직하지 않다고 여겼다.

1   АВПРИ. Ф.150.Оп.493.Д.214.Л.203-205об.
2   АВПРИ. Ф.150.Оп.493.Д.214.Л.203-205об.
3   "히뜨로보는 러시아 고문, 러시아 군사교관단, 일본군 철수 시기 등을 연기해야 한다고 주장했다. 히뜨로보는 러일협정 체결을 확고하게 옹호하는 야마가타 대장이 공사로 임명되었는데, 이것은 매우 중요한 의미를 가지고 있다고 주장했다."(АВПРИ. Ф.150.Оп.493.Д.5.Л.111-111об).
4   АВПРИ. Ф.150.Оп.493.Д.5.Л.37-41об. 이에 반해 주청 러시아무관 보각(К.И. Вогак, 1859~1923) 대령은 1896년 2월 10일(양력 22일) 고종의 러시아 고문관 파견 요청에 대해 보고했다. 보각 대령은 아관파천 이후 일본을 자극하는 행동을 삼가야 한다고 판단했다. 이러한 보고서는 러시아정부가 조선의 요청을 천천히 수락하는 데 영향을 미쳤던 것으로 보인다. 보각 대령에 따르면 주한 러시아공사 베베르는 고종이 러시아 고문과 군사교관단을 요청한다는 전문을 보냈다. 고종의 요청을 받아들인다면 현재 조선에서 비교적 평온한 태도를 보이고 있는 일본이 극도로 동요할 것이다. 현재 일본 내부는 조선문제에 개입할 것을 강력하게 요구하고 있다. 일본정부는 현재 조선문제 관련 러일협정을 맺으려고 하지만 군사적인 조치를 취할 가능성도 있었다(АВПРИ. Ф.150.Оп.493. Д.5.Л.107).

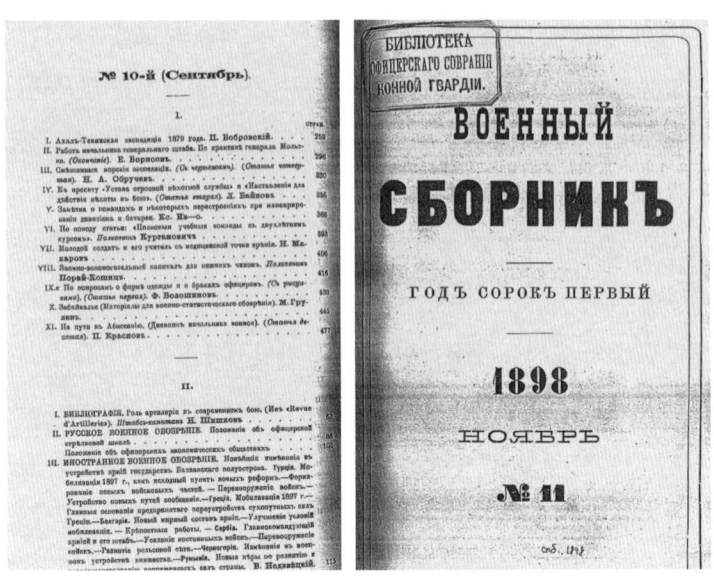

러시아 군사교관단 활동보고(러시아 군사 잡지, 1898)

쉬뻬이에르에 따르면 일본인은 아관파천이라는 비정상적인 상황을 이용하여 왕권을 약화시키려고 선동했다. 이것은 매우 심각한 문제로 이어질 수 있었다.

쉬뻬이에르는 러시아가 적극적으로 조선문제에 개입해야 한다고 생각하여, 조선의 보호자와 후원자로 러시아가 수행할 역할을 고민했다.

"만약 러시아정부가 극동에서 혼란을 피하고자 보호자의 역할을 거부한다면, 러시아는 훨씬 더 복잡한 사건에 휘말릴 것입니다. 현재 조선의 운명을 러시아가 장악하기로 결정한다면, 러시아는 태평양 연안에서의 지위를 강화시킬 수 있습니다."

쉬뻬이에르는 러시아가 일본에게 경제적 부분을 양보하여 러일협상을 성사시킬 수 있다고 여겼다. 경제적 부분을 일본에게 양보하고 정치와 군사 문제를 강화하자는 방안이 쉬뻬이에르의 일관된 생각이었다.

쉬뻬이에르에 따르면 일본의 지위는 조선에서 불법인 만큼, 일본은 자국의 지위를 옹호할 수 없다. 따라서 러시아와 일본의 합의가 전적으로 가능했다. 러시아는 일본에게 가능한 모든 상업상의 이익, 즉 조선 재정 분야에서 주도적 역할을 제공하는 조건으로 합의를 손쉽게 이끌어낼 수 있었다.

쉬뻬이에르는 조선과 일본의 차관협상, 조선의 재정난에 따른 해결방안을 설명했다. 아관파천은 조선을 절망적인 재정 상태로 빠뜨렸다. 이전 내각은 일본과 차관에 대해서 회담을 진행했는데, 그 액수는 300만 달러가 아닌 500만 달러였다. 하지만 신내각은 일본과의 모든 회담을 중단했다.

쉬뻬이에르는 현재 조선정부의 재정 상태를 다음과 같이 파악했다. 조선은 약 100만 달러 정도의 국고를 보유했다. 조선은 청일전쟁과 동학운동, 그리고 전국적으로 확산된 혼란과 폭동으로 대부분의 지역이 파괴되어 1년 동안 기의 수입이 없었다. 그러나 조선정부의 지출은 늘어났다. 중앙정부는 과거 현지에서 조달되던 지방 통치용 자금까지 부담해야 할 처지였다. 그에 더하여 가난한 농민들을 지원해 주어야 할 상황이었다.

총리대신 서리 박정양은 국왕의 지시에 따라 외부대신과 함께 어려운 난관을 어떻게 해쳐나가야 하는지 쉬뻬이에르와 베베르에게 조언을 구했다. 쉬뻬이에르와 베베르는 현재 조선 정세를 러시아정부가 모르는 상태에서, 조선에 대한 러시아의 지원을 약속할 수 없었다. 조선은 긴급 지원이 필요한 상황인지라, 쉬뻬이에르와 베베르는 현재 조선정부가 보유하고 있는 국고의 지출을 보다 더 절약해야 한다는 조언에 그쳤다. 쉬뻬이에르는 조선의 현금 보유 상황과 향후 1년 동안의 필수 지출 내역에 대해 빨리 통보해 달라고 요구했다.

주한 러시아공사 쉬뻬이에르는 상해 주재 러청은행을 통해 조선에 차관을 제공하는 방안을 제시했다. 조선정부는 조선 세관을 담보로 러시아 차관의 도입을 요청했다.

조선정부가 현재 난관에서 벗어날 유일한 길은 보다 유리한 조건으로 일본에게 다시 차관을 요청하는 것이었다. 하지만 일본은 자신의 복종에서 벗어난 조선에게 차관을 제공할 리가 없었다.

러청은행은 자신의 이익에 손해를 보지 않을 것이다. 왜냐하면 조선정부는 원금 상환과 이자 지급의 담보로 세관의 행정을 넘겨주는 데 동의할 것이기 때문이다. 조선 세관은 1년 순수입만 약 80만 달러에 달했다. 이것은 러시아정부가 도의적으로 참여하는 조건에서만 가능한 것이다.[5]

쉬뻬이에르는 긴 얼굴에 넓은 이마와 오똑한 콧날을 소유한 건강한 체격이었다. 열정이 넘친 그는 주한 외국대표 사이에서도 소문난 러시아 최고의 미인을 부인으로 맞이했다.

쉬뻬이에르(A.H. Шпейер, 1854~1916)는 한러관계의 역사적 맥락에서 자국의 이익을 가장 충실히 수행한 대표적인 인물이다. 그는 러시아 민족의 우월성을 강조하는 슬라브주의자적 면모를 갖고 있었다. 그래서 조선에서 반일과 반미 활동까지 전개했다. 1885년과 1886년 쉬뻬이에르는 1차와 2차 한러밀약에 관여했다.

5　АВПРИ. Ф.150.Оп.493.Д.5.Л.37-41об.

그는 1896년 아관파천 실행, 1897년 러시아 군사교관과 재정고문관 파견을 실현했다. 러시아 외무부가 조선에서의 현상유지정책을 추진하자, 쉬뻬이에르는 러시아 외무부와 마찰을 빚었다. 그 후 쉬뻬이에르는 조선에서 반러운동이 전개되자 러시아 군사교관과 재정고문을 철수시키는 외교적 실수를 범했다.[6] 열정이란 언제나 비극의 그림자와 비참한 실패의 흔적을 지니고 있었다.

그런데 서울과 도쿄 주재 러시아공사는 조선정책에 대한 생각이 달랐다. 주일 러시아공사 히뜨로보는 1896년 2월 29일(러시아력 2. 17) 고종의 러시아 지원 요청 사실을 전달했다. 쉬뻬이에르와 베베르는 러시아 수병의 경운궁 수비까지 요구했다. 하지만 히뜨로보는 일본을 자극해서는 안 된다고 판단하여 러시아 고문단과 군사교관 지원 연기를 주장했다. 주한 러시아공사와 주일 러시아공사의 견해가 달랐다. 히뜨로보는 현 상황에서 일본을 자극시켜서는 안 된다고 판단했다. 이러한 보고서로 인해 러시아 외무부는 조선문제에 대한 빠른 판단보다는 소극적인 태도를 보였다.

조선정부는 1896년 5월 고종의 군사협력 요청과 동시에 블라디보스토크에서 무기를 구입했다. 또한 러시아는 고종의 신변보호를 위해서 러시아 함정의 지속적 제물포 기항과 동시에 수병 교대를 통해서 러시아공사관을 수비했다.

조선정부는 조선군대를 정예화하기 위해서 무기와 탄약을 블라디보스토크에서 구입했다. 인천 주재 일본영사 하기와라(萩原)는 1896년 5월 7일 오후 3시 50분 조선정부의 러시아무기 구입

---

6 김영수, 「주한 러시아공사 쉬뻬이에르의 외교활동과 한국정책」, 『역사학보』 233, 2017, 174-177쪽.

과정을 고무라 공사에게 타전했다.

궁내주사 김낙현(金洛鉉), 육군부위 조신화(趙信和)와 권종록(權鍾祿), 우체국주사 백철용(白喆鏞)과 김홍수(金弘洙) 5명은 소총과 탄약을 구매하기 위해 블라디보스토크로 출발했고, 1896년 5월 7일 현익호를 타고 인천에 돌아왔다. 현익호가 블라디보스토크에 도착하자 바로 러시아 장교는 거룻배 2척을 증기선으로 끌고 와서 큰 상자 151개와 작은 상자 541개를 적재했다.[7]

고무라는 1896년 5월 7일 오후 조선정부의 무기 구입 사실을 무쓰 외무대신에게 타전했다. 이운사(利運社) 기선 현익호는 블라디보스토크에서 화물 700개 정도를 실었는데, 그 가운데 총기 3,000정이 포함되었다.[8] 인천 주재 일본영사 하기와라는 1896년 5월 9일 오후 5시 45분 "현익호가 베르단총 3,000정과 탄약 60만 발을 적재했다"라는 구체적인 정보를 고무라에게 타전했다.[9]

주한 러시아공사관은 러시아 군함의 수병 교대를 통해서 고종의 신변을 지속적으로 보호할 수 있었다. 러시아 군함 나히모프(Адмирал Нахимов)호, 까례예쯔(Кореец)호, 돈스꼬이(Дмитрий Донской)호, 만주(Маньчжур)호, 오뜨바즈늬이(Отважный)호,

7 『駐韓日本公使館記錄(10)』, 1896년 5월 7일 電信 오후 3시 50분 仁川 발 5월 7일 오후 4시 7분 京城 착, 「블라디보스토크에서 朝鮮官吏 歸仁 件 1」, 萩原 → 小村, 140쪽.
8 『駐韓日本公使館記錄(10)』, 1896년 5월 7일, 電信 「블라디보스토크에서 朝鮮官吏 歸仁 件 2」, 小村 → 陸奧 大臣, 140쪽.
9 『駐韓日本公使館記錄(10)』, 1896년 5월 9일 오후 5시 45분 仁川 발 5월 9일 오후 5시 50분 京城 착, 電信 「블라디보스토크에서 적재해 온 銃器 件」, 萩原 → 小村, 142쪽. 비숍은 중앙 군대가 장교 포함 4,300여 명이고, 러시아에서 3,000여 정의 소총을 수입했다고 밝혔다(I. B. Bishop 저, 이인화 역, 『한국과 그 이웃 나라들』, 살림, 1994, 494-495쪽). 전주를 방문한 뮈텔은 전주진위대가 총 400명으로 구성되었고, 모두 유럽식 무기를 소지했다고 밝혔다(『뮈텔주교일기』, 1896년 12월 1일).

그레먀쉬이(Гремящий)호 등이 교대로 제물포에 기항하고, 러시아 수병이 작은 증기선을 이용해 서울로 이동했다.

1896년 4월 22일 러시아 군함 나히모프와 까레예쯔 수병이 교대를 위해서 이동했다. 4월 22일 인천에 정박한 러시아 군함 나히모프의 사관 2명, 수병 50명, 위생원 5명이 서울에 도착했다. 이는 23일 인천으로 내려갈 러시아 군함 까레예쯔 수병과 교대하기 위해서였다.[10]

1896년 5월 11일 러시아 군함 돈스꼬이의 수병이 교대를 위해서 이동했다. 러시아 군함 돈스꼬이는 지부(芝罘)에서 인천으로 입항했다. 12일 돈스꼬이는 병기를 포함한 수병을 서울로 보내기 위해 태마(駄馬) 35두를 준비시켰다. 인천 주재 일본영사관보 하기와라는 돈스꼬이호가 보낸 전보 3통을 참고하도록 11일 밤 보내겠다고 주한 일본공사 고무라에게 보고했다. 이러한 사실은 일본이 러시아 전보를 비밀리 파악하고 있다는 사실을 알려준다.[11]

주한 러시아공사관 수비병 교대를 위해서 제물포 항구에 정박한 러시아 수병의 일탈도 벌어졌다. 인천 주재 일본영사관보 하기와라(萩原守一)는 1896년 6월 24일 월미도에 정박한 돈스꼬이호와 까레예쯔호의 러시아 수병이 만취하여 일으킨 강간과 폭행 사건을 주한 임시대리공사 가토에게 보고했다.

러시아 군함은 수병을 엄격히 단속하여 한 번도 상륙을 허가

---

10 『駐韓日本公使館記錄(10)』, 1896년 4월 22일, 오후 6시 반, 電信「러시아 水兵 등의 入京 件」, 小村 → 陸奧 大臣, 130쪽.
11 『駐韓日本公使館記錄(10)』, 1896년 5월 11일 오후 2시 13분 仁川 발 5월 11일 오후 2시 18분 京城 착, 電信「러시아 軍艦에서 水兵 및 兵器 入京 件」, 萩原 → 小村, 143쪽.

하지 않았다. 그런데 돈스꼬이호와 까레예쯔호의 수병들이 월미도에 상륙하여 보드카와 브랜디 등을 일시에 많은 양을 마셨다. 러시아 수병 중 1명이 월미도 한인 마을 근처에서 취사자로 죽었고, 러시아 수병 중 일부는 조선 여자를 강간하다가 다치게 하고 자신도 부상을 입었다.[12] 갇힌 함정에서 벗어난 수병들은 자신들의 욕정을 위해서라면 누구라도 기꺼이 희생시킬 사람들이었다.

하기와라는 1896년 6월 24일 돈스꼬이호 함장과의 대화를 보고했다. 하기와라는 러시아 군함이 출입할 때마다 주한 러시아공사관의 수병이 교체되었고, 돈스꼬이호 내에 육군 수백 명이 탑승했다는 소문은 오보라고 보고했다.[13]

주한 러시아공사관의 수비는 1896년 7월 만주호의 수병으로 교체되었다. 하기와라는 1896년 7월 12일 오전 10시 12분 러시아 수병과 권동수의 서울 출발을 주한 일본공사 하라 다카시에게 타전했다. 러시아 수병은 인천과 서울 사이를 소증기선을 타고 이동했다. 7월 12일 아침 출발한 러시아 병력은 만주 함장, 사관 1명, 수병 32명이었다.[14]

1896년 7월 21일 오뜨바즈늬이호의 러시아 수병은 주한 러시아공사관 수비를 위해서 서울에 도착했다. 사관·수병 합계 38명이 대포 1문을 가지고 입경(入京)했고, 7월 23일 블라디보스토크

---

12 『駐韓日本公使館記錄(10)』, 1896년 6월 24일, 機密第9號「仁川港 情況報告書 送付 件 別紙 當港 情況 報告」, 在仁川 領事館事務代理 領事館補 萩原守一 → 臨時代理公使 二等書記官 加藤增雄, 207쪽.
13 『駐韓日本公使館記錄(10)』, 1896년 6월 24일, 機密第9號「仁川港 情況報告書 送付 件 別紙 當港 情況 報告」, 在仁川 領事館事務代理 領事館補 萩原守一 → 臨時代理公使 二等書記官 加藤增雄, 209쪽.
14 『駐韓日本公使館記錄(10)』, 1896년 7월 12일 오전 10시 12분 仁川 발 오전 10시 30분 착, 電信「러시아 水兵 入京에 관한 件」, 萩原 → 原 公使, 161쪽.

를 향해 출항했다.¹⁵

1896년 9월 28일 러시아 군함 만주호 수병은 까레예쯔호의 수병과 교체되었다. 러시아공사관 호위를 위하여 러시아 군함 까레예쯔호의 사관 2명, 수병 30명은 9월 28일 입경하여 머물고 있던 수비병인 러시아 군함 만주호의 수병과 교체되었다.¹⁶

1896년 10월 21일 러시아 군함 그레먀쉬이호 수병은 서울로 이동했다. 그레먀쉬이호는 21일 오후 1시 반 해군사관 3명, 수병 40명, 육군사관 1명, 육군 13명, 화물 수십 개를 용산으로 보냈다.¹⁷

주한 임시대리공사 가토는 1896년 10월 15일 러시아 해군 흐멜례프가 무관학교 생도를 훈련하고 있다고 보고했다. 무관학교 생도는 김홍륙의 집 마당 앞에서 훈련을 받았다. 가토에 따르면 러시아 해군사관 흐멜레프는 무관학교 생도 20명 정도를 은밀히 교련했다. 매일 오전 10시부터 12까지 주한 러시아공사관의 북쪽 김홍륙 저택 마당 앞에서 훈련을 받았다. 정위 유동근(柳東根)은 무관학교 생도를 관리했다.¹⁸

15 『駐韓日本公使館記錄(11)』, 1896년 7월 25일, 報告第6號「官制 등 보고」, 特命全權公使 原敬 → 外務大臣 侯爵 西園寺公望, 74쪽.
16 『駐韓日本公使館記錄(11)』, 1896년 10월 15일, 報告第13號「施政一班 등 보고」, 加藤 臨時代理公使 → 大隈 外務大臣, 95쪽.
17 『駐韓日本公使館記錄(10)』, 1896년 10월 21일 오후 3시 50분 仁川 발, 電信「그레미야스티艦 搭乘者 중 러시아군 入京情報 件」, 石井 領事 → 加藤 代理公使, 79쪽.
18 『駐韓日本公使館記錄(11)』, 1896년 10월 15일, 報告第13號「施政一班 등 보고」, 加藤 臨時代理公使 → 大隈 外務大臣, 95쪽. 주한 임시대리공사 가토는 1896년 6월 11일 조선의 정치상황을 문부대신겸 외무대신 사이온지에게 보고했다. 가토는 일본식 무관학교가 중지되고 러시아 사관의 초빙 소식을 보고했다. 가토에 따르면 일본 병식(兵式)에 따라 훈련 받은 무관학교 생도는 5월 17~18일경 왕명으로 정학을 명령받았다. 향후 고빙(聘傭)할 러시아 사관을 기다려 다시 러시아 병식을 배울 예정이었다. 가토는 러시아 사관과 하사관의 초빙은 20여 명 혹은 80여 명이 될 것이라고 추정했다(『駐韓日本公使館記錄(11)』, 1896년 6월 11일, 報

러시아정부는 조선에 대한 서울과 도쿄 주한 러시아공사들의 상반된 외교정책 보고서로 혼선을 빚었다. 결국 러시아정부는 조선에서 이권 개입은 최소화했지만, 무기 지원과 수병 파견 등을 통해서 조선에 대한 관심을 표명했다.

이런 가운데 러시아정부는 1896년 8월 한러비밀협정을 체결하여 조선의 중요성을 스스로 인정했다.

막강한 정치적 영향력을 가진 베베르

"집주인에게 세심한 배려를 한 '진짜 신사' 베베르는 심지어 조언을 해달라는 고종의 간청을 받고도 거절했다."[19]

"베베르는 겉으로 평화[無爲平和]를 가장하지만 속으로 음모[陰險的手段]를 숨기고 있었다."[20]

주한 외국인들은 각자의 이해에 따라 베베르에 대한 평가가 달랐다.

베베르는 165센티미터가 조금 안 되는 키에 떡 벌어진 어깨를 갖고 있었다. 사각 얼굴에 이목구비는 뚜렷했고 콧수염과 턱수염을 기르고 있었다. 눈자위에서 시작하여 때로는 눈자위에서 사라져버리기도 하는, 그런 느릿느릿한 무표정한 미소였다. 차가운 인상을 소유한 베베르는 독일계 러시아인으로 서구의 근대

告第1號「陛下의 明禮宮 出御 件 등 보고」, 加藤 臨時代理公使 → 文部大臣 兼 外務大臣 侯爵 西園寺公望, 56쪽).

19 언더우드, 『상투의 나라』, 집문당, 1999, 213쪽.
20 『駐韓日本公使館記錄(11)』, 1897년 4월 26일, 機密第25號「露公使 유임운동에 관한 건」, 加藤 臨時代理公使 → 外務大臣 伯爵 大隈重信, 510쪽.

화를 모방할 것을 주장한 서구주의자이기도 했다.

베베르(К.И. Вебер, 1841~1910)는 1874부터 1875년까지 요코하마 주재 러시아부영사, 1876년부터 1884년까지 톈진 주재 러시아영사로 근무했다. 그는 1882년 조선정부와 조약체결을 협상하라는 훈령을 받고 조선으로 출발해, 1884년 조러수호통상조약을 직접 체결했다. 이를 계기로 조선과 인연을 맺은 베베르는 초대 서울 주재 러시아공사에 임명되어 1885년부터 1897년까지 업무를 수행했다. 청일전쟁 이전까지 베베르는 고종과 특별한 개인 관계를 형성하면서 조선에 대한 러시아의 현상유지정책을 충실히 수행했다. 그 후 1902년 고종 즉위 40주년을 기념하기 위해서 러시아 대표로 서울을 다시 방문했다. 조선에 주재하는 외교관 중 베베르만큼 조선문제에 경험이 풍부한 인물은 드물었다. 그는 조선인을 연민의 시선으로 보았지만 러시아의 이익을 위해서 행동했다.[21] 그의 이성이 하는 일이라고는 온 영혼이 갈구하는 것을 쟁취하는 방법을 알려주는 것 뿐이었다.

언더우드 부인과 헤이그 특사 헐버트는 아관파천 이후 베베르의 중립적인 태도를 기록했다.

언더우드 부인에 따르면 고종은 러시아공사관에서 최대의 예우를 받으면서 1년간 머물렀다. 고종은 어떤 면에서도 러시아의 이익을 위한 강요나 영향을 받지 않고, 최대의 자유를 누렸으며, 특별한 방해도 없었다. 아관파천 직후 고종과 베베르는 곡산으

---

21 까를 이바노비치 베베르(Карл Иванович Вебер, K.I. Waeber)는 1841년 7월 5일 발트 3국 중 하나인 라트비아 항구도시 리바바(Либава, Libau)에서 루터교 집안의 아들로 태어났다. 베베르는 1865년 뻬쩨르부르크국립대학 동양어학부를 졸업했다. 1866년 러시아 외무부 소속으로 북경(北京)에서 업무를 시작했다 (김영수, 「서울주재 러시아공사 베베르의 외교활동과 한국정책」, 『서울과 역사』 94호, 2016, 7-9쪽, 39쪽).

로 선교를 나간 에비슨과 언더우드의 신변을 보호하기 위해서 경호원을 보냈다.[22] 이런 인연으로 언더우드 부인은 베베르를 '진짜 신사'로 표현했다.

헤이그 특사 헐버트는 아관파천 시기 조선의 개혁을 긍정적으로 파악하면서 베베르의 중립적인 태도를 높이 평가했다.

고종은 베베르의 신뢰를 얻어 잠시 동안 평화롭게 지낼 수 있었다. 아관파천 이후 어쨌든 서울에서는 매우 낙관적인 부분이 나타났다. 필요한 개혁은 철저하게 수행되었다. 서울의 재판소는 고문(拷問)이 폐지되었고, 학교가 설치되었다. 미국은 서울과 제물포 사이의 철도 부설권과 광산 채굴권을 획득했다. 민영환은 모스크바대관식에 특사로 임명되었다. 조선의 장래는 대체로 미래가 매우 밝아 보였다. 헐버트는 미국의 이권 획득에 근거하여 조선의 미래를 낙관적으로 생각했다.

러시아는 강력한 인물로 대체하기 위해 베베르를 본국으로 전임시켰다. 베베르는 말했다. "러시아는 고종이 정치를 함에 있어서 매우 자유롭기를 바랍니다." 얼마 후 베베르가 다른 직책으로 옮긴 것은 그의 실용적인 정책 때문이었다.[23]

영국인 비숍과 매켄지는 유럽에서 영국과 러시아의 대립을 의식하면서 러시아의 동진정책(東進政策)을 부정적인 시각으로 파악했고, 베베르가 신중한 정책을 펼친 원인과 결과를 날카롭게 분석했다.

비숍은 아관파천 시기 고종의 신변을 기록했다. 고종은 1년 이상 러시아공사관의 귀빈이었다. 백성들은 당연히 군주가 외국의

---

22 언더우드, 『상투의 나라』, 집문당, 1999, 210쪽, 213쪽.
23 헐버트, 『대한제국멸망사』, 집문당, 1999, 189쪽, 246쪽.

1896년 니꼴라이 2세 모스크바대관식에 참석한
윤치호와 민영환(앞줄 왼쪽 두 번째, 세 번째)

보호 하에 있다는 사실을 국가적인 치욕으로 여겼다. 고종은 러시아인의 보호가 없으면 명성황후 살해 장소를 방문하는 것도 매우 무서워했던 나날이었다.[24]

비숍은 아관파천 당시 베베르가 조선 내정에 개입하지 않았다고 기록했다. 고종은 탈출한 이후 '단지 러시아공사의 손아귀에 든 도구'가 되었을 것이라 짐작했다. 그러나 뜻밖에도 베베르 공사의 생각이 고종의 결정에 반영되지 않았다. 그 이유는 지금까지도 의문으로 남아있다.[25]

비숍은 러시아정부의 명령에 따라 베베르가 소극적으로 행동

---

24 비숍, 『한국과 그 이웃 나라들』, 살림, 1996, 490-492쪽.
25 비숍, 『한국과 그 이웃 나라들』, 살림, 1996, 423-424쪽.

했다고 파악했다. 비숍은 아관파천 기간을 '헤지라의 시간'이라고 불렀다. 그럼에도 비숍은 아관파천 시기 러시아의 소극적인 정책으로 인해 조선에 이익이 없었다고 비판했다.

비숍은 고종이 악명 높은 관료를 임명하거나, 독단적으로 아무나 체포하거나, 능력 있는 관료를 이유 없이 좌천시키거나, 군대나 경찰력을 마구잡이로 증강시키지 않은 이유는 바로 베베르의 조언 덕분이라고 주장했다.

베베르는 고종을 너무나 소극적이게 해서 결국 조선인들이 '자업자득'으로 괴로워하게 했다. 베베르는 아마도 '조선이 스스로 자립할 수 있는 튼튼한 끈'을 주기 위하여 러시아 본국의 명령에 따라 행동했을 것이다.

그럼에도 비숍은 고종이 러시아공사관에서 편히 지내는 동안 조선에 이익이 되는 일이 없었다고 주장했다. 안타깝게도 일본이 조선에서 막강한 영향력을 행사한 기간 동안 행해진 정치와는 대조적이었다.[26]

비숍은 러시아군사 교관의 훈련을 복원했다. 비숍에 따르면 서울의 거리에는 신기하게도 늘씬한 체격과 회색의 긴 제복들을 입은 뿌짜따 대령, 3명의 장교, 10명의 훈련 교관을 볼 수 있었다. 그 훈련 교관은 조선군대를 훈련시키기 위해 서울에 주둔하고 있었다. 현재 '군사고문단'은 특별한 열정과 철저함으로 임무를 수행했다. 편편한 얼굴에 즐거운 듯이 보이는 하사관들은 실용적인 제복과 긴 장화를 착용하고 있었다. 그들의 걸음걸이는 매우 잘 훈련되어 있었고, 언제나 군중들의 관심을 끌고 있었다.

26   비숍, 『한국과 그 이웃 나라들』, 살림, 1996, 490-492쪽.

37명의 부유한 가문 출신의 젊은이, 7명의 장교로 구성되어 있는 군대를 볼 수 있었다. 그들은 경운궁에서 가까운 조선군대의 훈련 장소와 주한 러시아공사관 뒤편 막사 사이를 북을 치고 깃발을 흔들면서 하루 두 번씩 행진했다.

비숍은 러시아 총기 수입과 군대 훈련을 평가했다. 비숍에 따르면 일본식 제복을 입은 훈련 병사는 러시아에 의해 수입한 3,000정의 버단 소총을 소유했다. 향후 2,000명으로 구성될 상설 군대는 조선에서 모든 정치적 목적을 달성할 수 있을 것이다. 러시아에 의해 무장된 병력은 일본에 대한 전통적인 적대감으로 활기차 있었다. 향후 전쟁이 발발하면 러시아의 용병으로서 본색을 드러낼 것이다.[27]

매켄지는 베베르가 현실적이 아닌 낭만적인 외교관이라고 파악했다.

베베르는 갈피를 잡기 어려운 러시아의 외교관과는 전혀 다른 유형의 인물이었다. 친절하고, 단순하고, 솔직한 청천백일(靑天白日) 같았다. 주한 외교관들까지도 사심 없는 그의 공정한 태도에 놀랄 때가 많았다. 베베르는 고종을 귀빈으로 대우하며 대가도 없이 러시아공사관을 임시로 쓰도록 빌려주었다. 베베르는 얼마든지 요구할 수 있는 권리를 얻으려고 노력하지도 않았다.[28]

매켄지는 시베리아 횡단철도를 기점으로 러시아의 동진정책을 설명했다. 시베리아 횡단철도 부설을 결정할 때부터 러시아는 태평양 연안에서의 영토적 우월성을 확보하려는 거대한 야망에 불타고 있었다. 러시아는 청국에 대해서는 정부(情婦)처럼, 한

---

27 비숍, 『한국과 그 이웃 나라들』, 살림, 1996, 494, 496쪽.
28 매켄지, 『한국의 독립운동』, 집문당, 1999, 86쪽.

국에 대해서는 독재자처럼, 일본에 대해서는 후원자처럼 행세했다. 청일전쟁 결과 시모노세키조약으로 일본이 요동반도를 차지하게 되자 러시아의 동진정책은 큰 차질이 생겼다.

매켄지는 베베르가 신중한 정책을 추구하여 조선에게 신뢰를 주었다고 판단했다. 매켄지는 베베르의 신중한 정책 덕분에 러시아가 조선에서 특권을 획득할 수 있었다고 주장했다. 신중한 정책이 오히려 조선문제에 깊숙이 개입하는 결과를 낳았다. 이것이 베베르의 외교 전략이었다.

"베베르는 신중하고도 정치가다운 정책을 펼쳤다. 베베르는 매우 훌륭한 일들을 했다. 그는 조선의 전반적인 문제에 깊이 관여했다. 베베르의 신중한 정책은 다른 어느 방법보다도 러시아에 대한 신뢰와 영향력을 북돋아 주었다. 조선정부는 러시아어 학교를 설립했고, 광산권과 벌목권을 러시아인에게 주었고, 조선군대의 재편과 훈련을 요청했다."[29]

베베르는 종래의 관계 때문에 주한 러시아공사의 유임을 희망했다. 베베르는 1897년 3월 시종 김홍륙을 동반해서 고종에게 밀주(密奏)했다.

베베르가 고종을 쳐다보며 말했다. "조선의 앞길은 매우 걱정되며 특히 왕실의 안위를 알 수 없습니다. 제가 오랜 세월 왕실에 충성을 기울였습니다. 만약 제가 일단 조선을 떠나면 왕실의 장래는 알 수 없습니다. 오로지 폐하를 위한다면 저의 유임을 희망하는 것이 좋을 것입니다. 그런데 러시아정부가 폐하의 요청을 받아들이지 않는다면 저는 폐하의 궁중고문이 되어 충성을 다

[29] 매켄지, 『한국의 독립운동』, 집문당, 1999, 93-95쪽.

하려고 합니다."

고종은 베베르를 보며 대답했다. "나는 궁내부 대신 이재순을 시켜 베베르의 유임을 요청하는 전보를 러시아 궁정에 보냈다. 6개국 사절 민영환은 밀지(密旨)를 띄고 러시아 수도에 가서 베베르의 유임을 주선할 것이다."

주한 일본공사 가토는 주한 프랑스공사 플랑시를 방문하여 베베르 유임문제에 대해 대화했다. 플랑시는 베베르의 이중적인 태도를 가장 잘 파악하면서, 그의 행동에 불쾌감을 표시했다.

"베베르는 매우 표리부동한 인물로서, 조금도 신용하기 어렵습니다. 베베르는 외면이 항시 무위평화를 가장하지만 이면에는 매우 음험한 수단이 숨어있습니다. 이번의 비밀운동도 평소 그의 행동에 비추어 볼 때 그런 사실을 증명하기에 충분합니다."[30]

플랑시를 포함한 서울과 북경에 주재한 프랑스 외교관들은 베베르가 프랑스의 이익을 반대한다며 매우 부정적으로 평가했다. 북경 주재 프랑스 총영사는 1897년 2월 27일 베베르 교체설을 프랑스 외무부에 보고했다.

"베베르는 프랑스인뿐만 아니리 심지어 러시아인들까지도 놀랄 만큼 프랑스의 이익에 완전히 반(反)하거나, 매우 적대적인 책략을 끊임없이 러시아정부에 제공한 인물입니다."[31]

가토 공사는 베베르가 궁내부 고문관을 차지하여 궁중을 조정하려 한다고 판단했다. 베베르는 러젠드르를 궁내부에서 배척하

---

[30] 『駐韓日本公使館記錄(11)』, 1897년 4월 26일, 機密第25號「露公使 유임운동에 관한 건」, 加藤 臨時代理公使 → 外務大臣 伯爵 大隈重信, 510쪽.
[31] "북경주재 프랑스총영사 제라드 → 아노토 외무부대신, 1897.2.27"(이지순·박규현·김병욱 역, 『근대 한불 외교자료 I』, 선인, 2018, 49쪽).

베베르(오른쪽 기둥 옆 모자 쓴 인물)

려고 했다. 가토는 훗날 베베르가 차지할 지위를 생각하여 미리 장애물을 제거하려한다고 주장했다. 만약 베베르의 유임이 성사되지 않는다면 베베르는 궁내부로 들어가 궁정을 조종하려는 야심에 차있다고 추측했다. 만약 베베르의 지위 여하에 관계없이 그가 조선에 체류하는 것이 일본에게 매우 불리하다고 주장했다.32

실제 베베르는 주한 러시아공사를 유임하려고 노력했고 민영환의 외교활동으로 증명되었다. 그럼에도 베베르가 궁내부 고문관을 요청했다는 사실은 가토 공사의 일방적인 주장이다. 이것은 고종의 일방적인 생각이었을 가능성이 높다. 가토는 베베르가 조선에 주재하는 것만으로도 일본에게 위협적이라고 판단했

32 『駐韓日本公使館記錄(11)』, 1897년 4월 26일, 機密第25號 「露公使 유임운동에 관한 건」, 加藤 臨時代理公使 → 外務大臣 伯爵 大隈重信, 510쪽.

다. 그만큼 베베르의 서울에서의 정치적 영향력은 막강했다.

베베르는 조선과 러시아의 전신선 연결도 고민했다. 1896년 6월 18일 가토와 베베르는 전신선 관련 대화를 나눴다. 이 문서는 전신선과 관련된 베베르의 견해, 조선정부의 북부 전신선 필요성이 나타나 있었다. 베베르는 북부전선회사와의 문제로 조선과 러시아의 전신선 연결의 어려움을 토로했다.

가토는 베베르를 향해 물었다. "조선정부가 함경도 북부에 전선을 연장한다는 소식을 들었는데, 현재 어떻게 진행되고 있습니까?"

베베르는 그를 보며 말했다. "조선정부는 종래 그런 희망이 있었습니다. 전 내각도 그런 희망이 있었으나 재정상 쉽게 그 희망을 이룰 수 없습니다. 조선정부는 북쪽까지 정치가 미치지 않아, 마치 북방은 자치제(自治制)와 같습니다. 그래서 중국인, 러시아인이 나타나거나 떠도는 소문의 진상을 파악하는 것이 어려워 전선 연장의 필요성을 압니다. 그렇지만 재정상 여유가 없어 가까운 장래에 성취될 전망이 없습니다."

가토는 집요하게 물었다. "조선-러시아 전선을 연락하면 편리합니까?"

베베르는 감기에 걸려서 콜록콜록 기침하며 말했다. "북부전선회사와의 조약상 실행할 수 없습니다. 실제 한반도에서 러시아에 연락하면 편리할 것은 분명합니다. 가령 일본에서 발신하면 일본 요금 20전, 조선 요금은 재정상 40전, 러시아 요금은 5전(이것은 현재 10전이지만 5전으로 절감한다는 설이 있습니다)입니다. 여기에 조선, 일본, 러시아 3국의 수수료로 5전씩 보태어 15전으로 하더라도 러시아와 일본 사이 한 단어[一語]는 10전에

전송할 수 있습니다. 경제적이고 편리하나 덴마크와의 조약상 자유롭지 않습니다."³³

베베르는 조선과 러시아의 전신선 연결의 필요성을 인정했지만 북부전선회사와의 해외 전신 송출문제를 해결해야만 가능할 것으로 판단했다.

지혜로운 이들은 점잖게 자기들의 길을 간다. 지금 용감하게 횃불을 들고 앞장선 이들도 결국은 자기들의 자리를 물려주게 되리라는 것을 안다. 추는 항상 좌우로 흔들리고, 사람들은 같은 원을 늘 새롭게 돈다. 이성과 지혜를 중시한 베베르는 조선에서 늘 합리적으로 판단하려고 무지 노력했던 것으로 보인다.

일본군 병영 이전 및 일본 수비대 교체

2월 29일 주한 러시아공사 쉬뻬이에르가 질문하자 주한 일본

---

33 『駐韓日本公使館記錄(17)』, 1901년 3월 26일, 機密送第11號「韓露電信線 연계 승인의 대가로 無線電信交換所 설치 특권 등을 조선에 요구하는 훈령 건 別紙 보고서 寫本 1896년 6월 18일 仁川發 電報 仁川長 → 通信局長」, 外務大臣 加藤高明 → 在韓 特命全權公使 林權助. 조선은 1883년 1월에 덴마크 북부전신회사의 청원으로 '부산 구설 해저 전선 조관(釜山口設海底電線條款)'을 맺었다. 1) '부산 구설 해저 전선 조관'에는 부산과 나가사키의 해저 전선 부설을 합의했고, 시공 회사는 덴마크의 북부전신주식회사가 맡았다. 2) 1885년 7월 '조청전선조약(朝淸電線條約)'이 체결되었다. 그 후 청국전선총국은 공사비 10만 냥을 차관해서 인천-서울-의주의 전신선을 설치했다. 1885년 8월 한성전보총국은 서울과 인천의 전신선을 완공하여 관할했다. 3) 1885년 12월 '조일 해저 전선 부설 조관 속약(朝日海底電線敷設條款續約)'이 체결되었다. 의주선을 부산선과 연결해 해외 전신을 수발하고, 양선의 해외 전신비용은 동률로 할 것 등이었다. 4) 조선은 1887년 3월 13일 조선전보총국을 설립하여, 1888년 6월 서울과 부산의 남로전신선(南路電信線)을 개통했다. 조선전보총국은 1891년 6월 서울과 원산의 북로전신선을 개통했다. 대한제국은 두만강에서 러시아와 연결하는 북로전신선을 계획했지만 실행하지 못했다.

공사 고무라가 다음과 같이 답변했다. 쉬뻬이에르와 고무라는 일본 수비대 병영 이전을 둘러싸고 논쟁했다.

"일본 병영을 일시적으로 이전할 수 없습니까?"

"어디에도 적당한 장소가 없습니다."

"다시 러시아와 일본 사이에 협의가 이루어진다면 일본군대는 반드시 철수하게 될 것입니다. 굳이 대수리를 요하는 남별궁으로 이전할 필요가 없습니다."

"일본과의 협의 결과는 예측할 수 없습니다. 일본공사관과 거류민의 안전한 보호를 위해서는 도저히 급히 철병할 수 없습니다. 이런 본관의 확신에 따라 조치할 수밖에 없습니다."

"일본은 더이상 수비대를 주둔시킬 필요가 없는 것 같습니다. 실제 아관파천 이후 서울에서 겨우 1명의 일본인만 해를 입었을 뿐입니다."

고무라는 1896년 3월 2일 조선정부가 요구한 일본 수비대 병영 이전의 필요성을 본국에 보고했다. 조선정부와 주한 일본공사, 주한 러시아공사와 주한 일본공사는 일본 수비대 병영 이전 문제를 둘러싸고 대립했다. 고무라는 일본 수비대 병영 이전문제를 일본군대의 조선 철수로 받아들였다. 경복궁 주변 일본 수비대 병영은 아관파천 이후 조선, 일본, 러시아의 외교적 현안이었다.

고무라는 2월 18일 경복궁 앞에 있는 일본 수비대 병영을 다른 곳으로 이전시킬 필요가 있다고 판단되어 전보로 보고했다. 조선정부는 영사(營舍)가 필요하니 다른 곳으로 이전해 달라고 공식적으로 조회했다. 고무라는 우사가와(宇佐川) 중좌와 이카리(猪狩) 수비대장과 협의하여 적당한 장소가 발견되는 대로 이전할 것이라고 회답했다. 동시에 양국 관리를 입회시켜서 이전 장소를 물색하기 시작했다.

고무라에 따르면 경복궁 앞 영소(營所) 자리는 성내에서 제일 좋은 장소였다. 만약 이곳을 넘길 경우 러시아군대가 그곳으로 들어갈 것이 분명했다. 장소에 대한 일본 장교들의 요구도 매우 까다로워서 적당한 병영 자리를 찾기가 매우 곤란했다.

고무라는 조선정부가 병영 이전을 자주 재촉하여 부득이 남별궁(南別宮)을 수리해서 이전하겠다고 확답했다. 하지만 조선정부가 회답에 이의를 제기하여 아직 실행하지 못했다. 하지만 고무라는 수비대 영소를 다른 곳으로 옮길 필요성이 있으므로 남별궁을 수리하여 이전할 것을 유념하고 있었다.[34]

쉬뻬이에르가 2월 29일 주한 일본공사관을 방문하여, "조선정부가 병영 이전을 요구했지만 고무라가 승낙하지 않았다"며 일본 수비대 병영 이전을 언급했다.

고무라는 일본인의 피해를 설명하면서 일본 병영 이전에 관한 질문을 던졌다. "아관파천 이후 조선 각지에서 해를 입은 일본인은 거의 20명에 달합니다. 간접적으로 일본 상민이 입은 손해도 결코 적지 않습니다. 다행히 서울에 일본 수비대가 주둔하여 겨우 1명의 피해에 그쳤습니다. 아관파천 이후 소란이 을미사변보다 매우 심각한 상황입니다. 만약 일본 수비대가 주둔하지 않았다면 작년에 비해 중대한 손해와 치욕을 받았을 것입니다. 조선정부는 무엇 때문에 일본 병영 이전을 갑자기 급하게 독촉합니까?"

---

34 『駐韓日本公使館記錄(9)』, 1896년 3월 2일, 機密第17號「當地 守備隊兵營 이전에 관한 具申」, 小村 辨理公使 → 西園寺 外務大臣臨時代理, 157쪽.

쉬뻬이에르는 단호하게 말했다. "고종은 속히 환궁할 것을 희망하고 있습니다. 하지만 일본군대에 대해 심한 공포감을 품고 있습니다."

사실 쉬뻬이에르는 다음과 같이 안심하도록 고종을 설득했다. "미우라(三浦) 공사의 소행은 예외적인 돌발사이고, 고무라 공사는 일본정부의 훈령을 받지 않고서는 결코 군대를 움직이는 않을 것입니다." 그럼에도 고종은 여전히 불안감에 휩싸여서 아직도 의심을 버리지 못했다. 심지어 고종은 자신의 신변보장에 대한 요구를 주한 일본공사에게 전달해 줄 것을 요청했다.

고무라는 러시아의 일본군대 철병 요구를 거부해야 한다고 보고했다. 고무라는 러시아가 일본의 철병을 요청할 것으로 생각했다. 고무라에 따르면 일본군대 철병은 오늘날과 같은 불온한 경우를 당하여 즉시 단행할 일이 아니었다. 수천 일본인과 그들의 재산을 안전하게 보호할 방법이 확립되기 전까지는 절대로 철병할 수 없었다. 러시아와 같이 한 사람의 거류민도 없는 나라와 일본과 같이 매우 많은 거류민을 갖고 있는 나라와는 같은 위치에서 논할 수가 없었다.

고무라는 고종이 경운궁으로 환궁할 가능성을 보고했다. 고종의 환궁은 러시아군대의 호위가 없으면 도저히 실행할 가능성이 없었다. 주한 러시아공사는 현재 러시아군대로 왕궁 호위를 승낙하지 않을 것으로 추측했다. 고종이 주한 러시아공사관 근처 경운궁[離宮]으로 환궁할 가능성이 높았다. 경운궁이 주한 러시아공사관에서 가깝고, 예기치 않은 사변을 예방하는 데 편리하기 때문이었다.

고무라는 조선정부의 병영 이전 요구가 일본군대 철병의 수순이라고 주장했다. 고무라는 조선정부가 자주 우리 병영 이전을 급하게 재촉하는 것은 아마도 구실일 뿐이고, 실제로는 지금부터 철병 요구의 근거로 삼으려는 것으로 추측했다.[35]

고무라는 1896년 3월 3일 오후 3시 50분 조선정부의 일본군대 철수 요구 등을 사이온지에게 타전했다. 고무라에 따르면 일본군대는 1895년 조선정부의 요청에 따라 지방으로 파견했다. 고무라는 주한 일본 거류민 보호를 위해서 잠정적으로 일본군대의 철수를 거부했다. 고무라는 일본정부의 공식 답변 문서까지 작성하여 일본 외무성에 제출했다. 그만큼 조선문제에 대한 전권을 가진 상황만 보더라도 일본 외무성에서 차지하는 고무라의 위상을 알 수 있다.

조선정부는 1896년 3월 2일 일본군대의 철군을 조회했다. "1895년 윤5월 7일 전 외부대신 김윤식은 위기가 진정되고 병제(兵制)의 정비가 되기까지 일본군대를 국내 각처에 분산 주둔해서 위험[不虞]에 대비할 것을 요청했습니다. 다행히 일본정부의 호의로 승낙되어 조선정부가 깊이 감사하고 있습니다. 그러나 이제 조선 병제도 정비되어 국내의 위험에 대비하기에 충분합니다. 각지에 분산 주둔해 있는 일본 군대는 속히 철수하기 바랍니다."

고무라는 군대 철수에 관한 조선정부의 요구를 일본이 공식적으로 거절할 이유가 없다고 보고했다. 고무라에 따르면 1882년 제물포조약에 따라 서울에는 약간의 경비병을 두고, 각 항구에는 군함을 파견하고, 순사는 증원하여 일본 거류민을 보호했다.

---

35 『駐韓日本公使館記錄(9)』, 1896년 3월 2일 機密第17號 「當地 守備隊兵營 이전에 관한 具申」, 小村 辨理公使 → 西園寺 外務大臣臨時代理, 158-159쪽.

더구나 현재 조선의 상황으로는 갑자기 일본군대를 철수하기는 어려운 상황이었다.

고무라는 일본정부가 조선정부의 조회에 대해서 다음과 같이 회답할 것을 제안했다. "지금 조선 내지의 형세는 매우 불안하므로 일본 재류민의 보호를 위해서 일본군대가 주둔해야 합니다. 향후 조선의 형세가 진정되고 일본 재류민에 대한 위험이 없어진다면 주한 일본공사관의 경비로서 약간을 주둔시키는 것 외에는 모든 일본군대를 철수시키겠습니다."36

일본군대 철수를 둘러싸고 조선과 일본은 팽팽히 맞섰다. 고무라는 1896년 3월 23일 주한 일본 수비대의 경복궁 앞 삼군부 철수를 본국에 보고했다. 조선정부는 일본 수비대 영소를 일본 거류지 양향청(糧餉廳)으로 제시했고 고무라도 동의했다. 비로소 경복궁 앞 일본 수비대가 철수했다.

고무라는 앞서 1896년 3월 2일 기밀 제17호 일본 수비대 이전 문제에 관한 조선정부와의 교섭 전말을 보고했다. 주한 일본 수비병을 속히 철수시키기 바란다는 조선정부의 조회, 현재의 형세로서는 철병할 수 없다고 단호히 거절하는 주한 일본공사관의 회답이 진행되었다.

조선정부는 현재 신속한 철병을 강력히 요청하지 않을 수 없는 사정이며, 경복궁 앞 삼군부에서 영소를 양향청과 일본인 소유 가옥(조선정부로부터 빌림) 2개 소로 이전할 것을 제의했다. 결국 고무라는 3월 23일 완전히 삼군부 반환 절차를 마쳤다.37

36 『駐韓日本公使館記錄(10)』, 1896년 3월 3일 오후 3시 50분, 電信「朝鮮政府의 日本軍 철수통고에 대한 意見具申 件」, 小村 → 西園寺, 103쪽.
37 『駐韓日本公使館記錄(9)』, 1896년 3월 23일, 機密第22號「守備隊 철수와 兵營 移轉 件」, 小村 辨理公使 → 西園寺 外務大臣臨時代理 文部大臣, 168쪽. 러시아 사

일본 외무대신 무쓰는 1896년 5월 5일 일본 수비대 교체와 관련하여 고무라에게 지시했다. 무쓰는 주한 일본 수비대 교대를 이미 협의했으며 5월 3일 전신으로 조회했다. 무쓰는 일본 수비대 교대가 러일협상에 영향을 미치지 않으므로 가급적 신속하게 실행하고, 후비부대(後備部隊)와 교대한다는 사실은 조선정부에 통지하라고 지시했다.[38] 무쓰는 5월 일본수비대의 교체를 통해서 조선 주둔 일본군대의 정예화를 꾀한 것으로 보인다.

무쓰는 길고 메마른 얼굴에 호리한 체격을 갖고 있었다. 그는 짙은 눈썹에 뚜렷한 눈동자와 두툼한 입술을 소유했다. 그의 눈은 뭔가를 탐지하는 데는 뛰어난 능력을 갖고 있었다. 속일 수가 없었다.

무쓰 무네미쓰(陸奧宗光, 1844~1897)는 메이지(明治) 초기에 일본의 대외관계를 주도한 인물이다. 그는 1888년 주미공사로 워싱턴에서 근무했으며 1892년 제2차 이토(伊藤) 내각의 외무대신이 되었다. 그는 1894년 영국과 조약개정을 교섭해서 치외법권 철폐에 성공했다. 청일전쟁 이후 이토와 함께 일본 전권대표로

관은 1896년 6월 14일 삼군영의 병영을 시찰했다. 6월 14일 러시아 사관 1명은 궁내부 주사를 동반하여 삼군부의 병영을 시찰하고 병졸의 숙사에 이르기까지 일일이 점검하고 병영을 떠났다(『駐韓日本公使館記錄(11)』, 1896년 6월 20일, 報告第2號 「砲手의 설치 등 보고」, 加藤 臨時代理公使 → 文部大臣 兼 外務大臣 侯爵 西園寺公望, 60쪽).

38 "京城守備隊 步兵第一聯隊 第一大隊 本部及二中隊 大隊長 陸軍步兵 少佐 新山良知, 釜山守備隊 步兵 第一聯隊 第一中隊 中隊長 陸軍步兵 大尉 掘長助, 元山守備隊 步兵 第一聯隊 第三中隊 中隊長 陸軍步兵 大尉 宍戶民輔. 京城: 內軍醫軍吏含有 將校 14人, 下士 29人, 卒 290. 釜山: 內軍醫曹長含有 將校 5人, 下士 10人, 卒 121人. 元山: 內軍醫特務曹長含有 將校 6人, 下士 10人, 卒 121人. 備考: 本表 人員은 戰時編制 人員보다 적음. 步兵 一大隊는 戰時人員의 편제는 다음과 같다. 1大隊 將校 25, 下士 77, 卒 864."(『駐韓日本公使館記錄(10)』, 1896년 5월 5일, 機密送第36號 「守備隊 交代 件 別紙 守備隊 人員表 朝鮮國 守備隊 人員表」, 外務大臣 伯爵 陸奧宗光 → 在京城 特命全權公使 小村壽太郎, 24-25쪽). 실제는 1대대 4중대로 전 시인원이었다. 1중대는 대략 200명이었다.

무쓰 무네미츠

서 청의 이홍장(李鴻章)과 강화회담을 주도하고 시모노세키조약을 맺음으로써 배상금과 영토를 할양받았다. 서구주의를 지향한 무쓰는 외무대신 시절 자국의 실리를 추구한 현실주의자로서 일본의 조선 식민지화 정책을 추진했다. 그는 1894년 일본의 '경복궁 침입사건'을 지시했고, 을미사변 당일 건청궁의 일본 자객을 지휘한 오카모토를 조선에 파견했다. 그는 을미사변 직후 일본의 외교적 대응까지 개입했고, 1896년 하반기 외무대신을 사퇴한 후 1897년 8월 24일 폐결핵으로 사망했다.[39]

39 "무쓰는 와카야마(和歌山)현의 고위 관리의 아들로 태어났고, 15살에 에도, 교토로 가서 존왕양이(尊王攘夷)운동에 가담했다. 그는 메이지정부 수립 후 외국사무국에서 일했으며 1871년 가나가와(神奈川)현 지사를 거쳤다. 1874년 사쓰마(薩摩)와 조슈(長州) 출신의 정치가가 정권을 독점하자 불만을 품고 사직했다. 1877년 세이난전쟁(西南戰爭) 때 반정부 세력에 가담하여 1882년까지 투옥되었다. 석방 뒤 신정부의 실력자인 이토(伊藤博文)의 주선으로 구미를 견학했다."(김영수, 『명

1896년 5월 7일 무쓰는 육군대신 오야마 이와오(大山巖)가 경성·부산·원산 주재 수비대장에게 보낸 훈령을 주한 일본공사 고무라에게 통지했다. 일본군대 경성수비대의 주요 임무는 서울과 인천에 있는 일본 공사관과 영사관 보호 및 자국민 보호 등이었다. 경성수비대장은 임무 실행과 관련하여 주한 일본공사와 미리 협의해야 하며, 협의에 관해서 주한 일본공사의 지시를 수행해야 한다. 경성·부산·원산 주재 수비대장은 육군대신에게 소속되었다.

그럼에도 주한 일본공사는 직접 경성수비대장과 교섭하고 요구할 수 있었고, 부산과 원산 수비대장과는 영사관을 통해 요청할 수 있었다. 무쓰에 따르면 "주한 일본공사는 경성수비대장과 직접 교섭한다. 부산과 원산에 있는 수비대는 경성수비대장과 관계가 없다. 주한 일본공사가 무슨 필요가 있을 때에는 각지에 근무하고 있는 영사로 하여금 요청하도록 한다."[40]

육군대신 오야마 이와오는 경성수비대장에게 다음과 같은 훈령을 내렸다. 오야마의 훈령에 따르면 주한 일본공사는 경성수비대장과 임무 실행에 대해서 협의하고 지시할 수 있었다.

"첫째, 경성수비대장은 후비보병(後備步兵) 제18대대와 교대하여 경성 및 인천에 있는 일본 공사관과 영사관 및 재류 거류민을 보호한다. 둘째, 경성 및 부산 간 전신선의 수비에 관하여 임시 전신부 책임자[提理]로부터 원조 청구가 있을 때는 경성수비대장은 제1항의 임무에 방해되지 않는 한 그 요구에 응한다. 셋째, 경

성황후 최후의 날』, 말글빛냄, 2014, 84-89쪽).
40 『駐韓日本公使館記錄(10)』, 1896년 5월 7일, 機密送第37號「陸軍大臣의 朝鮮 各地方別 守備隊長에게 訓令送達 件」, 外務大臣 伯爵 陸奧宗光 → 在京城 特命全權公使 小村壽太郎, 25쪽.

성수비대장은 임무 실행에 관하여 주한 일본공사 또는 그 대리자와 미리 협의하고, 또 주한 일본공사가 협의하려고 할 때에는 그의 뜻에 따른다. 넷째, 경성수비대장은 조선국에 도착하면서부터 육군대신에게 예속된다."[41]

고무라는 1896년 5월 16일 일본군대 철수와 조선군대 편제에 관한 내용을 무쓰 외무대신에게 타전했다. 고무라는 조선정부가 훈련대를 배제하고 구공마대(舊工馬隊) 중 일부를 경운궁 수비에 충당할 계획이라고 주장했다.

고무라는 조선정부가 더이상 일본군대 철수 요구를 지속하지 않을 것이라고 판단했다. 조선정부는 일본군대 철수를 2월 16일 요청했지만 일본 쪽에서 거절한 이후 단념하고 있었다. 고무라는 일본군대 철수를 조선정부가 다시 요구하지 않을 것으로 확신했다.

고무라는 블라디보스토크에서 도착한 총기 3,000정은 신설한 친위대 3개 대대에서 사용할 것으로 판단했다. 기존 친위대는 신임 정부가 신뢰하지 않기 때문에 왕궁 호위를 맡길 수 없었다.

---

[41] 『駐韓日本公使館記錄(10)』, 1896년 5월 7일, 機密送第37號「陸軍大臣의 朝鮮 各地方別 守備隊長에게 訓令送達 件 別紙 1 京城 守備隊長에게 訓令」, 外務大臣 伯爵 陸奧宗光 → 在京城 特命全權公使 小村壽太郎, 25쪽. 육군대신 오야마 이와오(大山巖)는 부산수비대장에게 다음과 같은 훈령을 내렸다. "1.부산수비대장은 후비보병대와 교대하여 동지에 있는 일본영사관 및 재류 거류민의 보호한다 2.경성 및 부산 간 전신선 수비에 관하여 임시 전신부 提理로부터 원조 청구가 있을 때는 부산수비대장은 제1항의 임무에 방해되지 않는 한 그 청구에 응한다. 3.부산수비대장은 임무 실행에 관하여 부산 주재 일본영사 또는 그 대리자와 미리 협의하며 또는 부산 주재 일본영사의 청구가 있을 때에는 그 청구에 응한다. 4.부산수비대의 위생 사무는 부산 주재 임시 전신부 소속 위생부원으로 하여금 관장케 한다. 5.부산수비대장은 조선국에 도착하면서부터 육군대신에 예속된다."(『駐韓日本公使館記錄(10)』, 1896년 5월 7일, 機密送第37號「陸軍大臣의 朝鮮 各地方別 守備隊長에게 訓令送達 件 別紙 2 釜山 守備隊長에게 訓令」, 外務大臣 伯爵 陸奧宗光 → 在京城 特命全權公使 小村壽太郎, 25쪽).

조선정부는 구공마대 중 3개 대대를 편제하여 왕궁 호위 임무를 맡길 계획이었다.⁴²

일본은 수도 서울에 끝까지 일본수비대를 주둔시키며 다음에 올 기회를 호시탐탐 노렸다.

---

42 『駐韓日本公使館記錄(10)』, 1896년 5월 16일 오후 7시 발, 電信「러시아에서 朝鮮政府 武器輸入 件」, 小村 → 陸奧 大臣, 149쪽.

국내 정치세력 간의 연대와 대립

고종시대 정치세력, 개화파와 수구파

고종시기 국내 정치세력은 크게 '개화파(개화당)'와 '수구파(완고당)'로 구별되었다.[1]

'개화사상'은 실학을 계승한 사상적 조류라고 인정하고 그것을 받아들인 관료집단을 개화파라 전제한 다음, 그들이 1884년 갑신정변에서 둘로 갈라진 사실을 설명하기 위해 동원한 것을 '온건'과 '급진'으로 구분하는 방식이다. 개화사상이란 '문명개화론'으로 국한해서 이해해야 하며, 조선은 이미 개화된 나라이고 구미 열강이 야만이라는 기존의 사고방식을 완전히 바꾼 논리

---

[1] 기존 중고등학교 역사 교과서는 '개화사상(개화파)'과 '위정척사(파)'로 정치세력을 구별했다(국사편찬위원회, 『고등학교 국사』, 두산동아, 2002, 108-109쪽; 권희영 등, 『고등학교 한국사』, 교학사, 2014, 177-179쪽; 주진오 등, 『중학교 역사』(하), 천재교육, 2012, 48-49쪽; 김형종 등, 『중학교 역사』(2), 금성출판사, 2014, 21-22쪽).

였다.²

'개항기'라는 용어가 개항 이후의 사회·경제적 변화에 초점을 맞춘 것이라면, '개화기'라는 용어는 주로 갑오개혁 이후의 문화·사상적 변화에 초점을 맞춘 것이다. 1876년의 개항은 조선을 세계 자본주의체제에 편입시킴으로써 내재적으로 성장해오던 자본주의적 생산관계를 급속히 확대·왜곡시키는 계기가 되었다. '개화'라는 용어는 영어 '시빌리제이션(civilization)'을 일본에서 번역한 것으로 서구중심적인 시각이 내재되었다. 1905년 전후 문학작품들이 애국계몽적인 성격을 가지고 있기 때문에 '개화기 문학'보다는 '애국계몽기 문학'이라고 부르는 것이 타당하다.³

애덤 스미스(Adam Smith)는 『국부론』에서 'civilization'을 자주 언급했는데, 여기에는 유럽 문명에 대한 우월의식이 담겨 있었다. 일본은 메이지 초기부터 전면적 서구화를 지향하는 문명개화론이 지배적 흐름이 되면서 사회 전반에서 근대적 개혁이 진행되었다. 후쿠자와 유키치(福澤諭吉)는 『서양사정 외편(西洋事情外篇)』에서 'civilization'을 '문명개화'로 번역하여 서양문명을 배워서 닮아가야 한다는 점을 강조했다.

조선의 경우 제한적 서구화를 주장하는 온건개화론과 보다 전면적 서구화를 주장하는 문명개화론으로 나뉘었으며, 갑오개혁 이후 문명개화론의 입장이 본격적으로 성장했다. 개화를 서구문물의 수용을 통한 발전이라는 의미로 규정할 경우, 개항 이전의 박규수를 개화적 사고의 원류로 보기도 한다. 유길준은 『한성순

---

2   주진오, 「기존 개화파 용어에 대한 비판」, 『역사용어 바로쓰기』, 역사비평사, 2006, 58쪽.
3   이윤상, 「한말, 개항기, 애국계몽기」, 『역사용어 바로쓰기』, 역사비평사, 2006, 91-93쪽.

보』 창간사에서 역사적 진보에 따라서 문명개화를 수행하는 것이 필요하다고 하면서, 문명개화란 기본적으로 '일국 인민의 지견'을 확대하는 것이라고 보았다. 유길준은 『서유견문』에서 "개화란 인간의 천사만물이 지선극미한 경지에 이름을 말함"이라고 규정했다.

동아시아 근대에서 개화 관념은 서구적 근대화를 향한 발전 과정을 지칭함과 더불어, 서양열강 내지는 일본 제국주의의 지배에 대한 무비판적 태도를 낳았다는 이중적인 성격을 지닌다.[4]

개화는 '개물성무 화민성속(開物成務 化民成俗)'에 기원하는데, 이는 사물의 이치를 깨달아 힘써 백성을 교화시켜 바른 풍속을 이룬다는 뜻으로 왕 또는 성인의 역할을 규정한 말이다. 『주역(周易)』의 「계사상전(繫辭上傳)」 제11장에 나오는 '개물성무(開物成務)'는 "역이란 사물을 열어주고 일을 이루어 천하의 모든 도를 포괄하는 것(夫易 開物成務 冒天下之道)"에서 유래했다. 『예기(禮記)』 「악기(樂記)」 제17의 '화민성속(化民成俗)'은 "군자가 백성을 교화시키기 위해서는 배움이 먼저 이루어져야 한다(君子知欲化民成俗 其必由學乎)"는 뜻이니.[5] 1896년 1월 7일 김병시는 단발령에 반대하면서 '개물성무'와 '화민성속'을 동시에 사용했다. "대체로 만물의 뜻을 계발하여 세상일을 성취한 것치고 오제(五帝)보다 나은 것이 없으며 백성들을 교화시켜 좋은 풍속을 이룬 것치고 삼왕(三王)보다 나은 것이 없습니다(夫開物成務, 莫過乎五帝, 化民成

---

4 함동주, 「개화」, 『역사용어사전』, 서울대학교출판문화원, 2016, 45-55쪽.
5 김윤희, 「갑신정변 전후 '개화' 개념의 내포와 표상」, 『개념과 소통』 2, 2008, 80쪽.

俗, 莫過乎三王)."⁶

1896년 9월 1일과 1897년 2월 25일 『독립신문』은 '개화당'과 '완고당'이라는 용어를 사용했다.

'개화'란 용어는 청국에서 만들어져서 "아무것도 모르는 소견이 열려 이치를 가지고 일을 생각하여 실상대로 만사를 행하자는 뜻이다. 실상을 가지고 일을 행하면, 헛되고 실상이 없는 외식(外飾)은 아니 행하고, 참된 것만 가지고 공평하고 정직하게 생각도 하고 행실도 그렇게 하는 것"이었다.⁷

개화당은 개화한 법률과 규칙을, 완고당은 구습을 추구하는 세력이었다. "개화당들을 소위 완고하다는 사람들이 먼저 친구로 알 터이라. 몰라서 완고지 알고 완고당 노릇 할 백성은 조선에 없을 것이다."⁸

1898년 9월 23일 『황성신문』은 논설에서 개화란 '개물성무'와 '화민성속'에서 비롯된 것이라고 주장했다. 『황성신문』은 동양에도 개화의 오랜 전통이 있었으며 사물의 근원을 추구하는 것이라고 주장했다.⁹

6 『高宗實錄』, 고종 33년 1월 7일.
7 "기화란 말을 당초에 쳥국셔 지여낸말인디 기화란 말은 아모것도 모로는 쇼견이 열녀 리치를 가지고 일을 싱각 ᄒ야 실샹디로 만사를 힝 ᄒ자는 뜻시라. 실샹을 가지고 일을 ᄒ거드면 헛 되고 실샹 업는 외식은 아니 힝 ᄒ고 참 된것만 가지고 공평 ᄒ고 졍직 ᄒ게 싱각도 ᄒ고 힝신도 그러케 ᄒ는거시라 …… 죠션에 유지각흔 이는 이기화 뜻슬 알아 싱각 ᄒ고 일도 ᄒ야 다른 사룸들이 다 기화란거시 참 나라에 죠흔 거신줄노 알게 ᄒ면 올흔 사룸은 모도 기화를 말나고 ᄒ여도 ᄌ연히 기화들이 될터이니라."(『독립신문』, 1896.6.30).
8 "기화흔 법률과 규칙에 실샹 뜻슬 자셔히 일녀 주거드면 죠션 안에 완고 ᄒ다는 사룸들이 몬져 그 풍쇽과 그 법률을 죠흔줄노 알터이요 젼일에 미워 ᄒ던 기화당들을 쇼위 완고 ᄒ다는 사룸들이 몬져 친구로 알터이라 몰나서 완고지 알고 완고당노릇 홀 빅셩은 죠션에 업슬거시 죠션 인종이 외국 인종에셔 못지 안 ᄒ지라."(『독립신문』, 1897.2.25).
9 "開化라ᄒᄂ 者는 何物을 指홈이며 何事를 謂홈이뇨 余ㅣ應ᄒ여 曰開物成務ᄒ며 化民成俗을 開化라 謂ᄒᄂ니라 …… 古今의 形勢를 斟酌ᄒ며 彼此의 事情을 比較

주한 일본공사들은 '개화파'와 '수구파'라는 용어를 주로 사용했다.[10] 『황성신문』은 수구파(守舊派), 완고파(頑固派), 개화파(開化派)라는 용어를 사용했다.[11] 현재까지 국내의 주요 연구성과도 대체로 '개화파'라는 용어를 사용한다.[12]

1868년부터 1881년까지 『고종실록』의 일부 상소문에는 '위정척사(衛正斥邪)'라는 용어가 나온다.[13] 그렇지만 위정척사라는 용어는 1876년 조일수호조규를 둘러싸고 사용되다가 대한제국 시기 전후 더이상 사용되지 않는다.

[10] ᄒᆞ야 其長을 取ᄒᆞ고 其短을 棄ᄒᆞᄂᆞ거시 開化의 大道ᄂᆡ라 …… 大抵開化라ᄒᆞᄂᆞ 者ᄂᆞ 實狀과 虛名의 分別이 有ᄒᆞ니 實狀開化ᄂᆞ 事物의 理實와 根因을 窮究ᄒᆞ며 其國의 處地와 時勢를 合當케함이오."(『皇城新聞』, 1898.9.23).
"개화파와 수구파(開化派ト守舊派)."(『駐韓日本公使館記錄(5)』, 1894. 五. 機密諸方往 二 (9) 法務協辦 金鶴羽 暗殺에 관한 보고, 公使 井上 → 外務大臣 陸奧) "개화파(開化派)."(『駐韓日本公使館記錄(13)』, 1899년 5월 17일, 八. 機密本省往 (31) [加藤公使 在任中 事務經過 大要 具申件], 在韓 特命全權公使 加藤增雄 → 外務大臣 子爵 靑木周藏) "守舊派에서도 가장 애국심이 강하다고 일컬어지며 또 신중하며 엄격한 金炳始, 閔泳駿."(『駐韓日本公使館記錄(12)』, 1898년 9월 19일, 一○. 機密本省往信 (27) 讓位事件에 관한 疑獄終結의 件, 加藤 公使 → 大隈 外務大臣) "金炳始(前中樞院 議官) 일당과 같은 수구파로서 그 세력이 어느 정도에 달할 것인지는 예측할 수 없습니다."(『駐韓日本公使館記錄(9)』, 1896년 1월 21일, 三. 機密本省往來 (2) 朝鮮 現內閣의 地位, 辨理公使 小村 → 外務大臣代理 西園寺).

[11] "國民敎育會演說 去日曜日下午八時에 兪星濬氏가 國民敎育會會舘에서 新法이 富强의 進步된다ᄂᆞ 問題로 演說호 大畧이 如左ᄒᆞ니 大韓現社會에 處ᄒᆞ야 論人上과 論事上二大獎源이 有ᄒᆞ니 人은 頑固派와 開化派가 有ᄒᆞ고 事ᄂᆞ 舊的과 新式的이 有ᄒᆞ야 頑固혼 者ᄂᆞ 古만 是ᄒᆞ고 今은 非타ᄒᆞ야 膠泥의 主見을 不脫ᄒᆞ고 開化혼 者ᄂᆞ 古ᄂᆞ 忽ᄒᆞ고 今만 務ᄒᆞ야 矯激의 獎端을 滋起ᄒᆞ미."(『皇城新聞』, 1906년 7월 4일) "守舊派의 上奏."(『皇城新聞』, 1907년 2월 21일).

[12] 이광린, 『開化派와 開化思想 硏究』, 一潮閣, 1981; 강재언, 『韓國의 開化思想』, 比峰出版社, 1981; 유영익, 『甲午更張中 親日開化派의 思想과 行動』, 韓日文化交流基金, 1986; 金旼奎, 『福澤諭吉と朝鮮開化派』, 筑波大學大學院, 1987; 한철호, 『親美開化派硏究』, 國學資料院, 1998.

[13] "우리나라는 바로 단군(檀君)과 기자(箕子)로부터 몇 천 년 동안 이어온 예의의 나라인데, 어찌 이단에 유혹되어 그것을 없애버리지 않을 수 있겠는가? 이것이 위정척사(衛正斥邪)를 그렇게 하지 않을 수 없는 이유이다."(『高宗實錄』, 고종 5년 4월 23일). "전하께서 즉위하신 이래로 어느 하루라도 척사위정(斥邪衛正)의 정령(政令)을 내린 적이 있습니까?"(『高宗實錄』, 고종 18년 윤7월 6일).

위정척사론은 19세기 전반 성리학적 정치 이념을 정(正)으로 하고, 천주교를 포함한 서양문명을 사(邪)로 규정했다. 19세기 후반 서구 열강과 일본의 침략이 노골화하면서는 왜양일체론(倭洋一體論)을 주장했다.¹⁴ 19세기 전후 조선 유학자들이 가졌던 현실 변화와 서양문명에 대한 인식은 크게 세 계열로 구분된다. 전통적 주자학자들의 척사위정론, 노론계 실학파들의 북학론, 남인계 실학자들의 변법적 실학이다. 청국 문화는 북쪽 오랑캐지만, 그 문명이 생활에 이득이 된다면 배워야 한다는 것이 '북학론'으로, 박지원, 홍대용, 박제가 등이 대표적인 인물이다. 북학론을 근대개혁론으로 연결한 인물은 박지원의 손자였던 박규수였다. 박규수는 청국의 정책을 보면서 나라의 국권을 지키기 위해서는 유교를 강화하면서 다른 한편으로는 서양의 기술을 배워 서양을 막아야 한다고 생각했다. 개화파는 대부분 박규수의 문하에서 수학했다.¹⁵

조선의 근대개혁 과정에서 제외된 유교를 다루는 문제의 향방은 각 개혁노선의 성격을 보여 주는 핵심적인 사안이었다. 이는 곧 양무개혁론, 문명개화론, 변법개화론으로 제기되었다. 조선은 1880년에 들어 국제질서의 변공을 인식하고 서양기술 수용을 통한 부국강병을 추구하기 시작했다. 북학론에서 가졌던 '이무(夷務)'가 그 범위를 넓혀 '양무'로 발전된 양무개혁론이었다. 양무개혁론은 북학론이 개항을 거치면서 변용된 논의였다. 그러다가 개화파 세력은 1882년 임오군란을 거치면서 문명개화론으로 변화했다. 개화파는 일본에 드나들면서 기독교 선교사와 접

---

14 한보람, 「위정척사론」, 『역사용어사전』, 서울대학교출판문화원, 2016, 1321쪽.
15 김도형, 『근대 한국의 문명전환과 개혁론』, 지식산업사, 2014, 452-455쪽.

촉하거나 보빙사에 참여하여 미국문명을 직접 경험하기도 했다. 개화파가 구상했던 문명개화론은 일본의 문명개화론을 모델로 했다. 그 가운데 후쿠자와 유키치의 문명개화론은 이들에게 많은 영향을 끼쳤다. 개화파는 서양의 문명관, 곧 '문명(개화)과 야만'이라는 위계적 구도를 받아들였다. 대한제국의 개혁은 황제가 개혁의 중심에 서서 서양문명을 수용하는 '구본신참'의 원칙 아래 추진되었다. 대한제국 정부가 추진한 개혁은 전통적인 유교이념과 서양의 새로운 문물이 결합된 '신구절충'의 근대 개혁이었다. 변법개혁론은 서양 신문명의 수용이나 전통 학문의 계승도 모두 시세에 따라 장단점을 따져 취사해야 한다고 주장했는데, 박은식, 장지연, 이기 등이 대표적인 인물이다. 그들이 유의했던 실학은 유형원, 이익, 정약용으로 이어지는 남인 계열의 변법적 실학이었다.[16]

그 후 『고종실록』의 상소문에는 '개화파(開化派)', '수구당(守舊黨)'이라는 용어가 사용되었다.[17] 그런데 『독립신문』은 청국의 정세를 보도하면서 '개혁파'와 '수구파'라는 용어를 사용했다. 언론인 장지연도 '개혁파(改革派)'라는 용어를 사용했다.[18] '개화파'라는 용어는 점차 '개혁파'라는 용어와 함께 사용되기도 했다. 그럼

16 김도형, 『근대 한국의 문명전환과 개혁론』, 지식산업사, 2014, 456-462쪽.
17 개화파(『高宗實錄』, 고종 36년 10월 13일), 수구당(『高宗實錄』, 고종 38년 10월 9일). "수구(守舊)에도 수용할 수 있는 것이 있고 수용하지 못할 것이 있으며 개화(開化)에도 취할 것이 있고 취하지 말아야 할 것이 있는 것입니다. 수구에서 채용할 것은 예악(禮樂)과 문물(文物)의 융성이고 개화에서 취해야 할 것은 기계(器械)와 농사의 편리입니다."(『高宗實錄』, 고종 43년 5월 29일).
18 "기혁과 슈구파. 쳥국 정부에셔는 기혁파는 아모리 반듸를 ᄒ나 슈구파가 또 운동을 시쟉 ᄒᄂᄃᆡ 이는 셔태후가 종종 휘동 ᄒᄂ 모양이라더라."(『독립신문』, 1899.9.4) "盖朴泳孝氏ᄂᆞᆫ 我國改革派之宗主오 獨立黨之首領也라."(張志淵, 1907년 7월 25일, 「朴泳孝氏」, 『대한자강회월보』 제13호, 1쪽).

서재필

에도 1876년 이후 정치세력의 용어를 자료를 기준으로 정리하면 조선인은 '개화파(개화당)'와 '수구파(완고당)'라는 용어를 가장 많이 사용했다.

'개화파'인 서재필은 "아관파천을 성사시킨 인물인 이범진을 미국정부도 반대할 것"이라며 이범진의 주미공사 임명을 반대했다. 가토는 서재필이 경인철도 체결에 전력하여 『독립신문』 경영을 지속할 수 없다는 소문을 보고했다. 서재필은 '수구파' 학부대신 신기선과 충돌했다.[19] 1896년 6월은 장마로 인한 피해가 큰 동시에 독립협회 출범을 전후하여 '수구파'와 '개화파'의 극단적인 대립이 나타났다.

주한 일본공사 하라는 1896년 7월 25일 자신의 부임 관련 피

19 『駐韓日本公使館記錄(11)』, 1896년 6월 30일, 報告第3號 「內閣動靜 등 보고」, 在 京城 臨時代理公使 加藤增雄 → 文部大臣 兼 外務大臣 侯爵 西園寺公望, 64쪽.

로연을 보고했다. 새로 부임한 하라는 3일간 피로연을 개최할 만큼 조선에서 일본의 영향력을 보여주려고 노력했다. 하라는 일본의 무관심이 조선 정치세력의 분열을 조장하는 방안이라고 주장했다. 독립협회는 '개화파'의 계보, 궁내부는 '수구파'의 계보와 연결되었다. '개화파'는 미국과 일본, '수구파'는 러시아와 연대하는 세력으로 설정했다.

하라는 조선 내각이 내부 세력 싸움으로 분열될 것이라고 파악하며, "내각은 다른 자극이 없기 때문에 알력과 질투심이 더욱 커져서 끝내는 그들 간에 분열을 초래할 것"이라고 주장했다.

조선 내각에서 '개화파'와 '수구파' 사이의 대립은 강력했다. "하나는 미국파 또는 개화파였다. 군부대신 이윤용, 외부대신 이완용, 내부대신 박정양 등이었다. 또 하나는 수구파였다. 탁지대신 심상훈, 법부대신 한규설 등이었다. 현재 개화파와 수구파 모두 러시아 세력 아래 있었다."

하라는 수구파 중 심상훈과 한규설이 자신과 정보를 공유하고 있다고 보고했다. "수구파 중 심상훈과 한규설이 몰래 그 속셈을 가지고 자신에게 내통하고 있는데, 그 구실이 매우 가상하다 할지라도 마음속을 모두 다 믿기 어렵다"고 판단했다.[20]

하라는 아관파천 시기 7개월 남짓 조선에서 근무하면서 고종

---

[20] 『駐韓日本公使館記錄(9)』, 1896년 8월 19일, 「朝鮮의 現況 및 장래의 傾向에 관한 上申」, 特命全權公使 原敬 → 外務大臣 侯爵 西園寺公望, 215쪽. 고무라는 이완용의 정치적 이중성을 간파했다. 고무라에 따르면 외부대신 이완용은 환궁에 동의하는 경향이 있으나 머뭇거렸다. 이완용은 이범진과의 충돌을 겁내서 표면상 반대운동을 하지 않았다. 이완용은 은밀히 환궁론자와 연대(氣脈)했다. 이완용은 풍향(風向)에 따라 어느 파에도 가담하지 않고, 자신의 안전을 도모했다(『駐韓日本公使館記錄(9)』, 1896년 5월 15일, 機密第30號 「朝鮮事變의 情況報告 件」, 小村 → 外務大臣 伯爵 陸奧宗光, 176쪽).

의 환궁 여부를 지켜보면서 조선의 정치세력 분류에 공력을 기울였다.

하지만 그는 인간의 천성이 얼마나 모순투성이인지를 몰랐을 것이다. 성실한 사람에게도 얼마나 많은 가식이 있으며, 고결한 사람에게도 얼마나 많은 비열함이 있고, 불량한 사람에게도 얼마나 많은 선량함이 있는지, 개화파와 수구파가 상호 증오하면서 서로에게 큰 영향을 주고 있는지.

지방관 관제 개혁을 둘러싼 갈등

1896년 여름 긴 장마에 따른 강물 범람으로 쌀값이 폭등했다. 1896년 6월 14일부터 20일까지 서울을 비롯한 전국은 장마로 인해 피해를 입었다. 6월 11일부터 장마가 오락가락했다. 일음 일청(一陰一晴)하던 날씨가 갑자기 냉기를 몰고 왔다. 6월 14일부터 갑자기 소낙비가 되었고 바람이 거세졌다. 매일 동이에서 쏟아내듯이 비가 내렸고 6월 20일이 되어서야 겨우 비가 그쳤다. 장마로 인해서 물가 근처는 대부분 범람의 피해를 입었다. 평지라도 지면의 균열과 함몰이 있었고, 담장의 도파(倒破)와 붕괴로 피해를 입지 않은 곳이 없었다. 이 해의 장마는 근래 보기 드문 피해를 입혔다. 심지어 주한 일본공사관도 적지 않은 피해를 입었다.[21] 1896년 7월 18일 주한 일본공사 하라(原敬)는 내륙지방 강물의 범람으로 미곡 가격이 상승했다고 보고했다. 1896년 7월

---

21 『駐韓日本公使館記錄(11)』, 1896년 6월 20일, 報告第2號「砲手의 설치 등 보고」, 加藤 臨時代理公使 → 文部大臣 兼 外務大臣 侯爵 西園寺公望, 60쪽.

쌀값 상승으로 백성의 생활은 어려워졌다. 조선 내륙지방의 강물이 범람하여 서울로 들어오는 미곡의 양이 급감했기 때문이다. 이 소문이 퍼지자 쌀값은 더욱 올랐다.[22]

그런데 서울 정가는 장대비처럼 1896년 6월부터 지방제도 개혁을 둘러싸고 혼란스러웠다. 신내각은 기존 갑오개혁의 23도를 폐지하고 13도로 변경하는 지방제도 개혁을 추진했다.

주한 임시대리공사 가토는 1896년 6월 20일 지방제도 개혁 등을 둘러싼 내부대신 박정양과 탁지부대신 심상훈의 대립을 일본 정부에게 보고했다.

내부대신 박정양은 6월 11일 다음과 같은 지방관 관제안을 각의(閣議)에 제출했다. 종래 23도는 관찰사 아래 군수를 두고, 군수는 주임(奏任) 1등에서 5등까지로 하여 지방을 관장했다. 하지만 내부는 기존 23도 관찰사를 13도(충청·경상·전라·평안·함경의 5도는 각 2명, 경기·강원·황해의 3도는 각 1명)로 줄이고, 5도 부윤(府尹, 송도·수원·광주·강화·춘천)으로 보완하여 칙임관(勅任官)으로 임명한다. 기존 군수는 주임 1~5등을 폐지하고, 주임 1등을 목사, 2등을 부사, 3등을 군수, 4등을 현령으로 하고, 개항장에 지사(知事)를 신설했다는 내용이었다.

하지만 탁지부대신 심상훈은 내부대신 박정양의 개혁안에 반대했다. 심상훈은 신내각 조직 이후 새로운 지방관리 인사(黜陟) 문제를 일으킬 근원이라고 반박했다. 한바탕 쟁론이 일어난 후, 내각 전체의 협의에 올리지 않고 중지되었다.

심상훈은 박정양이 갑신개화당과 왕비 폐위에 참여했다며 러

22 『駐韓日本公使館記錄(11)』, 1896년 7월 18일, 報告第5號「閣議決定事項 등 보고」, 特命全權公使 原敬 → 外務大臣 侯爵 西園寺公望, 71쪽.

시아공사에게 인신공격까지 자행했다. 심상훈에 따르면 갑신개화당 내란은 박영효와 관계가 있어 방심할 수 없었다. 박정양은 김홍집 일파로서 을미사변 당시 왕비 폐위에 동의하고 칙령에 서명했던 인물이다.[23]

박정양(朴定陽, 1841~1905)은 갸름한 얼굴에 외소한 체격이었다. 그는 이목구비가 몰려있었고, 동그란 눈동자를 소유했다. 온화한 미소를 가진 박정양은 1880년대 일본과 미국을 다녀왔다. 그는 주미공사 시절 청국이 요구한 '영약삼단(另約三端)', 속국인 조선의 사신이 지켜야 할 원칙을 무시하고 자주적 외교 업무를 수행했다. 서구의 정치체제를 체험한 그는 미국서기관 알렌이 '수양아버지'라고 부를 정도로 주한 외교관 사이에서 영향력을 갖고 있었다. 을미사변 이후 관직을 버린 박정양은 명성황후 장례식 준비에 참여하면서 중추원 의장을 수락한 경력을 갖고 있었다.[24]

가토에 따르면 박정양과 심상훈이 연이어 사표를 제출하자, 베베르가 중재에 나섰다. 주한 러시아공사 베베르는 정부대신 경질이 득책(得策)이 아니라며 두 사람의 사표가 수리되지 않도록 고종에게 요구했다. 이것은 베베르가 분쟁 조정의 역할을 수행하면서 인사에 개입했다는 직접적인 증거였다. 고종은 박정양에게 병환 중 휴식의 은명(恩命)을 내리고, 심상훈에게 바로 출근하라는 유지(諭旨)를 내려 일단락했다.[25]

---

23 『駐韓日本公使館記錄(11)』, 1896년 6월 20일, 報告第2號「砲手의 설치 등 보고」, 加藤 臨時代理公使 → 文部大臣 兼 外務大臣 侯爵 西園寺公望, 60쪽.
24 김영수, 『미젤의 시기: 을미사변과 아관파천』, 경인문화사, 2012, 233쪽.
25 『駐韓日本公使館記錄(11)』, 1896년 6월 20일, 報告第2號「砲手의 설치 등 보고」, 加藤 臨時代理公使 → 文部大臣 兼 外務大臣 侯爵 西園寺公望, 60쪽.

박정양

1896년 6월 30일 가토는 지방제도 개혁안 제출 등 국내의 정치상황을 문부대신 겸 외무대신 사이온지에게 보고했다.

내각은 1896년 6월 25일 궁내부를 제외한 각부의 주임 이하 모두의 봉급을 매월 3%씩 줄이기로 결정했다. 그만큼 경제상황이 좋지 않았다. 박정양 내부대신은 1896년 6월 26일 지방제도 개혁안을 내각에 제출했다. 핵심은 23부에서 13도로 변경하는 것이다.

가토는 신내각이 구제도인 의정부 제도로 복원하려는 계획도 보고했다. 이것은 의정부 설립을 둘러싸고 개화파와 수구파 세력이 대립했다는 사실을 알려주었다.

"내각은 관제를 변경하여 내부를 이부(吏部), 군부를 병부(兵部), 법부를 형부(刑部), 탁지부를 호부(戶部), 농상공부를 공부

(工部), 학부를 예부(禮部)로 개칭하고, 현재의 대신을 상서(尙書)로 한다. 그리고 3대신을 수상(首上)에 두어 종전의 영의정(領議政)·좌우의정(左右議政)으로 옹립하고, 경무청(警務廳)을 도찰부(都察府)로 변경한다."[26]

주한 일본공사 하라(原敬)는 1896년 8월 15일 『독립신문』에 게재된 지방관 뇌물 사항을 보고했다. 하라는 지방제도 개정에 따른 새로운 지방관리 중 뇌물로 매관(買官)한 인물이 많은 모양이라고 보고했다. 하라에 따르면 관찰사는 1,000량, 능참봉은 80량의 시세로 매매한다는 소문이 있다고 했다.[27] 실제 『독립신문』은 1896년 8월 15일자로 매관매직을 비난하는 논설을 게재했다. 『독립신문』에 따르면 군수가 25,000량이고, 능참봉이 2,000량이라고 보도했다. 『독립신문』은 매관매직을 적극적으로 고발할 것을 주장했다.[28]

이러한 사실은 당시의 뇌물 규모를 보여주는 것으로, 5량이 1원이므로 군수의 매관은 5,000원, 능참봉의 매관은 400원의 비용이었다. 당시 관찰사의 봉급은 1,000원이었다.[29] 따라서 지방

[26] 『駐韓日本公使館記錄(11)』, 1896년 6월 30일, 報告第3號 「內閣動靜 등 보고」, 在京城 臨時代理公使 加藤增雄 → 文部大臣 兼 外務大臣 侯爵 西園寺公望, 64쪽.
[27] 『駐韓日本公使館記錄(11)』, 1896년 8월 15일, 報告第9號 「施政一班 등 보고」, 特命全權公使 原敬 → 外務大臣 侯爵 西園寺公望, 82쪽.
[28] "근일에 들으니 각식 협잡 흔단 말이 만히 잇고 원을 이만 오천냥에 파눈이 능 참봉을 이천냥에 판단는 말이 잇고 …… 국법을 지키고 나라가 흥하기를 바라고 자기의 집과 신명을 보존하고자 하는 이는 법을 범하고 조선에 동포 형제를 해롭게 하려는 사람이 있으면 남의 일 보듯이 말고 법관에게 고하여 법률로 다스리게 함이 마땅 하고."(『독립신문』, 1896.8.15).
[29] 조선정부는 1894년 7월 11일(음력) '신식화폐발행장정'을 반포했다. 5량(兩)=50전(錢)=500푼(分)=1원(元)이었다. 조선 화폐 5량(兩)은 일본 화폐 1원(圓, 円)이었다(도면회, 「갑오개혁 이후 화폐제도 문란과 그 영향」, 『한국사론』 21, 387쪽). "地方官廳俸給 주미 공사(駐美公使) 이하 부임 시 추가 봉급과 여비 4,011원 49전, 전 의주부 관찰사(前義州府觀察使) 이하 퇴직 봉급 1,722원 96전 2리."(『高宗實錄』, 고종 33년12월 6일 칙령(勅令) 제57호 '관등봉급령(官等俸給令)'. 勅任官: 一

제도의 개혁은 막대한 비자금의 조성을 가능하게 했다. 실제 모든 관료가 매관을 하지 않더라도 관직에 임명되면 일정한 금액의 상납도 필요했다. 세도정치 이후 돈이 없으면 관료가 될 수 없을 정도로 부패가 만연했다.

권력을 장악한 정부는 종종 부패하기 마련이며, 나아가 그 주변 사람들까지 부패시켰다. 이것은 모든 시대 모든 사람들의 운명이었다.

정국 주도를 둘러싼 궁내부와 독립협회의 대립

아관파천 시기 수구파(완고당) 중심의 궁내부와 개화파(개화당) 중심의 독립협회는 상호견제하며 대립했다.

1896년 7월 2일 독립협회는 독립문과 독립공원 건설을 명분으로 조직되었다. 독립협회 발기인은 대부분 미국과 일본에서 외교관 생활을 경험했던 인물이었다. 당시 독립협회는 안경수(安駉壽)가 회장, 이완용이 위원장을 맡았다.[30] 안경수는 일본에서 교육을 받은 주일외교관 출신이었다.[31] 갑오개혁 시기 안경수는 주일외교관 출신인 박영효, 김가진과 연결되었다.[32] 독립협회 발기인 중 이완용과 이채연은 주미외교관 출신으로 서구의 정치제도

等年俸, 總理大臣 五千元, 各部大臣 四千元(『高宗實錄』, 고종 32년 3월 26일).
30 『독립신문』, 1896.7.4 논설.
31 宋京垣, 「韓末 安駉壽의 政治 經濟活動 硏究」, 이화여자대학교 석사학위논문, 1992, 4-10쪽, 35쪽.
32 陸奧宗光 저, 김승일 역, 『건건록』, 범우사, 1993, 158쪽.

1897년에 완공된 독립문

를 이해했다.[33] 오랜 미국 망명 생활로 미국의 정치제도를 체득한 서재필은 아관파천 시기 독립협회와 경무청 고문으로 정부 제도를 재구성하는 데 협조했다.[34]

그런데 1896년 7월 독립협회 설립 이후 수구파는 을미사변 관련자 처벌, 개화파 세력 반대 등이 적힌 상소를 지속적으로 올렸다. 이것은 정국 주도를 둘러싼 궁내부와 독립협회의 대립이었다.

독립협회가 결성된 한 달 뒤인 1896년 8월 윤이병 음모사건이 발생했다. 사건이 공개되자 독립협회는 '신의정부' 성립 직전에 신변의 위협을 느꼈고, 외국 공사관으로 도피했다. 사실 이 사건은 궁내부대신 이재순이 독립협회 관련 정부대신을 제거하기 위

---

33 朴定陽, 高宗 24年 9月 28日,「從宦日記」『朴定陽全集(貳)』, 622쪽; Horace N. Allen, *Things Korean*, 1908(申福龍等譯,『朝鮮見聞記』, 博英社, 1979, 181쪽).
34 『독립신문』, 1896.8.20. 잡보; O.R. Avison,『구한말비록』上, 대구대학교출판부, 1984, 97쪽.

해서 조작한 음모였다.[35]

그럼에도 주한 일본공사 하라는 1896년 9월 7일 궁내부대신 이재순이 전략적으로 사퇴한 이후 다시 업무에 복귀했다고 일본 정부에 보고했다. 윤이병 음모사건의 주동자 궁내부대신 이재순은 내외 공격으로 8월 23일 사표를 제출했다. 그런데 고종은 8월 25일 사직을 만류했고, 8월 31일 다시 업무에 복귀했다.[36]

이재순은 '뚱보공'으로 불릴 정도로 작은 키에 뚱뚱했으며 둥근 얼굴에 자그마한 눈을 소유했다. 우리는 자신의 의견을 상대방이 얼마나 존중해 주느냐에 따라 상대방에게 미치는 자신의 힘을 측정하는 경향이 있다. 자신의 힘이 미치지 못하는 사람들을 싫어하는데, 자존심이 강한 이재순이 그러했다.

청안군 이재순(李載純, 1851~1904)은 고종의 왕권강화 의사를 가장 충실히 수행한 인물로 대한제국 시기 각종 음모의 핵심이었다. 종친 정시문과에 합격한 이재순은 그의 양부 영평군 이경하(李景應)와 함께 1882년부터 계속 종친집사에 임명되어 종친과 긴밀한 관계를 유지할 수 있었다. 특히 이재순은 임오군란 당시 오위도총부 부총관으로 고종의 지시를 받아 명성황후가 서울을 벗어나는 데 활약하여 고종과 명성황후의 신임을 받았다. 아관파천 이후 이재순은 궁내부 중심의 정치세력을 이용해 각종 정치적 사건에서 고종의 의사를 충실히 수행했다.[37]

아관파천 시기 고종의 환궁을 둘러싸고 러시아와 일본 연대

---

35 『駐韓日本公使館記錄(9)』, 1896년 9월 22일, 「近來決行シタル逮捕事件」, 原敬 → 西園寺, 217쪽.
36 『駐韓日本公使館記錄(9)』, 1896년 9월 7일, 機密第68號 「李 宮內大臣의 진퇴에 관한 件」, 特命全權公使 原敬 → 外務大臣 侯爵 西園寺公望, 221쪽.
37 김영수, 『미젤의 시기: 을미사변과 아관파천』, 경인문화사, 2012, 170-172쪽.

이재순

세력의 대립이 발생했다.

전 주사 윤효정에 따르면 아관파천 시기 정부의 권력은 러시아공사 베베르가 40%, 통역관 김홍륙이 30%, 민씨 가문이 30%를 차지했다. 내부협판 김중환의 배후에는 통역관 김홍륙이 있어 모든 관리의 임명은 김홍륙과 김중환을 거쳐야만 했다.[38]

그만큼 아관파천 시기 러시아를 둘러싼 세력의 영향력이 강했다는 것을 의미한다. 고종의 환궁을 제기한 인물들은 러시아의 영향력 강화를 경계한 세력이었다. 따라서 아관파천 시기 환궁

38 尹孝定, 『風雲韓末秘史: 最近 六十年秘錄』, 野談社, 1937; 박광희 편역, 『대한제국아 망해라』, 다산북스, 2010, 309쪽.

을 둘러싼 정치적 음모는 러시아 연대를 주장한 세력과 일본 연대를 포함한 반러(反露) 세력의 대립이었다.

러시아 연대를 주장한 핵심 인물은 이범진을 중심으로 김홍륙, 주석면, 이학균, 현흥택 등이었다. 반러 세력은 크게 3개 세력의 연대였다. 일본 연대를 주장한 핵심 인물은 안경수를 중심으로 윤효정, 김재풍, 김종한, 김가진 등이었다. 미국 연대를 주장한 핵심 인물은 박정양을 중심으로 이완용, 이채연, 윤치호, 서재필 등이었다. 여기에 김병시를 중심으로 정범조와 김영수 등의 원로대신들도 고종의 환궁을 요구했다. 즉 환궁을 지지하는 세력은 일본 연대, 미국 연대, 원로대신 등이었다.

1896년 10월 30일 주한 일본대리공사 가토는 고종 환궁 반대 세력을 보고했다. 고종의 환궁을 반대하는 세력은 시종 김홍륙, 시종 이학균, 참찬 김명서 등이었다. 반환궁파는 국왕의 환궁과 동시에 지위가 상실될 것을 두려워하여 유언비어를 퍼뜨려가며 고종을 러시아공사관에 머물도록 유도했다.[39]

1897년 1월 20일 가토는 '환궁파'와 '총신파'의 대립이라는 구도에서 '내각'과 '총신'의 정치 세력을 연결시켜서 외무대신 오쿠마(大隈重信)에게 보고했다. 가토는 중앙 정치세력을 내각과 총신 대립 구도로 파악했는데, 내각은 의정(議政)·참정(參政)·참찬(參贊) 등으로, 총신은 궁내부 소속 관료 등으로 구별했다. 가토는 대체로 고종의 환궁을 둘러싸고 내각이 지지했고, 총신이 반대한 것으로 파악했다. 가토는 고종의 국내 정치세력에 대한 통

---

39 『駐韓日本公使館記錄(9)』, 1896년 10월 30일, 機密第89號「當國政府 部內의 動靜」, 加藤 臨時代理公使 → 外務大臣 伯爵 大隈重信, 234쪽. 가토는 한성판윤(漢城判尹) 이채연(李采淵), 내부대신 박정양(朴定陽)의 이름을 언급했지만 러시아 연대 세력만 고종의 환궁을 반대했다.

제 과정을 비판적으로 바라보았다. 가토는 중립적이고 이중적인 인물에 대한 구별이 정확하지 못했지만 조선 국내 정치세력을 세밀하게 구별했다.

가토는 궁내부와 러시아파 등을 중심으로 '총신(寵臣)'이라고 규정했다. 총신은 고종의 측근에서 활동하는 궁내부대신 이재순, 시종 김홍륙, 관찰사 이용익, 궁내부 참리관 김도일, 민사국장 이명상, 검사 이세직, 시종 홍종우, 궁내관 현흥택, 중추원의관 정낙용, 궁내부 주사 장준원 등이었다. 이 밖에 엄상궁은 총비였다. 가토에 따르면 "이재순은 왕족으로 성질이 방탕하고 원래 무식한 자로서 사람들에게 알려졌다. 이명상과 현흥택은 명성황후의 총애를 받았다. 장준원은 현흥택의 생질이었다. 정낙용은 충청감사로 탐학한 전력이 있었다. 홍종우와 이세직은 김옥균 암살사건의 장본인과 하수인이었다."

총신 중 순수한 러시아파는 김홍륙, 이용익, 현흥택, 이명상, 정낙용, 김도일이었는데, 현흥택·이명상·정낙용을 제외하면 모두 함경도 출신이었다. 그 밖에 총신 중 함경도 출신이 10여 명이었다. 그런데 총신 중 이재순, 홍종우, 이세직은 어느 정파에 소속되지 않으면서 세력 변화에 따라 일본파와 러시아파를 가장했다.

가토는 김홍륙을 포함한 총신이 직접 정치에 관여하여 민영환과 박정양 등 정부대신의 영향력이 약화되었다고 기록했다. 가토는 민영환이 김홍륙과 대립하여 유럽 6개국 공사(영국, 프랑스, 독일, 러시아, 오스트리아, 이탈리아)로 임명된 경위를 기록했다. 군부대신 민영환은 고종의 총애를 잃고 러시아공사에게 불신을 당했다. 그 이유는 김홍륙이 고종 옆에서 관리의 임명 등에 전횡을 휘두르자, 민영환이 김홍륙의 행동을 비판했기 때문이었다. 민영환은 고종의 환궁을 전개하고 각국과의 평등한 외교를 주장했다. 러시아공사 베베르는 민영환이 러시아에 집중하지 않아서 불쾌감을 갖고 있었다. 이런 상황에서 김홍륙은 베베르에게 민영환을 비방했다. 그 결과 민영환은 군부대신에서 유럽 6개국 공사로 임명되었다.

가토는 총신 중심의 정치상황으로 인해 내각대신의 권력이 약화된 상황 등을 기록했다. 내각대신은 총신의 환심을 잃거나, 혹은 반대하면 즉시 곤경에 처했다. 고종은 경무관을 직속으로 소속시켜 고위관료에 대한 체포를 직접 명령했다.

가토는 정부대신 대부분은 환궁을 생각하지만 총신과의 대립 때문에 주저한다고 했다. 그럼에도 가토는 현재 반러운동이 시작되고 '일한제휴론(日韓提携論)'이 다시 제기되었다며 내각과 총신의 대립을 예상했다. 가토는 "환궁파가 승리한다면 일본이 매우 유리하게 되지만, 총신파가 승리한다면 일반의 인심이 현저히 격앙될 것"이라고 예측했다.[40]

정치적 연대와 내립 속에서 사람들은 재앙을 몰고 올 짓을 저지르지만 그러면서도 어리석은 행동의 결과를 잠시 그럭저럭 피하는 경우도 있었다.

---

[40] 『駐韓日本公使館記錄(11)』, 1897년 1월 20일, 機密第3號 「내각원과 寵臣 간의 알력」, 加藤 臨時代理公使 → 外務大臣 伯爵 大隈重信, 222쪽.

2부

1897년 2월, 고종의 환궁

환궁을 위한 준비

고종의 경운궁 복원

인왕산 자락이 남으로 내려와 목멱산으로 이어지며 그 등성이를 따라 도성이 놓여 있다. 도성의 서대문인 돈의문(敦義門) 부근은 산자락이 아주 낮아지면서, 작은 줄기가 남동쪽으로 갈라져 나와 작은 동산을 이루니, 바로 상림원(上林苑)이다.

경운궁(덕수궁)은 북으로는 상림원에서 동으로 흘러내리는 산자락을 등지고 있다. 상림원 동쪽 일부에 러시아공사관이 있고, 미국공사관 뒤편을 거쳐 영국총영사관이 올라앉은 데로 낮은 산자락이 이어졌다.

경운궁의 남쪽은 낮은 구릉이 가로막고 있다. 돈의문에서 소의문을 거쳐 숭례문까지 거의 평지에 가까운 낮은 구릉이 이어지고, 그 구릉을 따라 도성이 자리한다. 돈의문 남쪽 안쪽부터 프랑스공사관, 이화학당, 정동감리교회, 배재학당 등이 차례로 자리잡았다. 배재학당의 북쪽 구릉이 경운궁 남쪽의 맞은편인 안

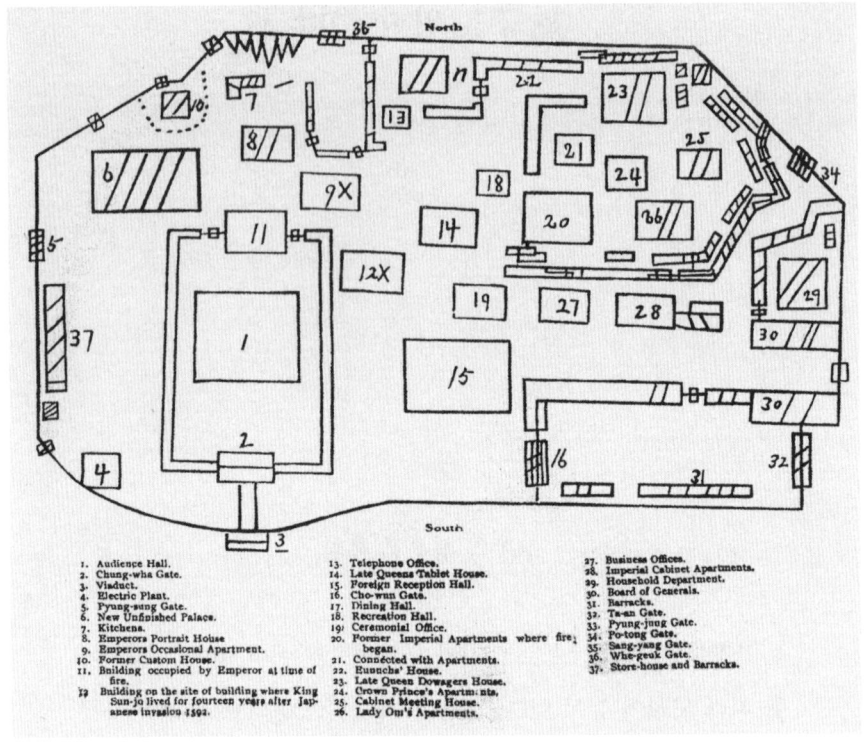

1904년 당시 경운궁의 구조
(Hurbert, "The Burning of Palace," *Korea Review*, 1904. 4.)

산(案山)인 셈이었다.

돈의문에서 갈라져 나와 경운궁의 북쪽과 남쪽을 감싸 안고 있는 두 산줄기 사이를 예로부터 정동(貞洞)이라 했다. 그 사이에 물이 모여들어 작은 물줄기를 이루어 청계천으로 흘러들어갔다. 이 물줄기를 궁장 안으로 끌어들여 경운궁의 금천으로 삼았다. 지금은 그 물줄기 전체를 확인하기 어렵지만, 대한문 안쪽 금천교 좌우에 그 흔적이 일부 남아 있다.

경운궁은 상림원에서 영국총영사관까지 이어지는 등성이를

기준으로 러시아공사관 동쪽과 경계를 맞대고 그 등성이의 북쪽과 남쪽에 걸쳐 있다. 그 등성이의 남쪽에 있는 미국공사관을 서·북·남 삼면에서 감싸고 있다. 등성이 북쪽 영역은 미국공사관의 북쪽에서 영국공사관의 북쪽 일부까지 퍼져 있다. 등성이 능선부에 걸쳐 있는 영국총영사관의 남쪽 영역에 남향으로 경운궁의 내전과 외전 등 주요부가 자리 잡고 있다.[1]

고종은 아관파천 이후 경운궁 수리를 서두르며 환궁을 위해서 경운궁(덕수궁) 복원에 집중했다. 고종은 1896년 12월까지 경소전(진전과 빈전) 신설, 즉조당(정전)과 준명당(침전) 수리 등의 경운궁 환궁을 위한 기초적인 준비를 진행했다. 또한 1897년 2월 환궁 이후 경운궁 선원전과 함녕전 공사를 마무리했다.

1896년 2월 11일 고종은 아관파천 직후 왕태후와 왕태자비를 경운궁으로 옮겼다.[2] 1896년 2월 16일 고종은 경운궁·경복궁 수리와 동시에 준공이 빠른 궁궐로 환궁할 예정이라고 발표했다. 고종은 궁궐로 돌아갈 의지를 표명했지만 궁궐 공사가 끝난 이후 환궁을 결정한다고 지시했다. 경운궁은 명례궁(明禮宮)이었다.[3]

1896년 6월 11일 주한 일본내리공사 가토(加藤)는 고종이 경운궁으로 이동하여 대신의 문안을 받았다고 외무대신 사이온지(西園寺)에게 보고했다. 고종은 1896년 6월 2일과 3일 경운궁으로

1 홍순민, 「광무 연간 전후 경운궁의 조영 경위와 공간구조」, 『서울학연구』 40, 2010, 43쪽.
2 "王太后, 王太子妃 移御于慶運宮."(『高宗實錄』, 고종 33년 2월 11일).
3 『駐韓日本公使館記錄(9)』, 1896년 2월 17일, 機密第13號 「지난 11일자 事變顚末 보고 후의 상황」, 辨理公使 小村壽太郎 → 西園寺 外務大臣臨時代理, 147쪽. "전날 며칠 안으로 대궐에 돌아갈 뜻을 선시(宣示)하였으나 경운궁(慶運宮)과 경복궁(景福宮)을 수리하도록 이미 유사(有司)에 명령했다. 그 공사가 우선 끝나는 대로 돌아가든지 거처를 옮기든지 확정할 것이다."(『高宗實錄』, 고종 33년 2월 16일).

출어(出御)하여 백관의 문안을 받았다. 문안(問安)이란 가례(嘉禮)나 흉적(凶吊)이 있을 때마다 문후(問候)하는 것을 말한다. 이때 문안한 이유는 지난날 창능(昌陵) 예종왕(禮宗王)의 능지(陵地)에 불이 나서 무덤 앞 계단의 잔디가 모두 불타버렸기 때문이었다.[4]

고종은 경운궁을 수리하는 동시에 주한 러시아공사관의 길 건너편 경희궁까지 수리하려고 했는데, 이는 경운궁과 경희궁을 연결하려는 계획이었다.

1896년 7월 1일 주한 일본공사 하라(原敬)는 경희궁 수리 계획과 일시 중단을 일본정부에 보고했다. 경희궁 수리가 끝나면, 서쪽은 서문(西門)을 폐쇄하고, 동쪽은 러시아공사관 관사를 만들고, 남쪽은 주한 러시아공사관을 유지하여 성벽을 대신할 계획이었다. 경희궁은 면적이 10만 평이고, 조선의 이궁(離宮)이었다. 경운궁은 1883년 3월 화약고 폭발사고 때문에 숭정전(崇政殿)·회양전(會洋殿)·흥정당(興政堂)의 잔형(殘形)만 겨우 남았다. 그 밖의 건물은 모두 붕괴되어 황무지와 같았다.

하라는 경희궁 수리 중단의 원인이 비용 때문이라고 추정했다. 경희궁의 수리 비용은 명성황후가 상해은행(上海銀行)에 예치한 홍삼 대금 7만 원으로 충당할 예정이었다. 하지만 하라는 예금주 민영익(閔泳翊)과의 마찰 때문에 공사가 중단되었다는 소문을 일본정부에게 보고했다.[5] 민영익은 고종과 명성황후의 비

---

4 『駐韓日本公使館記錄(11)』, 1896년 6월 11일, 報告第1號 「陛下의 明禮宮 出御 件 등 보고」, 加藤 臨時代理公使 → 文部大臣 兼 外務大臣 侯爵 西園寺公望, 56쪽.

5 『駐韓日本公使館記錄(11)』, 1896년 7월 1일, 報告第4號 「內地暴徒 情況 등 보고」, 特命全權公使 原敬 → 外務大臣 侯爵 西園寺公望, 68쪽. 민영익은 명성황후 시해 이후에도 명성황후의 비자금을 운영했고, 고종의 비자금까지 관리했을 가능성이 높다.

자금을 상해은행에서 관리했다.

1896년 8월 10일 고종은 궁내부와 탁지부가 주관하여 경운궁을 수리할 것을 지시했다. 경운궁은 1895년 수리를 시작했지만 부족한 부분이 많았다.[6]

그런데 궁내부가 경운궁 수리 비용을 마련하기 위해서 지방에 세소(稅所)를 설치하고 잡세를 부과하자 여론이 악화되었다. 그러자 1896년 8월 11일 고종은 어쩔 수 없이 궁내부의 세소를 폐지하라는 조칙을 내렸다.[7]

1896년 8월 15일 하라는 경운궁 수리 과정 및 궁내부의 잡세 부과 폐지를 일본정부에 보고했다.

고종은 음력 8월 삭망제(朔望祭)를 경운궁에서 거행할 예정이었다. 하라는 최근 환궁 요구가 증가하여 고종이 경운궁 천행(遷幸)처럼 위장하려 한다고 추정했다. 고종은 경운궁 수리가 끝난 다음 선비(先妣, 어머니)의 빈구(殯柩)를 옮길 계획이었다.

궁내부는 경운궁 수리 비용이 부족하여 칙명을 구실로 세소를 설치하여 잡세를 부과했다. 궁내부는 심지어 70여 개의 세소를 설치하여 외국인과 마찰을 빚었다. 하라는 부산 영선현(營繕峴)의 궁내부 세소가 대표적이라고 주장했다. 하라는 1896년 8월 10일 대한제국 외부와 교섭하여 부산 원동(院洞)과 영선현 세소

---

6 "경운궁은 바로 열성조(列聖朝)께서 임어(臨御)한 곳이다. 연전(年前)에 이미 수리했지만 아직도 미처 손대지 못한 것이 많다. 궁내부와 탁지부로 하여금 맡아서 수리하도록 하되 되도록 간단하게 하도록 하라."(『高宗實錄』, 고종 33년 8월 10일).

7 "각종 잡세의 혁파(革罷)는 백성들의 해(害)를 제거하는 것이다. 그런데 최근 정부는 궁내부 또는 경외(京外)의 각 아문(衙門)을 핑계대고 토색(討索)했다. 세금은 일체 탁지부의 관할이다. 각 지방관은 즉시 단속하고 엄히 금지해야 한다. 각 지방관이 숨겨두고 보고하지 않을 경우에는 엄중하게 따지고 용서받지 못할 것이다."(『高宗實錄』, 고종 33년 8월 11일).

를 철폐했다고 일본정부에게 보고했다. 탁지부고문 브라운은 탁지부가 잡세 과세를 위한 담당부서이며, 가난한 백성이 잡세 과세의 부담을 견딜 수 없다고 고종에게 직언했다. 그 결과 고종은 1896년 8월 11일 잡세를 혁파하라는 조칙을 발표했다.[8]

하라는 1896년 8월 22일 경운궁 수리와 확장을 보고했다. 법부 고문관 그레이트하우스(C.R. Greathouse, 具禮)의 관사는 주한 러시아공사관과 경운궁 근처에 위치했는데 8월 중순 이사했다. 하라는 조선정부가 그레이트하우스의 관사를 러시아사관의 관사로 이용할 계획이라고 추정했다. 또한 조선정부가 경운궁 근처 가옥을 매입했는데, 경운공 수리도 크게 확장할 것으로 예상했다.[9]

하라는 1896년 8월 24일 오후 1시 20분 경운궁 수리 및 명성황후 장례식에 대해 사이온지에게 보고했다. 조선정부는 1896년 8월 초 경운궁 수리를 시작하여 밤낮으로 공사를 서둘렀다.[10]

고종은 명성황후 장례식을 경운궁에서 거행하기 위해 담당관도 임명했다. 1896년 8월 18일 고종은 빈전도감(殯殿都監) 제조(提調)에 정2품 이희로(李僖魯)를 임명했다.[11]

1896년 8월 30일 하라는 조선정부가 경운궁 수리를 밤낮으로 서두르고 있다고 일본정부에게 보고했다. 하라는 그 이유를 역대 국왕의 위패 이동, 명성황후의 유해 이동과 국장 때문이라고

8 『駐韓日本公使館記錄(11)』, 1896년 8월 15일, 報告第9號 「施政一斑 등 보고」, 特命全權公使 原敬 → 外務大臣 侯爵 西園寺公望, 82쪽.
9 『駐韓日本公使館記錄(9)』, 1896년 8월 30일, 機密第65號 「國王 還宮에 관한 件」, 特命全權公使 原敬 → 外務大臣 侯爵 西園寺公望, 220쪽.
10 『駐韓日本公使館記錄(10)』, 1896년 8월 24일 오후 1시 20분, 電信 「明禮宮 修理着手와 國王還御 件」, 原 公使 → 西園寺, 172쪽.
11 『高宗實錄』, 고종 33년 8월 18일.

추정했다. 하라는 경운궁 수리가 끝나면 고종이 환궁할 것이라는 소문도 보고했다.[12]

아관파천 당시 고종은 진전(眞殿)과 빈전(殯殿)을 위한 경소전(景昭殿)뿐만 아니라 정전(正殿)인 즉조당(卽阼堂) 수리를 독촉했다. 1896년 10월 31일 고종은 경운궁 환궁을 위해서 즉조당 수리를 조속히 시행할 것을 지시했다.[13]

1896년 11월 18일 주한 일본공사 가토는 경운궁 수리 비용을 일본정부에 보고했다. 탁지부는 경운궁 수리비 증액 및 예비금을 편성했는데, 2만 1,000여 원을 지출했다.[14] 1896년 12월 10일 가토는 조선정부가 예비비 중 경운궁 수리비를 3만 원으로 증액했다고 외무성에 보고했다.[15]

1896년 12월 28일 가토는 고종의 경운궁 환궁 준비가 거의 완료되었고, 경운궁 수비 계획을 보고했다. 고종은 러시아 군사교관에게 훈련받은 수비대를 1일 교대로 근무시킬 예정이었다. 고종은 1896년 12월 26일 경운궁 환궁 준비로 경운궁의 문찰(門札)을 발표했다. 문찰은 인화문(仁化門)은 홍호(紅虎), 서문(西門)은 백호(白虎)로 구별했다. 경운궁 수비는 러시아 군사교관단장 뿌

---

12 『駐韓日本公使館記錄(9)』, 1896년 8월 30일, 機密第65號「國王 還宮에 관한 件」, 特命全權公使 原敬 → 外務大臣 侯爵 西園寺公望, 219쪽.
13 『高宗實錄』, 고종 33년 10월 31일.
14 『駐韓日本公使館記錄(11)』, 1896년 11월 18일, 報告第15號「施政一班 등 보고」, 加藤 臨時代理公使 → 大隈 外務大臣, 99쪽.
15 "조선정부는 12월 6일 예비금 중 7만 5,334원 57전 1리를 지출했다. 경운궁 수리비 증액 3만 원, 의정부 예산 7,890여 원, 주미공사 이하 추가 여비 4,011여 원, 한성부 종각 수리비 12여 원, 지방 각 부군 관청 수리비와 토목공사비 3만 원 등이었다. 전 내각경비 잔여분 1만 5,258원 59여 전을 돌려주었다."(『駐韓日本公使館記錄(11)』, 1896년 12월 10일, 報告第17號「施政一班 등 보고」, 加藤 臨時代理公使 → 大隈 外務大臣, 103쪽).

짜따가 훈련시킨 병사로 구성하여 180명씩 1일 교대로 근무시킬 계획이었다.[16]

환궁 이후 윤치호는 경운궁 내부 공사청(公事廳, 내시 근무처)에서 고종과의 면담을 기다리며 다음과 같이 기록했다. "공사청은 내시, 무질서, 먼지로 가득 차 있었다. 질서와 계획과는 아무런 상관없이 좁은 부지 여기저기에 건물들이 자리 잡고 있었다."[17] 윤치호는 1897년 11월 2일 경운궁 건축 현장도 "새로 짓는 궁궐 주위 담을 쌓으면서 토대를 놓기 위해서 30여 명의 일꾼들이 막대기를 들고 있는 모습이 매일 눈에 띈다"라고 기록했다.[18] 경운궁은 대한제국 황실의 상징을 갖추기 위해서 확장과 보강 공사가 반복되었다.

광무 연간 고종의 정치무대, 경운궁

경운궁은 인조 이후 명례궁으로도 불렸기 때문에 경운궁과 명례궁은 동일한 장소였다. 『증보문헌비고(增補文獻備考)』에 따르면 경운궁은 한성 서부 황화방(皇華坊), 현재 서울 서소문과 정동 일대에 위치했다. 본래 월산대군(月山大君)의 사제(私第)였는데, 1593년(선조 26) 선조가 의주 용만(龍灣)에서 환궁하여 경운궁,

---

16 『駐韓日本公使館記錄(11)』, 1896년 12월 28일, 報告第18號 「任免一束」, 加藤 臨時代理公使 → 大隈 外務大臣, 105쪽.
17 國史編纂委員會編, 『尹致昊日記』 5권, 國史編纂委員會, 1984; 국사편찬위원회 편, 『국역 윤치호 영문 일기』 4권, 2015, 30쪽.
18 國史編纂委員會編, 『尹致昊日記』 5권, 國史編纂委員會, 1984; 국사편찬위원회 편, 『국역 윤치호 영문 일기』 4권, 2015, 107쪽.

즉 정릉동행궁(貞陵洞行宮)에 임어(臨御)했다. 인조는 1623년 경운궁의 즉조당(卽阼堂)에서 즉위하여 뒤에 명례궁으로 불렀다.[19]

경운궁이란 이름은 1611년(광해군 3) 정릉동행궁이라 부르던 이곳에 처음으로 붙여졌다.[20] 광해군은 1618년(광해군 10) 인목대비(仁穆大妃)를 유폐하고 경운궁을 서궁(西宮)으로 불렀다.[21] 인목대비의 친정집은 명례방(明禮坊), 즉 현재 명동에 있었다. 인목대비의 가례 이후 명동의 친정집은 명례궁이라 불렸고, 명례궁의 재산을 관리하는 서제소(書題所)를 설치했다. 명례궁에 있던 서제소는 인조반정 이후 경운궁 즉조당으로 이전했다. 경운궁에 소재한 서제소는 여전히 명례궁의 재산을 관리했으므로 명례궁을 대표하게 되었다.[22]

그럼에도 경운궁이라는 이름은 숙종과 영조 대에도 사용했다. 숙종은 1679년 호조에 '경운궁'을 개수할 것을 지시했다.[23] 영조는 1771년 '경운궁'에 들러 본인이 친히 쓴 궁호(宮號)를 걸도록 했다.[24] 고종은 1896년 왕태후와 왕태자비를 경운궁으로 이어(移御)시키고, 북쪽에다 본궁(本宮)을 옮겨 세웠다.[25]

---

19 「輿地考 26 宮室 2 朝鮮朝 宮室 慶運宮」, 『增補文獻備考』 38卷, 1908.
20 "改貞陵洞行宮名爲慶運宮."(『光海君日記』, 광해군 3년 10월 11일).
21 『仁祖實錄』, 인조 1년 7월 5일; 『仁祖實錄』, 인조 1년 7월 12일.
22 신명호, 「17세기 초반 명례궁의 연혁과 기능」, 『조선시대사학보』 67, 2013, 277-278쪽.
23 『肅宗實錄』, 숙종 5년 5월 22일.
24 『英祖實錄』, 영조 47년 1월 16일.
25 「輿地考 26 宮室 2 朝鮮朝 宮室 別宮」, 『增補文獻備考』 卷38, 1908; 『高宗實錄』, 고종 33년 2월 11일. 경운궁(慶運宮) 내의 건물은 다음과 같다. 중화전(中和殿): 조하(朝賀)를 받는 정전(正殿)이었다. 함녕전(咸寧殿): 중화전(中和殿)의 동북쪽에 있었다. 침전(寢殿)이었다. 관명전(觀明殿): 중화전(中和殿)의 서북쪽에 있었다. 즉조당(卽阼堂): 중화전(中和殿)의 동쪽에 있었다. 석어당(昔御堂): 즉조당(卽阼堂)의 동쪽에 있었다. 수인당(壽仁堂): 함녕전(咸寧殿)의 동쪽에 있었다. 정관헌(靜觀軒): 함녕전(咸寧殿)의 북쪽에 있었다. 구성헌(九成軒): 정관헌(靜觀軒)의 서쪽

경운궁은 1880년대에 서양 공사관들이 들어선 뒤에 지었기 때문에 궁역의 모양이 다른 궁궐과 달리 매우 불규칙했다. 경운궁은 외세 특히 일본의 침탈과 압력이 본격적으로 진행되는 1896년부터 조영되기 시작했다. 경운궁은 고종이 러시아공사관에서 환궁하여 황제로 재위하던 광무 연간 유일한 궁궐로서 역사의 무대가 되었다. 그러나 1907년 순종이 즉위한 뒤 얼마 지나지 않아 경운궁에서 창덕궁으로 이어하면서 끝났다. 1907년 8월 2일 고종은 태상황이 되어 그가 머물 궁호를 덕수(德壽), 태황제를 모실 기구의 부호(府號)를 승녕(承寧)으로 정했다. 순종은 1907년 11월 13일 창덕궁으로 이어했고, 경운궁은 고종의 거처인 덕수궁이 되었다.

경운궁에서 외전과 내전의 기능을 보완하는 건물들은 중화전-경효전-함녕전을 잇는 선의 북쪽 일곽에 자리잡고 있었다. 정문 기능을 하는 대안문을 들어서면 서쪽을 향하여 내부로 들어갈 수 있다. 금천교를 지나면 정문에 조원문이 있고, 조원문에서 조금 더 들어가 북쪽으로 방향을 틀면 중화문이고, 중화문을 들어서면 그 안에 회랑으로 둘러싸인 넓은 마당인 조정(朝庭)이 있다. 정면 2층 기단 위에 남향인 건물이 바로 법전의 중화전이다. 중화전을 중심으로 한 조정이 각종 의식 행사가 치러지는 외전(外殿)의 중심 공간이다.

대안문을 들어가 금천교를 건너서 조원문 못 미쳐서 북으로

에 있었다. 경효전(景孝殿, 경소전): 함녕전(咸寧殿)의 서쪽에 있었다. 선원전(璿源殿): 회극문(會極門)의 밖에 있었다. 흥덕전(興德殿): 선원전(璿源殿)의 동쪽에 있었다. 수옥헌(漱玉軒): 회극문(會極門)이 밖에 있었다. 흠문각(欽門閣): 즉조당(卽阼堂)의 북쪽에 있었다. 그 밖에 준명당(浚明堂), 덕경당(德慶堂), 가정당(嘉靖堂), 함유재(咸有齋), 영복당(永福堂) 등이 있었다(「輿地考 26 宮室 2 朝鮮朝 宮室 慶運宮」, 『增補文獻備考』 38卷, 1908).

방향을 틀면 광명문이 나오고, 광명문을 지나면 다시 행각문으로 들어서고, 그 행각으로 둘러싸인 가운데 함녕전이 있다. 함녕전(咸寧殿)은 임금의 연거지소(燕居之所)이며 침전(寢殿)이기도 한 경운궁의 대전(大殿)이었다.[26]

경운궁은 석어당(昔御堂), 즉조당(卽阼堂), 준명당(浚明堂), 중화전(中和殿), 함녕전(咸寧殿), 선원전(璿源殿), 경소전(景昭殿) 등으로 구성되었다.

석어당은 원래 성종의 형인 월산대군이 살던 집으로, 경운궁 내 유일한 중층의 목조 건물로 임진왜란 당시 선조가 의주에서 환궁한 곳이다. 아래층은 정면 8칸, 측면 3칸이며, 위층은 정면 6칸, 측면 1칸으로 겹처마에 팔작지붕을 하고 있다.

즉조당은 1897년 고종의 경운궁 환궁 직후 정전으로 이용되었다. 즉조당은 1897년 10월 7일 태극전(太極殿)으로 이름을 바꾸었다가 다시 중화전(中和殿)으로 고쳤다. 고종의 후비인 순헌황귀비는 1911년 7월 이곳에서 사망했다. 정면 7칸, 측면 3칸의 겹처마 팔작지붕으로 되어 있다.[27] 고종이 환궁하기 이전인 1896년 9월 20일 이미 즉조당으로 진전을 봉안했고, 환궁 초기에는 이곳을 법전 대신으로 사용하기도 했다. 즉조당은 고종이 진하(陳賀)

---

[26] 홍순민, 「광무 연간 전후 경운궁의 조영 경위와 공간구조」, 『서울학연구』 40, 2010, 42-43쪽, 62쪽, 68쪽.

[27] 김순일, 『덕수궁』, 대원사, 1991, 35, 100-101쪽. 1893년 10월 4일 고종은 경운궁 즉조당에서 선조가 수도에 환궁한 300년 축하식을 거행했다. 고종은 경운궁과 즉조당에 나아가 전배(展拜)했는데, 중궁전도 함께 동가(動駕)했다. 왕세자와 세자빈궁이 따라가서 예를 행했다. 이어 하례(賀禮)를 받고, 중궁전도 하례를 받았다. 선조는 1593년 10월 월산대군의 고택에 임어하여 16년을 청정(聽政)했다. 인목대비는 10여 년간 여기에 임어했고, 인조반정 당시 즉조당에서 즉위했고, 영창대군과 정명공주도 모두 석어당에서 탄생했다. 그 후 영조는 즉조당을 방문하여 헌축(獻祝)했고, 즉조당이라는 현판을 직접 썼다(『高宗實錄』, 고종 30년 10월 4일).

1904년 화재가 나기 전 경운궁의 정전인 중화전의 모습

를 받거나 향축(香祝)을 전하는 등 다른 궁궐의 법전에 해당하는 기능을 담당했다.

경운궁 선원전은 왕의 초상인 어진(御眞)을 봉안하는 곳이었는데, 1897년 건립되어 애초 위치는 포덕문 안, 함녕전 서쪽 편이었다. 이것이 소실되어 1900년 10월 영성문 안에 다시 지었다. 흥덕전(興德殿)과 흥복전(興福殿) 등이 선원전의 부속건물이었다.[28] 선원전은 숙종을 비롯한 7위의 어진을 모셨다. 1897년 6월

28 홍순민, 「광무 연간 전후 경운궁의 조영 경위와 공간구조」, 『서울학연구』 40, 2010, 32쪽, 55쪽, 64쪽. 선원전은 열성 어진을 봉하는 곳이다. 처음에 포덕문 안에 있었다가 1900년 소실되어, 1901년 영성문 안에 중건했다. 1896년 9월 고종이 경복궁에서 즉조당으로 이봉했다가, 1897년 6월 본전을 완성하고 어진을 이곳으로 이봉했다. 1921년 3월 새로 선원전을 창덕궁 후원에 영건하고 이봉할 때까지 열성 어진이 이곳에 봉안되었다. 흥덕전은 1904년 명헌태후의 빈전으

19일 경운궁 선원전은 공사가 완료되자, 고종은 어진을 선원전에 이봉하라고 지시했다.[29]

중화전은 1902년 9월 15일 준공한 경운궁의 새로운 정전(正殿)이었다. 고종은 1897년 경운궁 환궁 이후 즉조당을 정전으로 사용했으나 협소하여 중화전을 만들었다. 본래는 2층으로 된 중층 건물이었으나 1904년 4월 14일 화재로 소실된 후 현재의 단층 건물로 중건되었다. 앞뜰에 조회 등의 의식이 있을 때 문무백관의 위치를 표시하는 품계석이 좌우에 있으며, 중화전의 정문으로 중화문이 있다. 1907년 1월 24일 중화전이 복구되어 고종이 중화전에 나가 황태자비 책비례를 행했다.

준명당(浚明堂)은 즉조당과는 복도로 연결되었다. 고종은 자신의 침전으로 사용했다가, 함녕전이 완공된 이후 신하나 외국 사신을 접견했다. 정면 6칸, 측면 4칸의 겹처마 팔작지붕집이며 높은 기단 위에 세워졌다. 좌우 툇간에 쪽마루를 두었다. 1916년 4월에는 덕혜옹주 교육을 위해 유치원으로 사용하기도 했다.

함녕전은 선덕전(宣德殿)으로 명명하다가 1897년 6월에 이름을 바꾸었다. 함녕전은 고종의 기치이지 소견 등 고종과 고위 관

---

29 로, 잠시 인소전으로 불렸다가 이후 혼전이 되었다. 같은 해 11월 순종비 순명황후 민씨의 빈전, 1911년 순헌귀비 엄씨의 빈전으로 쓰였다. 의효전은 1904년 순명황후 윤씨 훙거에 이 건물을 새로 짓고 일시 문경전으로 칭하고 그 후 혼전이 되었다. 운교(雲橋)는 궁내부와 의정부로 통하기 위한 것으로, 1902년 8월 23일 『황성신문』에 따르면 공사를 개시했다(홍순민, 「광무 연간 전후 경운궁의 조영 경위와 공간구조」, 『서울학연구』 40, 2010, 49쪽).
"선원전은 오늘 공사가 끝나서 여러 어진을 이봉할 날이 가까워 왔으니 짐의 슬픈 감회와 기쁜 생각이 어찌 끝이 있겠는가? 이봉하여 이안(移安)하는 날에 마땅히 직접 고유제(告由祭)를 지내고 뒤이어 전배(展拜)를 하겠다."(『高宗實錄』, 고종 34년 6월 19일). 1897년 명성황후 어진을 이용하고, 1900년 10월 소실하여 영성문 안에 재건했다(홍순민, 「광무 연간 전후 경운궁의 조영 경위와 공간구조」, 『서울학연구』 40, 2010, 46쪽).

료들이 모여서 국정을 논의하는 곳으로 많이 쓰였다. 1904년 4월 함녕전 온돌 수리 공사 중 일어난 화재로 함녕전은 물론 덕수궁 내 주요 전각들이 모두 소실되었고 함녕전은 같은 해 12월에 중건되었다. 1919년 1월 21일 고종은 함령전에서 사망했다. 함녕전은 정면 9칸, 측면 4칸의 팔작지붕으로 된 전각이다.[30]

정문인 인화문(仁化門)은 법전 정면에 남향으로 있었다. 인화문은 국장 시 임금이 나가 곡을 하며 전송하거나 위로의 말을 듣기도 했다. 백성이나 독립협회 회원들에게 유시를 내리기도 했으며, 보부상 수천 명이 만민공동회를 열고 있는 독립협회 회원들을 공격하기도 했다. 하지만 남쪽 정면에는 구릉이 가로막고 있어서 앞으로 멀리 뻗어나가기 어렵다는 문제점이 있었다. 이런 이유 때문에 인화문은 정문의 기능을 잃고 동문인 대안문이 이를 대신했다. 1904년 화재 후 대한문을 정문으로 하면서 폐쇄했다.

1899년 3월 3일 경운궁에 새 문을 내고 대안문(大安門)이라 쓴 현판을 달았다. 그 위치가 경운궁의 동남쪽 모퉁이에 동향이었고, 바로 옆에 원수부가 있었다. 1906년 대안문을 수리하고 이름을 대한문(大漢門)으로 바꾼 것이다. 하늘을 가리키는 뜻으로 '한(漢)' 자를 사용했다.[31]

고종은 아관파천 시기 경소전(景昭殿) 복원을 위해서 각별하게 신경을 썼다. 원래 명성황후 시신을 모신 빈전으로 경복궁 태원

---

30 김순일, 『덕수궁』, 대원사, 1991, 33-34쪽, 37-38쪽, 98쪽; 홍순민, 「광무 연간 전후 경운궁의 조영 경위와 공간구조」, 『서울학연구』 40, 2010, 31쪽; 문화재청 덕수궁, 「중요건물현황」(www.deoksugung.go.kr).

31 홍순민, 「광무 연간 전후 경운궁의 조영 경위와 공간구조」, 『서울학연구』 40, 2010, 33쪽, 41쪽, 47쪽.

전(泰元殿)이 사용되었다. 1896년 9월 진전(眞殿)과 빈전을 보관하는 경운궁의 별전은 경소전이었다. 그 후 1897년 6월 어진(御眞), 빈전(殯殿), 혼전(魂殿)을 보관하는 경운궁의 별전은 선원전이 되었다.

1896년 8월 23일 고종은 명성황후 시신인 빈전과 역대 국왕의 위패인 진전을 경운궁의 별전인 경소전으로 옮길 것을 지시했다. 고종은 명성황후에 대한 애틋한 마음을 표현하면서 빈전과 진전의 이봉(移奉)에 직접 제문을 작성할 것이라고 지시했다. 고종은 경운궁이 열성조(列聖朝)가 거주한 곳이므로 어진을 모시는 데 손색이 없다고 주장했다. 고종은 "진전의 이봉 전후의 고문(告文)을, 빈전의 이봉 전후 고유별전(告由別奠)의 제문(祭文)을 직접 지어서 내릴 것이다"라고 지시했다.

조칙에 따르면 "내가 처소를 옮긴 후 멀리 빈전을 바라보면 슬픈 생각이 더욱 간절하다. 더구나 오래도록 아침과 저녁, 초하룻날과 보름날에 제사를 지내지 못 했으니 인정과 예의상 섭섭함이 다시 어떠하겠는가? 빈전을 경운궁의 별전(別殿)으로 옮기되 닐짜는 음력 7월 그믐에 실행하라. 경운궁은 바로 열성조께서 일찍이 계시던 곳인 만큼 역대 임금들의 어진을 임시로 모시는 것이 신리(神理)와 인정(人情)에 타당하며 예절에도 맞는다. 진전을 경운궁의 별전으로 이봉해야 하니 날짜는 음력 7월 그믐에 실행하라."[32]

1896년 9월 4일 고종은 경운궁 별전에서 진전과 빈전을 봉안(奉安)과 고유(告由)하며 이봉했다. 고종과 왕태자는 빈전을 이봉

---

[32] 『高宗實錄』, 고종 33년 8월 23일.

할 때 곡을 하고 혼백(魂帛)을 재궁(梓宮)에 넣고 빈전을 닫은 후에 별전(別奠, 제사)을 지냈다.³³

진전과 빈전을 보관하는 경운궁의 별전은 경소전이었다. 1896년 10월 19일 고종은 경운궁의 경소전 완공과 관련하여 궁내부대신 등 관련자에 대한 포상을 내렸다. 고종은 궁내부대신 이재순을 종1품으로 승진시켰고, 탁지부고문관 브라운은 특별히 종2품 금장(金章)을 하사했다.³⁴ 1896년 10월 31일 주한 일본공사 가토는 경소전 신축공사와 관련하여 심상훈 탁지부대신이 사마(駟馬) 1필을 받았다고 외무대신 오쿠마(大隈重信)에게 보고했다.³⁵

1897년 1월 6일 고종은 시호(諡號)를 명성왕후(明成王后)로 내리고, 전호(殿號)를 경효전(景孝殿)으로 개정했다. 1897년 1월 9일에는 혼전(魂殿)을 경소전(景昭殿)으로 할 것을 지시했다.³⁶ 빈전은 장례를 치룰 때까지 관을 보관하는 전각이고, 혼전은 국상 중 장사를 마치고 종묘에 입향할 때까지 신위를 보관하는 곳이다. 지금의 덕홍전(德弘殿) 자리에는 원래 경소전이 위치했다.³⁷

33 『高宗實錄』, 고종 33년 9월 4일. 1904년 4월 화재로 준명전의 서행각으로 이봉했다가 수옥헌 안에 중검했다(홍순민, 「광무 연간 전후 경운궁의 조영 경위와 공간 구조」, 『서울학연구』 40, 2010, 46쪽).
34 "별감동(別監董) 강건(姜湕)·이인우(李寅祐)·김규희(金奎熙)·이용구(李容九)·한재진(韓在鎭)·신태긍(申泰兢)에게는 모두 가자(加資)했다."(『高宗實錄』, 고종 33년 10월 19일).
35 『駐韓日本公使館記錄(11)』, 1896년 10월 31일, 報告第14號「施政一班 등 보고」, 加藤 臨時代理公使 → 外務大臣 伯爵 大隈重信, 98쪽.
36 『高宗實錄』, 고종 34년 1월 9일. 정교에 따르면 왕후 민씨의 시호를 개정하다. 1897년 1월 6일, 왕후 민씨의 시호를 개정하여 명성(明成), 즉 사방에 밝게 임하는 것을 '명(明)'이라 하고, 예악(禮樂)이 밝게 갖추어진 것을 '성(成)'이라 했다. 능호(陵號)를 개정하여 홍릉(洪陵)이라 하고, 전호(殿號)를 개정하여 경효전(景孝殿)이라 했다(『高宗實錄』, 고종 34년 1월 6일; 鄭喬, 1897.1.6, 『大韓季年史』, 國史編纂委員會).

고종은 명성황후의 시신을 경운궁의 경소전에 안치하며 일본에 의해 희생된 자신이 부인이자 정치적 조력자를 기억했다.

'서울외교단의 꽃', 손탁의 활약

"손탁이 서울에 왔을 때는 32세의 묘령(妙齡)의 나이였다. 그 온화한 풍모와 단아한 미모는 서울외교단의 꽃이었다."[38]

"손탁은 독일인으로 용모가 그다지 빼어나지 않았지만, 꽤나 재주가 있는 사람이었다. 왕실과 외국인과의 연락은 물론, 자금 전달까지 그녀의 손을 거치지 않는 것이 없었다."[39]

아관파천 시기 고종의 서양식 식사는 손탁(Sontag, 존타크, 孫澤, 宋多奇) 여사가 책임졌다. 윤치호에 따르면 "베베르 공사 부인의 남동생인 미스터 막크(Maack)의 부인되는 사람이 손탁의 여동생이다."[40] 손탁은 베베르 부인의 입장에서 보면 남동생 부인의 언니였고, 베베르 공사의 입장에서 보면 처남의 처형이었다.

손탁은 155센티미터 정도로 아담한 체구였다. 그녀는 부드러운 눈매와 온화한 풍모, 단아한 미모를 소유해서 '서울외교단의 꽃'이라 불렸다. 세상 사람들이란 남의 넋두리에 금방 싫증을 내

---

37 덕홍전은 1904년 화재 후 경효전을 수옥헌으로 이전하고 1912년 그 옛터에 지었다. 귀빈의 알현소이다(홍순민, 「광무 연간 전후 경운궁의 조영 경위와 공간구조」, 『서울학연구』 40, 2010, 46쪽).
38 菊池謙讓, 『朝鮮雜記』 2권, 1931, 98-99쪽; 이순우, 『손탁호텔』, 하늘재, 2012, 193쪽.
39 小松綠, 『明治史實 外交祕話』, 중외상업신보사, 1927, 377-382쪽; 이순우, 『손탁호텔』, 하늘재, 2012, 189쪽.
40 『윤치호일기』, 1896년 7월 2일: 이순우, 『손탁호텔』, 하늘재, 2012, 164쪽.

고 남의 재난은 되도록 보지 않으려 한다는 걸 영리한 그녀는 잘 알고 있었다. 그래서 그녀는 상대방의 불평을 들어주고, 어려움을 해결해 주어야 상대방의 마음을 얻을 수 있다는 사실을 잘 활용했다.

손탁(1854~1922)은 독일이 전승한 결과 프랑스에서 할양받은 알사스 로렌 태생이다. 1885년 베베르와 함께 서울에 온 손탁은 베베르 공사의 추천으로 명성황후를 만났고, 왕실의 외인접대계(外人接待係)에 촉탁되어 궁궐의 서양식을 지휘했다. 손탁은 서양 요리 이야기, 음악과 회화 등을 명성황후에게 알려주었다. 손탁은 1895년 정동에 있는 왕궁 부속의 토지와 가옥을 하사받았다. 손탁은 왕실의 귀족에게 서양 식기와 장식 등을 중개했다.[41]

당시 러시아공사 베베르는 조선에서 정치력 영향력을 확대하기 위해서 손탁을 궁내부에 고용하도록 추천했다. 독일 엘자스(Elsass) 출신인 손탁은 궁궐에서 유럽식 향연을 준비하면서 왕비를 자주 만나 2~3시간씩 왕비와 대화했다.[42]

과거 손탁은 명성황후의 신뢰 덕분에 조선에서 정보를 빨리 입수할 수 있었다. 손탁은 1893년 10월 사바찐의 세관 복귀 소식을 조선정부의 발표 이전에 알고 있을 정도였다. 손탁은 당시 주한 러시아공사 드미뜨리옙스끼에게 궁궐의 정보를 조용히 알려주기도 했다.[43]

---

41 菊池謙讓, 『朝鮮雜記』 2권, 1931, 98-99쪽; 이순우, 『손탁호텔』, 하늘재, 2012, 193쪽.
42 АВПРИ. Ф.150.Оп.493.Д.6.Л.133.
43 ГАРФ. Ф.918. Оп.1. Л.2. Л.53об. Г.А. ДмитриевскийДневник. 1893. 10.12.

손탁(위, 앞줄 가운데)과 손탁호텔(아래)

1895년 9월 4일 왕실은 조선왕조 504년 건국 기념일인 '개국기원절' 행사를 준비했다. 이날 행사 준비위원회에는 외국인 중 궁내부 소속의 손탁이 포함되었는데, 손탁은 음식과 식탁 준비를 담당했다.[44] 손탁은 왕실로부터 자신의 개인 집을 지을 수 있도록 약 1만 달러를 받았고, 그녀의 지도 아래 조선 여인들이 다양한 수공예를 배울 수 있는 학교 설립도 약속받았다.[45]

손탁은 1895년 고종으로부터 주한 러시아공사관 정문 왼쪽 서양식 건물인 양관(정동 16번지)을 받았다. 손탁은 양관을 자신의 거처로 사용하면서 정동구락부를 회관으로 빌려주었다. 그 후 양관은 영어교사 프램튼(G.R. Frampton) 하우스와 이화여전 음악관 시절을 거쳐 하남호텔로 사용되었다.[46]

고종은 1898년 3월 양관을 그간의 노고에 대한 상으로 손탁에게 하사했다. "황성 정동 아공사관 대문좌변(大門左邊)에, 황실 소유 벽돌집[磚屋] 안에 방이 5개가 있는 일좌(一座)를, 노고를 표시하는 것으로써 덕국규녀(德國閨女) 송다기(宋多奇)에게 상사(賞賜)하라는 뜻(旨意)을 봉승(奉承)하여 덕국규녀 송다기에게 지급한다."[47]

『독립신문』과 『경성부사』는 손탁의 저택 위치가 러시아공사관 주변이라는 사실을 증명했다. 그 저택은 정동구락부의 집회소로

---

44 АВПРИ. Ф.150.Оп.493.Д.6.Л.133об.
45 АВПРИ. Ф.150.Оп.493.Д.6.Л.134.
46 이순우, 『손탁호텔』, 하늘재, 2012, 149쪽. 1897년 1월 10일 윤치호에 따르면 고종은 엄상궁의 친한 친구이자 전하가 총애하는 여성인 손탁에게 5,000엔을 하사했다(『윤치호일기』 5권).
47 巴禹路厚 → 朴齊純, 1900年 5月 31日, 「照會第二十五號 露公館 西北쪽의 洋館의 所有主에 관한 問議」(宮內府 → 손타크(宋多奇), 光武2年(1898) 3月 16日, 「附. 露公館左邊洋館을 손타크女史에게 下賜한 證書」); 高麗大學校亞細亞問題研究所編, 『舊韓國外交文書(18)』, 俄案(2), 고려대학교출판부, 1969, 253-254쪽.

활용되었다.

"1895년 손탁은 고종으로부터 경운궁과 도로를 마주 보는 서쪽 지소(地所)의 가옥을 하사받았는데, 그 저택은 외인(外人)의 집회소였을 뿐만 아니라 청일전쟁 이후 친미파 일당이 조직했던 정동구락부도 그 회관을 지금의 법원 앞에 건설하기까지는 손탁의 집을 집회소로 사용했다."[48]

"미스 손탁은 알사스의 고향집을 찾기 위해 수요일에 서울을 떠났다. 그녀는 외국인들 가운데 가장 오래 서울에 체류한 사람이다. 그녀는 지난 12년간 베베르 부인과 더불어 러시아공사관에 머물렀다. 베베르 부인이 이 도시를 떠난 뒤에 미스 손탁은 러시아공사관 맞은편의 가옥에 거주해왔다. 그녀는 서울 시내에 상당한 수의 빌딩을 소유했다. 그녀가 떠남으로써 비게 되는 집은 한러은행의 매니저인 가브리엘(M. St. Gabriel)이 들어가서 살 작정이다."[49]

대한제국은 1902년 10월 1층은 일반객실과 식당, 2층은 귀빈실로 구성된 관용호텔인 '손탁호텔'을 세우고 손탁에게 경영을 위탁했다.[50]

손탁호텔이 들어선 정동 29번지 구역은 원래 1888년 10월 이후 미국인 선교사 다니엘 기포드(Daniel Lyman Gifford)[51]가 살던

---

48 京城府, 『京城府史』 1권, 1934, 652쪽; 이순우, 『손탁호텔』, 하늘재, 2012, 145쪽.
49 The Independent, 1898.3.19.; 이순우, 『손탁호텔』, 하늘재, 2012, 150쪽.
50 김정명, 『정동과 덕수궁』, 발언, 2004, 162-163쪽; 이순우, 『손탁호텔』, 하늘재, 2012, 147쪽. 1895년 10월 24일 사바찐은 그의 부인 살리치(Л.Х. Шалич)를 통해서 자신의 설계도를 존타크에게 전달한 적이 있으므로 '손탁호텔'을 설계했던 것으로 보인다. "사바틴 부인이 손탁 양에게 전해 줄 설계도들과 편지 한 통을 르페브르 씨에게 가지고 오다."(『뮈텔주교일기』 1권, 1895.10.24, 395쪽).
51 다니엘 기포드, 『조선의 풍속과 선교』, 한국기독교역사연구소, 1995.

곳으로서, 1902년 새 건물을 지어 손탁호텔로 사용했다. 이곳은 현재 이화여자고등학교 백주년기념관이다.

"1902년 10월부터 구가옥을 헐고 양관을 건축하여 호텔을 경영했는데, 2층은 귀인의 객실로 하고 1층은 보통의 객실과 식당으로 충당했다."[52]

손탁호텔은 손탁빈관 또는 한성빈관으로 알려졌고, 황실의 '프라이빗 호텔' 형태로 운영되었다. 손탁호텔은 1909년 펠리스호텔의 주인 보에르(J. Boher)에게 넘겨졌다.[53] 1914년 10월 조선호텔이 등장함에 따라 손탁호텔은 경영난에 빠졌다. 1915년 8월 18일자 『매일신보』에 따르면 "서대문 내 손탁호텔 안을 경매장소로 삼아, 손탁호텔 비품을 8월 19일 오전 10시부터 기한 없이 경매처리한다." 1917년 건물과 부지가 이화학당에게 넘겨졌고, 1922년 이화학당 프라이홀의 신축으로 사라졌다. 2004년 이화 백주년기념관이 그 자리를 차지했다.[54]

손탁은 1905년 8월부터 휴가를 떠났다. 중국 칭다오에 근거를 둔 독일 여성 크뢰벨(Emma Kroebel)은 1905년 8월 이후 서울에 체류하며 손탁호텔을 경영했다. 크뢰벨은 1909년 당시의 경험과 목격담을 담아 책으로 출판했다.[55]

손탁은 1909년 8월 27일 금요일 저녁 7시 30분 자택에서 수많은 친구들에게 전별연을 베풀었다. 여기에 독일총영사 크뤼거(F. Kruger), 프랑스총영사 베린(M.J. Belin), 통감부 서기관 코마

52 京城府, 『京城府史』 1권, 1934, 652쪽; 이순우, 『손탁호텔』, 하늘재, 2012, 145쪽.
53 이순우, 『손탁호텔』, 하늘재, 2012, 152-153쪽.
54 이순우, 『손탁호텔』, 하늘재, 2012, 162쪽.
55 엠마 크뢰벨, 『나는 어떻게 조선 황실에 오게 되었나?』, 민속원, 2015.

츠 등이 참석했다. 이날 참석한 코마츠에 따르면 손탁이 현재 살고 있는 가옥은 자신의 소유물이며, 그녀는 마음대로 사용하고 또한 자신의 결정으로 그것을 처분할 수 있었다. 전별연은 저녁 10시 30분 무렵에 끝났다.[56]

손탁은 1909년 9월 18일 오후 12시 10분 기차로 서울을 출발하여 프랑스를 향해 떠났다. 손탁은 출발에 앞서서 한국의 여러 교회와 자선기관에 상당한 금액을 기부했다. 『서울프레스(The Seoul Press)』에 따르면 한국 내 손탁의 모든 부동산은 그녀가 죽은 후에 한국의 자선사업을 위해 기증될 것으로 추정했다.[57]

기쿠치 겐조(菊池謙讓)에 따르면 손탁은 명승 지구인 프랑스 칸느에 별장을 지었다. 대부분의 재산은 베베르 부인 명의로 러시아은행에 저금되어 러시아 기업에 투자되었다. 러시아혁명은 손탁의 저금도, 투자도 한꺼번에 몰락시켰다. 손탁은 1922년 7월 프랑스 칸느에서 사망했다.[58]

서울에 거주한 외국인은 손탁을 서양식 요리의 전문가로 기억하면서 왕실과의 긴밀한 관계를 포착했다.

이탈리아 외교관 까를로 로제티(Rossetti)에 따르면 고종의 식

---

[56] "미스 손탁은 머지않아 서울을 떠나 프랑스로 향해 출발할 것이다. 독일 여성은 서울에서 4반세기 동안이나 살아왔으며, 한국 궁정에 엄청난 노고를 다했다. 그녀는 프랑스로 가서 그녀가 소유한 집이 있는 이 나라의 해변 마을에서 당연한 노력의 결과물인 휴식을 즐기게 된다."(The Seoul Press, 1909.8.29. 미스 손탁의 전별연; 이순우, 『손탁호텔』, 하늘재, 2012, 155쪽).

[57] The Seoul Press, 1909.9.21. 미스 손탁의 출발; 이순우, 『손탁호텔』, 하늘재, 2012, 159쪽.

[58] 菊池謙讓, 『朝鮮雜記』 2권, 1931, 98-101쪽; 이순우, 『손탁호텔』, 하늘재, 2012, 194쪽. 菊池謙讓는 손탁이 1925년 러시아에서 객사했다고 기록했지만 사실과 달랐다. 크뢰벨 저서를 번역한 김영자에 따르면 손탁은 1922년 7월 프랑스 칸느에서 사망했다(『연합뉴스』, 2015.9.15; 엠마 크뢰벨, 『나는 어떻게 조선 황실에 오게 되었나?』, 민속원, 2015).

사 준비는 조선의 다른 어떤 공무보다 잘 조직되었다. 이는 고종이 주한 러시아공사관에 체류하던 시절 유럽식 수석 요리사 자격을 갖춘 손탁이었기 때문이었다.[59]

독일인 지리학자 지그프리트 겐테(Siegfried Genthe)에 따르면 왕실 살림은 노련하게 꾸려나가는 손탁의 지휘 아래 마치 서양의 궁전처럼 진행되었다. 손탁은 독일인이자 러시아 초대공사 베베르의 처형으로 한국의 서양식 손탁호텔을 건립했는데, 주한 러시아공사 베베르의 살림을 맡아 고종의 호감을 이끌었다.[60]

독일인 의사 분쉬(Richard Wunsch)에 따르면 손탁의 집 요리는 일품이었다. 벨기에영사와 프랑스공사의 비서도 손탁호텔에서 식사를 하며 프랑스어로 대화했다. 점심은 가져오게 하며 저녁은 궁궐에서 퇴근하고 손탁호텔에서 먹었다. 손탁의 집은 궁궐 바로 뒤에 있었다.[61]

손탁은 한러의 비밀 협상, 정동구락부의 반일 외교, 고종의 비밀 외교에도 관여했다.

러시아 외무부는 1885년 베베르가 조선에 부임할 때 중립적인 위치를 유지하면서 고종이 베베르와 직접 의논하는 관계를 만들라고 지시했다.[62] 그 일환으로 1880년대 베베르는 고종과의 특별한 개인적인 관계를 형성했고, 자신의 부인과 손탁이 왕실과 자연스러운 인간관계를 맺도록 유도했다.

59 까를로 로제티 저, 서울학연구소 역, 『꼬레아 꼬레아니』, 숲과나무, 1996, 99쪽.
60 지그프리트 겐테, 『독일인 겐테가 본 신선한 나라 조선, 1901』, 책과함께, 2007, 200-221쪽.
61 분쉬, 『고종의 독일인 의사 분쉬』, 학고재, 1999, 66쪽.
62 АВПРИ. Ф.150.Оп.493.Д.214.Л.46-52об. 베베르는 자기의 부인을 명성황후와 친하게 만들어 조선에 러시아에 대한 애정을 심어 주려고 애썼다(ГАРФ. Ф.543.Оп.1.Д.174.Л.1-11об).

기쿠치 겐조에 따르면 러시아 일류의 외교정략은 먼저 손탁을 통해서 제1보를 내디뎠는데, 1888년 파기된 한러밀약은 '묄렌도르프의 반기(叛旗)와 손탁의 협력으로 성립되었다.[63]

기쿠치 겐조에 따르면 손탁 저택은 1895년 반일 세력의 '집회소'였다. 청일전쟁 이후 정동구락부는 일본 세력을 배척하고자 손탁 저택을 활용했고, 손탁도 정동구락부의 활동을 위한 '집회소'로 승인했다. 정동구락부는 1895년 말부터 1896년 초까지 러시아파와 프랑스파도 합류하여 김홍집 내각을 공격했다. 왕실의 외인접대계인 손탁은 식당을 알선하고, 반일파의 집회소 지배인이 되었다. 손탁은 왕궁의 요리 감독에서 궁중의 실내 장식으로 도약하여, 궁전의 접대소에서 벗어나 고위급 정객이 모이는 비밀집회소의 주인공이 되었다.[64]

통감부 서기관 코마츠 미도리(小松綠)[65]는 외인전문 손탁호텔과 주인인 손탁에 대해서 기록했다. 손탁은 궁중에 출입하면서 왕비와 고종을 자주 만날 수 있었다. 코마츠는 손탁호텔이 음모의 발원지로 변했다고 주장했다. 그만큼 손탁은 왕실과 외국인의 비밀 통로였다.

코마츠는 1909년 외국영사 등과의 교제를 위해 자주 손탁호텔

63 菊池謙讓, 『朝鮮雜記』 2권, 1931, 98-101쪽; 이순우, 『손탁호텔』, 하늘재, 2012, 193-194쪽.
64 菊池謙讓, 『朝鮮雜記』 2권, 1931, 102-105쪽; 이순우, 『손탁호텔』, 하늘재, 2012, 183쪽.
65 1887년 게이오대학 졸업, 미국 예일대학과 프린스턴대학 정치학전공, 법학박사. 통감부가 설치되자 외무성에서 전출하여 한국통감부에 들어와 이토 히로부미의 측근으로 활약한 조선 통치의 공로자이다. 한일병합 후에는 데라우치 마사타케 아래에서 총독부 외사국장, 중추원서기관장으로서 민완함을 발휘하여 병합 전후의 조선 통치에 공헌한 인물이다. 문필력이 있는 인물로 알려져 총독의 훈시, 유고 등은 그의 손으로 쓰여졌다. 『외교비화』 등의 저술이 있다(朝鮮功勞者銘鑑刊行會, 『朝鮮功勞者銘鑑』, 民中時論社, 1935).

연회에 참석해 손탁과 대화를 나눌 수 있었다. 손탁은 눈물을 흘리면서 자신에 대한 세상의 악평에 대해서 하소연했다.

"세상 사람들이 나를 비상한 악인인 것처럼 말하고 있다는 걸 전해 듣고 분하고 분하여 참을 수가 없다. 나는 단지 심부름의 역할을 의뢰받은 것뿐으로, 내가 먼저 하기 시작했다는 생각은 조금도 없다. 나는 고종이 분부하신 그대로 언제나 정직하게 중간에서 전달했다. 나는 (운동비를) 한 푼도 속이지 않고 전부 보내주었다. 다른 사람이 속임수하는 것을 나는 정직하게 했을 뿐이었다. 그런데도 악인이라고 말한다면 할 수 없는 것 아닌가."

손탁은 독일인이지만, 영어와 프랑스어는 물론 심지어 조선어까지 매우 능통했으므로 사방팔방에서 중용(重寶)되었다. 손탁의 손을 거쳐, 왕실로부터 돈을 인출했던 인물은 수도 없이 많았다. 코마츠에 따르면 그 중요한 인물은 대한매일신보 사장 베델(E.T. Bethell), 헤이그 특사 헐버트(H.B. Hulbert), 한성전기회사 사장 콜브란(H. Collbran)이었다.

영국인 베델은 대한매일신보 및 코리아 데일리 뉴스를 발행하며 반일운동을 전개했다. 선교사 헐버트는 학교 교원이면서도 정치운동에 투신했다. 콜브란은 전차의 차장에서 일약 한성전기회사 사장, 광산회사 사장이 되어 엄청난 돈을 축적할 수 있었다.[66]

손탁의 하소연 속에 드러난 고종의 지시와 심부름의 행간을 곰곰이 생각해 보면, 손탁은 베베르가 의도적으로 왕실과 연결시킨 러시아 정보원이었다.

---

66 小松綠, 『明治史實 外交祕話』, 中外商業新報社, 1927, 377-382쪽; 이순우, 『손탁호텔』, 하늘재, 2012, 189-191쪽.

환궁 요청 상소와 러일협상

윤효정의 환궁 상소와 안경수의 활동

"안으로는 어리석은 백성의 동요를 깊이 걱정하시지 말고 밖으로는 틈을 엿보는 강대국을 너무 염려하지 말아서, 여론을 살피시고 곧장 환궁하시어 종사를 편안케 하고 민심을 안정시켜야 합니다."

아관파천 시기 1896년 3월 가장 먼저 강력히 환궁을 제기한 인물 중 하나가 바로 윤효정이다. 1896년 3월 4일 주한 일본공사 고무라(小村)는 윤효정의 고종 환궁 요구에 대해서 외무대신 임시대리 사이온지(西園寺)에게 보고했다.

1896년 2월 안경수, 김재풍과 함께 춘생문사건에 참여했던 윤효정은 사립법률학교 학생과 시민 등 200명과 연대하여 고종의 환궁을 요구하는 상소를 올렸다.[1] 1896년 2월 25일 전 주사 윤효

---

1 『日省錄』, 建陽 元年 正月 13일; 『駐韓日本公使館記錄(9)』, 小村 → 西園寺, 1896년 3월 4일, 「事變後의 情況續報」, 160-162쪽.

정은 50여 명을 대동하여 '환어청원서(還御請願書)'를 주한 러시아 공사관에 전달하고는 해산했다.²

윤효정 등이 제출한 '환어청원서'의 내용은 다음과 같다.

2월 11일 천도(天道)는 앙화를 드러내는 이치로써 간흉들이 신인(神人)의 죽임을 당했습니다. 이에 온 나라의 통분이 설욕될 수 있었고 천하의 대의가 이로써 드러날 수 있었습니다. 한때의 임기응변이며 매우 부득이한 지경으로 빚어진 것이었으나, 절대로 정상적이며 온당한 일이라고는 할 수 없습니다. 이로써 민정(民情)이 황망하고 국계(國計)가 위태롭게 된 것을 어찌 한두 마디로 말할 수 있겠습니까? 궁궐을 오래 비워 소란하고 와전됨이 심해질 것입니다. 현재 안위(安危)의 관건이 전적으로 전하의 환궁에 달렸습니다.³

고종은 이 상소에 대해 "너희들의 진술이 진실로 임금에게 충성하고 나라를 사랑하는 마음에서 나온 것이다. 가까운 시일 내에 대궐로 환어하겠다. 즉시 물러가서 각각 자기 일에 안착하라"고 답변했다.⁴

그런데 윤효정의 배후에는 안경수가 있었다.

고무라는 신임 경무사 안경수가 일찌감치 신내각의 근거가 박약함을 간파하여 내부대신 박정양에게 고사했지만 부득이하게

---

2 『駐韓日本公使館記錄(9)』, 1896년 3월 4일 「事變後의 情況續報」, 小村 → 西園寺, 160-162쪽.
3 『日省錄』 建陽 元年 正月 13日; 『駐韓日本公使館記錄(9)』, 1896년 3월 4일, 「事變後의 情況續報 別紙 제1호 前主事 尹孝定 등의 상소문」, 小村 → 西園寺, 160-162쪽.
4 『高宗實錄』, 고종 33년 2월 25일.

받아들였다고 주장했다.⁵ 고무라는 1896년 2월 23일 안경수가 온건한 인물이어서 교체되었다고 보고했다. 고무라에 따르면 안경수는 전임 내각원의 여당(餘黨) 또는 대원군 일파를 성급하게 애서(艾鋤, 제거)하는 것에 반대했다. 안경수는 반격으로 위해가 닥칠 것을 고려하여 온건을 주장했다.⁶

안경수는 김종한과 함께 고종의 환궁을 더욱 구체적으로 추진했다. 1896년 5월 안경수와 김종한은 민씨 가문의 실세인 민영준을 사면하여 이범진을 견제하려 했다. 그러나 이범진의 방해로 실패하자 안경수와 김종한은 정부관료, 구 훈련대, 순검 등을 동원하여 러시아공사관 앞에서 고종의 환궁을 요구하는 집회를 개최하려 했다. 안경수와 김종한의 이러한 계획에 박정양, 이완용, 조병직, 이상재, 김재풍, 윤용선, 한규설 등도 동조했다.⁷ 여기에 아관파천 직후 총리대신을 고사했던 궁내부 특진관 김병시도 가세했고, 궁내부대신인 이재순과 연결된 이시우도 고종의 환궁 방법을 뮈텔에게 타진했다.⁸ 이러한 움직임은 러시아와의 연대를 주장하며 고종 환궁을 반대한 이범진 계열의 정치적 입지를 협소하게 만들었다.

1896년 5월 15일 고무라는 고종의 환궁 음모를 일본정부에 보고했다. 첫째, 김종한과 안경수가 민영준을 소환하여 고종의 환궁을 유도하는 음모를 보고했다. 환궁을 주장하는 관민(官民)은

5 『駐韓日本公使館記錄(9)』, 1896년 2월 17일, 機密第13號「지난 11일자 事變顚末 보고 후의 상황」, 辨理公使 小村壽太郎 → 西園寺 外務大臣臨時代理, 147쪽.
6 『駐韓日本公使館記錄(9)』, 1896년 2월 24일, 機密第14號「新政府의 現況報告」, 小村 → 西園寺 外務大臣臨時代理, 155쪽.
7 『駐韓日本公使館記錄(10)』, 小村 → 陸奧, 1896년 5월 15일, 機密第30號「朝鮮事變의 情況報告 건」, 198쪽.
8 『高宗實錄』, 建陽 元年 5월 1일; 『뮈텔주교일기』, 1896년 5월 21일.

각종 계획을 꾸미고 있었다. 김종한은 민씨 세력의 모략가로 불렸다. 김종한과 안경수 등의 세력은 고종이 평소에 가장 신임하는 민영준을 유배지에서 사면시키고 소환하여, 이범진의 권력을 꺾어서 고종의 환궁뿐만 아니라 내각도 바꾸려고 했다. 김종한과 안경수는 궁내부대신 이재순에게 뇌물을 보내 결탁했지만, 이범진의 방해로 좌절되었다. 김종한과 안경수는 이범진과 엄상궁에게 뇌물을 제공하려고 계획했지만, 이범진의 요구금액이 고액이어서 좌절했다. 김종한과 안경수은 민영준의 부친 민두호와 상의했지만 거액의 금액을 마련하지 못했다.

둘째, 김종한과 안경수는 정부 원로대신을 설득하여 고종의 환궁을 추진했다. 계획의 주모자는 당초부터 김종한과 안경수였다. 그런데 고무라는 내부대신 박정양, 농상공부대신 조병직, 법부대신 한규설, 내각총서 이상재, 경무사 김재풍 등도 은밀히 가담했을 것이라고 추정했다.

김종한과 안경수 등의 세력은 고종의 환궁을 성사시키려고 원로대신을 설득해서 동맹에 가입시키려고 했다. 안경수 등은 날짜를 정하여 백관을 이끌고 고종의 환궁이 불가피한 이유를 주한 러시아공사에게 설명하려고 계획했다.

김종한과 안경수는 주한 러시아공사관에서 고종을 강제로 옹위하여 환궁시키려는 계획도 갖고 있었다. 고무라에 따르면 김종한과 안경수는 "신민(臣民)이 하루도 마음을 놓을 수 없는 곳이니 속히 복어(復御)해야 하고 왕가(王駕)에 호종(扈從)하고 환궁하지 못하면 자리에서 물러나지 않겠다"는 의지를 갖고 있었다.

고무라는 김종한과 안경수 세력이 군대까지 동원할 계획이었다고 일본정부에 보고했다. 김종한과 안경수는 장사(壯士)와 구

훈련대까지 이용하고 순검도 공작을 돕게 하려고 계획했다.

고무라는 안경수가 평소 이중적 성격임이므로 이번 계획이 과연 실행에 옮겨졌을지는 매우 불확실하지만 음모가 실재했다고 일본정부에 보고했다.[9]

안경수는 안경 너머의 눈동자가 강렬했는데, 서양 선교사가 '신사'로 부를 만큼 매너가 좋았다. "난 과거를 생각지 않소. 중요한 것은 현재뿐이지." 딱 안경수가 그런 사람이었다. 안경수는 몰락한 양반의 서자 출신으로 농사를 짓다가 서울로 올라와 세도가 민영준의 문객이 되었다. 그는 하급 관료로 진출한 다음 능력을 인정받아 비약적으로 출세한 인물이었다.

안경수(安駉壽, 1853~1900)는 일본에서 교육을 받은 주일외교관 출신이다. 그는 갑오개혁 시기 주일외교관 출신인 박영효, 김가진과 연결되었다. 그는 1896년 7월 독립협회 출범 직후 회장을 맡았다. 안경수는 윤효정과 함께 1896년 고종의 환궁을 위해 노력했을 뿐만 아니라 1898년 6월 '황태자양위사건(皇太子讓位事件)'을 통한 고종 폐위도 시도했다.

유효정에 따르면 안경수와 김재풍 등은 시국의 절박함을 염려하여 황태자를 내세우는 대리청정 내각을 구상하여 세상의 이목을 집중시켰다. 대리청정 칙령은 반드시 고종이 내려야 하는데, 특별한 일이나 계기가 없이는 고종의 뜻을 움직이기 어려웠다.

안경수와 김재풍은 세 가지 방법으로 계획을 세웠다. 윤효정에 따르면 "우선 재상을 지낸 원로대신이 고종에게 대리청정 내각을 요구한다. 윤효정이 독립협회를 동원하여 고종에게 요청한

---

[9] 『駐韓日本公使館記錄(9)』, 1896년 5월 15일, 機密第30號「朝鮮事變의 情況報告件」, 小村 → 外務大臣 伯爵 陸奧宗光, 176-177쪽.

다. 김재풍이 군인세력을 동원하여 고종을 설득한다."

1898년 윤효정은 독립협회 회원 50명을 동원하여 경소전 삭망 다례 때 재관들이 해질녘 입궐하면 관리의 하인으로 위장하여 들어갔다가 상황을 보아서 행동하기로 계획했다. 김재풍의 친척인 이종림이 시위대 중대장으로 당직 병사들을 인솔하여 함께 동참하기로 약속했다. 하지만 1898년 5월 15일 삭망 다례에 입궐하려 했으나 이종림의 숙직 근무일이 아니어서, 6월 1일 다례 때 결행하기로 결정했다.

이 과정에서 안경수는 군부대신 민영기의 동의를 얻으려고 계획을 알려주었으나, 민영기가 고종에게 밀고했다. 조선정부는 '친일파'가 변혁을 획책하는 운동이라고 규정하고 일대 검거령을 내렸다.

윤효정에 따르면 안경수는 이른 아침 주한 일본공사 가토가 미리 알려주어 일본인이 운영하는 소창(小倉) 지점에 몸을 숨겼다. 안경수는 윤효정에게 자신의 피신처로 오도록 연락했다. 이 날 오후 민영휘, 한규설, 박정양, 이충구, 김재은, 이종림, 이용한 등이 체포되었는데, 이때 서울 안팎의 공기는 일순간에 살기로 변하여 매우 두렵고도 걱정스러운 상황이었다.

윤효정에 따르면 주모자인 안경수는 도피했으므로 박정양, 한규설, 민영휘(민영준) 등은 모르는 일이라고 변명하며 불복했고, 김재풍은 사실대로 털어놓아 여러 날을 심문당한 다음 판결을 받았다. 박정양, 한규설, 민영휘는 무죄 사면하고, 김재풍, 김재은, 이종림, 이충구, 이룡한 등은 모두 외딴 섬으로 7~10년간 유배형에 처해졌다.

안경수와 윤효정이 일본인 거류지의 소창 지점에 도피하자,

경무청 순사 5~6명은 매일 근처에 와서 체포할 기회를 엿보았으나 일본 고등계 형사 4명이 안경수와 윤효정을 밤낮으로 보호하고 있어서 체포할 수 없었다.

윤효정에 따르면 조선정부는 주한 일본공사 가토에게 안경수와 윤효정을 넘겨주지 않으면 국제문제로 삼겠다고 압박했다. 결국 안경수와 윤효정은 음력 8월 15일, 일본행 배에 몸을 실었다.[10] 1898년 6월 모의된 '황태자양위사건'이 7월 11일 언론에 공개되었는데, 이 사건을 주도한 것은 안경수였다.[11]

그 후 1900년 안경수는 일본에서 돌아왔지만 이준용역모사건에 연루되어 사형당했다. 그 신사는 일본을 지나치게 신뢰했는데 그것이 그를 죽음으로 몰았다.

고무라와 베베르의 환궁 협상

아관파천 시기 일본공사관의 최대 현안은 고종의 환궁문제, 죽변사건의 해결 등이었는데, 주한 일본공사 고무라는 고종의 환궁을 요구하면서 주한 러시아공사 베베르와 협상을 전개했다.

고무라는 1896년 5월 6일 오후 1시 15분 신임장 제출 장소에 대해서 무쓰(陸奧) 외무대신에게 타전했다. 고무라는 주한 러시아공사관에서 자신의 신임장을 제출할 수 없다고 주장했다. 고무라는 러시아와 조선정부와의 힘겨루기를 시도했다.

---

10   尹孝定, 『風雲韓末秘史: 最近 六十年秘錄』, 京城: 野談社, 1937; 윤효정 저, 박광희 편역, 『대한제국아 망해라』, 다산북스, 2010, 310-314쪽.
11   『독립신문』 1898.7.11. 잡보.

고무라는 공사의 신임장 제출은 원래 엄격한 의식이 필요하다고 생각했다. 고무라는 주한 러시아공사관에서 일본공사의 신임장을 제출하는 것은 체면상 불합리하다고 주장했다. 고무라는 적어도 고종이 경운궁으로 이동할 때를 기다려 신임장을 제출할 각오였다. 고무라는 자신의 특명전권공사 임명을 이미 조선정부에 공식 통지했고, 조선정부도 특명전권공사 자격을 인정했다고 보고했다.[12]

고무라는 1896년 5월 16일 자신의 신임장을 고종에게 제출했다. 고무라는 이날 12시 정오에 이 사실을 무쓰 외무대신에게 타전했다. 고무라는 신임장을 귀국 이전에 제출하고자 미리 조선 외부대신과 협의 했다. 조선 외부대신 이완용은 5월 16일 아침에 이르러 오늘 경운궁에서 수납하겠다는 뜻을 통지했다. 그래서 고무라는 오후 4시 경운궁에서 제출할 예정이었다. 그런데 고무라는 고종 환궁이 당장 실행되기 극히 곤란하므로 자신의 귀국 이후 고종의 환궁을 요구하는 것이 타당하다고 외무성에 주장했다. 고무라는 지금 억지로 고종을 환궁시킨다 해도 반드시 어떤 정변이 일어날 것으로 판단했다. 고무라는 고종의 환궁 이후 1~2개월이 가장 중요한 시기라고 생각했다. 고무라는 서울의정서 제1항인 고종의 환궁 실행을 자신이 본국으로 도착한 이후로 연기할 것을 제안했다.[13]

하지만 1896년 5월 18일 오후 3시 15분 무쓰는 고종의 환궁을 요구하여 외교적인 우위를 차지하도록 고무라에게 지시했다. 무

---

12 『駐韓日本公使館記錄(10)』, 1896년 5월 6일 오후 1시 15분, 電信「信任狀 捧呈式은 國王還宮을 기다리는 것이 可하다는 件」, 小村 → 陸奧 大臣, 140쪽.
13 『駐韓日本公使館記錄(10)』, 1896년 5월 16일 정오 12시 京城 발, 電信「露·日覺書에 관한 請訓 件」, 小村 → 陸奧 大臣, 148쪽.

쓰는 아관파천 이후 한러일 외교문제까지 관여했다.

무쓰 외무대신은 고무라가 고종 환궁을 이번에 언급하여, 실행 여부를 떠나 후일의 기회를 만들어 놓는 것이 좋겠다고 지시했다. 무쓰는 형식적인 제안을 통해서라도 향후 고종의 환궁을 압박하려는 의도를 갖고 있었다.

"고무라 공사는 주한 러시아공사와 협의하여 고종 환궁의 일을 제출해야 한다. 이번 고종 환궁 제의는 의식적(儀式的)인 것이므로 억지로 요구하는 사항이 아니다. 고종이 어떠한 구실로 거절한다고 해도 후일의 언질 정도로 남기면 좋다. 우선 고무라 공사는 환궁을 요구하고 고종의 답변을 제출한다."[14]

1896년 5월 20일 오후 7시 40분 고무라는 고종 환궁과 그 협상 실행에 관한 내용을 무쓰에게 전보로 보고했다. 고무라는 무쓰의 지시에 따라 고종의 환궁을 주한 러시아공사에게 요구했다.

고무라는 1896년 5월 20일 아침 일찍 주한 러시아공사 베베르를 방문했다. 고무라는 서울의정서 제1항에 근거하여 고종 환궁을 실행할 시기가 되어 고종에게 환궁을 권고할 것이지만, 미리 주한 러시아공사와 논의하여 의견을 듣고 싶다고 말했다.

"이번 협상 결과에 따라 일본은 병영(兵營) 이전이나 수비병 감원을 이미 끝냈고 전선수비대 철수의 일도 진행 중입니다. 일본 낭인도 단속했습니다. 아관파천 이래 서울에서 불량한 행동을 한 일본인은 하나도 없습니다. 일본정부는 다시 일본 장사에 대한 도한금지령(渡韓禁止令)을 시행했습니다."

---

14 『駐韓日本公使館記錄(10)』, 1896년 5월 18일 오후 3시 15분 東京 발 5월 19일 오후 7시 20분 京城 착, 電信「國王還宮에 관한 日·露公使의 談話 件」, 陸奧 大臣 → 小村, 150쪽.

그러자 베베르는 내란이 완전히 진정되고 일반의 민심이 조용해지는 시기를 보아서 환궁을 도모할 예정이라며 답변했다. "조선정부는 사실 아관파천 이후 왕궁 호위를 위해 러시아 수병을 요구했습니다. 본관은 러시아 수병이 필경 상례(常例)를 넘은 처치이고 러시아정부도 허락하지 않을 것이라며 거절했습니다."

"지난번 일단 진정되었던 내란도 대원군의 선동에 의해 재연되었고, 그 결과를 예측할 수 없습니다. 현재 고종의 공포는 실로 대단한 것이어서 보기에도 애처롭게 생각될 정도입니다. 고종은 일본공사가 신임장을 제출할 때도 당일 갑자기 경운궁으로 움직이는 것을 중지할 뜻을 알려서, 큰 소동이 일어날 정도였습니다. 고종의 환궁은 필요하지만 현재 고종에게 환궁을 권고할 엄두가 나지 않습니다."

결국 고무라는 주한 러시아공사에게 다시 협의하겠다고 말하고 대화를 마쳤다. 고무라는 무쓰의 지시를 이행했으니 귀국 명령을 내려줄 것을 요청했다.[15]

1896년 5월 20일 고무라는 전보에 이어 고종 환궁에 관한 주한 러시아공사의 제안을 일본정부에 상세히 보고했다. 이날 베베르는 "고무라가 마음을 털어놓는 모습이어서, 숨김없이 의견을 토로했다"고 말했다. 고무라는 본국 정부의 훈령에 따라 주한 러시아공사에게 조속한 고종의 환궁을 요구했다. 하지만 베베르는 조선의 내란이 진정되고 민심이 조용해지면 환궁이 가능할 것

---

15 『駐韓日本公使館記錄(10)』, 1896년 5월 20일 오후 7시 40분 京城 발, 電信 「國王還宮에 관한 日·露公使의 談話 件」, 小村 → 陸奧 大臣, 150쪽. "현재 대원군의 선동이 재발할 수 있는 상황입니다. 고종은 5월 16일 고무라의 신임장 봉정(捧呈) 당시 명례궁에 출어(出御)하여 분란을 목격하였습니다. 국왕에게 환궁을 권고할 시기라고 인정할 수 없습니다."(外務省編, 『小村外交史』, 東京: 原書房, 1961, 89-90쪽).

이라고 주장했다.

고무라는 국왕의 환궁이 가장 중요하며 환궁의 구체적인 방법에 대한 베베르의 의견을 물었다. "본관은 고종의 환궁 수단도 세우지 않고 망연히 방관하고 있어서, 도저히 오늘과 같은 변칙적인 국면이 회복될 수 없습니다. 지금 고종의 환궁이 속히 실행하는 것보다 중요한 일은 없습니다."

베베르는 자신이 고무라와 같은 견해이며, 만약 고종이 환궁 결심을 한다면 오늘이라도 실행되기를 희망하지만, 그런 상황이 아니라고 답변했다. "고종이 마음속에 품고 있는 공포심이 대단히 크고, 더욱이 폭도의 동향도 예측하기 어려운 실정이므로, 현재 도저히 고종의 환궁을 실행하기 어렵습니다. 조선 상황을 잘 아는 외국인들의 의견도 같아서, 현재의 상황으로는 별 도리가 없습니다."

고무라는 "고종의 환궁 시기가 언제라고 생각하느냐"고 구체적으로 물어보았다. 그러자 베베르는 "내란이 완전하게 진정되고 일반의 민심이 조용해질 때가 그 시기"라고 말했다. 고무라는 고종의 환궁을 조속히 실행해야 할 필요가 있으므로, 다시 협의할 일이 있을 것이라고 주장했다. 고무라는 베베르의 소극적인 태도에 비추어 볼 때 고종의 환궁 실행은 매우 곤란할 것으로 추측한다는 자신의 의견을 일본정부에 보고했다.[16] 결국 고무라는 하루 속히 환궁의 실행이 필요하기 때문에 더욱 협의가 필요하며, 고종의 환궁문제는 일단 유보하기로 했다.[17]

---

16   『駐韓日本公使館記錄(9)』, 1896년 5월 30일, 「朝鮮國王 還宮에 관해 露公使에 제의한 件」, 小村 → 陸奧 外務大臣, 203-204쪽.
17   外務省編, 『小村外交史』, 東京: 原書房, 1961, 90쪽.

1896년 5월 24일 오후 1시 20분 무쓰 외무대신은 고종 환궁을 요구하고 서울의정서를 마무리한 일본공사 고무라의 귀국을 승인했다. 무쓰는 고무라의 일본 귀국까지 관여하는 등 1896년 6월 말까지 조선문제에 직접 관여하고 지시했다. "고무라 공사 부재 중 만일의 사변에 대응할 준비를 갖추며, 가토 서기관을 임시대리공사로 임명하니, 장래 유의해야 할 사항을 충분히 지시하길 바란다. 주한 러시아공사와도 일시 귀국하는 일을 협의하라."[18]

현안문제가 일단락되자 고무라는 1896년 6월 8일 일본으로 복귀할 수 있었는데 그는 아관파천의 치욕을 가슴속 깊이 묻어두었다.

조선군대 양성을 둘러싼 러·일의 동상이몽

1896년 서울의정서와 모스크바의정서를 체결했고, 고종 환궁 이후 신변 보호를 둘러싸고 조선군대 양성 문제가 외교적 현안으로 부상했다. 러시아는 독자적으로 조선군대 조직을 수행할 수 있다는 주장이었고, 일본은 러일 공동으로 조선군대 조직을 수행해야 한다고 팽팽히 맞섰다.

러시아정부는 아관파천 시기 고종이 주한 러시아공사관에 그대로 머무는 방안과 러시아 호위병의 수를 한정하고 고종 호위의 기한을 정해 고종의 환궁을 추진하는 방안을 일본정부에 제시했

---

[18] 『駐韓日本公使館記錄(10)』, 1896년 5월 24일 오후 1시 20분 東京 발 5월 25일 오후 8시 55분 착, 電信「小村公使 不在中 萬一의 事變에 對備 件」, 陸奧 大臣 → 小村, 152쪽.

다. 하지만 일본정부는 고종을 호위할 조선군대의 양성을 양국이 함께 실행할 것을 제안했다.

1896년 6월 25일 사이온지 외무대신은 고종 환궁에 대한 주일 러시아대리공사 쉬뻬이에르의 정보를 주한 일본공사 하라에게 통지했다. 쉬뻬이에르는 고종 환궁 이후 신변을 위협하는 행위의 금지를 보증해 줄 것을 일본정부에게 요청했다. 사이온지는 쉬뻬이에르의 요청을 보증했다며 주한 일본공사에게 준수할 것을 지시했다.

쉬뻬이에르에 따르면 고종은 환궁 이후 러시아정부에서 일신상의 안전을 보장해 줄 것을 요청했다. 일본 외무성은 서울의정서를 체결했음에도 불구하고 러시아정부의 요청을 보증했다.[19]

1896년 8월 19일 오후 3시 55분 사이온지는 러시아의 고종 환궁 방안을 하라에게 타전했다.

1897년 8월 17일 러시아정부는 고종의 환궁 방안을 일본 외무성에 다음과 같이 제시했다. 사이온지의 전보에 따르면 러시아정부는 고종이 오랫동안 주한 러시아공사관에 머무는 것을 희망하지 않는다. 러시아정부도 자주 고종의 환궁을 권고했지만 고종은 러시아 군대로 왕궁을 호위시키지 않는다면 환궁하지 않겠다고 답변했다. 러시아정부는 고종의 요청에 따라 당분간 러시아병사 20명 정도로 호위하여 고종을 왕궁으로 돌아가게 할 예정이다. 러시아정부는 일본정부가 두 가지 방안 중 하나를 선택할 것을 제의했다. "하나는 고종을 주한 러시아공사관에 두는 것

---

19 『駐韓日本公使館記錄(6)』, 1896년 6월 25일, 機密送第45號「朝鮮國王 還宮 후의 護衛에 관한 件 別紙 乙號 口上書」, 外務大臣 侯爵 西園寺公望印 → 在朝鮮特命全權公使 原敬 殿, 184쪽.

이고, 다른 하나는 러시아 호위병의 수를 한정하고 고종 호위의 기한을 정하는 것이다."[20]

그런데 1896년 8월 20일 오후 1시 주한 일본공사 하라는 주한 러시아공사도 고종의 환궁을 희망한다는 사실을 외무대신 사이온지에게 타전했다. "주한 외국인은 현재 조선에서 일어나는 모든 죄악을 주한 러시아공사에게 돌리는 경향입니다. 러시아정부와 주한 러시아공사도 고종의 환궁을 희망하는 것으로 보입니다."[21]

1896년 8월 24일 오후 1시 20분 하라는 지난 8월 19일 전보 내용으로 러시아군대 수비의 언급이 있었는데 일본정부가 어떻게 결정했는지 알려달라고 요청했다.[22]

1896년 8월 29일 오후 2시 20분 사이온지는 고종 환궁에 관한 주일 러시아공사와의 대화를 하라에게 타전했다. 사이온지는 1896년 8월 17일 러시아정부의 고종 환궁 방안에 대해서 8월 28일에 쉬뻬이에르에게 다음과 같이 회답했다.

"일본정부는 러시아정부와 마찬가지로 고종이 빨리 환궁하는 것을 희망합니다. 하지만 모스크바의정서에 따르면, 특별히 고종 호위의 임무를 맡을 조선군대가 창설되기 이전까지는 고종이 주한 러시아공사관에 체재하기로 결정했습니다. 일본정부는 우선적으로 조선 군대조직의 문제를 양국 정부의 합의로써 실행하

---

20 『駐韓日本公使館記錄(10)』, 1896년 8월 19일 오후 3시 55분 東京 발 8월 20일 오전 11시 5분 착, 電信「高宗還宮 件」, 西園寺 → 原 公使, 170쪽.
21 『駐韓日本公使館記錄(10)』, 1896년 8월 20일 오후 1시, 電信「高宗還宮 件」, 原公使 → 西園寺, 170쪽.
22 『駐韓日本公使館記錄(10)』, 1896년 8월 24일 오후 1시 20분, 電信「明禮宮 修理 着手와 國王還御 件」, 原 公使 → 西園寺, 172쪽.

는 방침이 타당하다고 판단합니다."

사이온지에 따르면 쉬뻬이에르는 고종 환궁을 먼저 하고 조선 군대조직 문제를 서서히 협의하는 편이 좋을 것이라고 말했다. 쉬뻬이에르가 조선군대의 조직 방안을 질문하자, 사이온지 외무대신은 러일 양국 사관(士官)이 조선군대를 훈련시키면 좋겠다고 답변했다. 쉬뻬이에르는 조선 군대조직에 관한 담판 장소를 뻬쩨르부르크로 희망했다.[23]

1896년 9월 4일 사이온지는 고종 환궁 요구와 조선군대 조직에 관한 러일 간 대화와 문서를 하라에게 전달했다. 사이온지는 러시아정부의 1896년 8월 17일 고종 환궁 방안 제안에 따른 1896년 8월 28일자 러시아정부에 보낸 회답 취의서, 주러 일본 공사와 러시아 외무대신 사이의 1896년 8월 24일 대화 내용을 하라에게 보냈다. 일본정부의 요구는 일본과 러시아에 의한 공동 조선군대 조직이 핵심이었다.

1896년 8월 28일 사이온지는 러시아정부에게 보낸 회신 내용을 기록했다. "일본정부는 러시아정부처럼 환궁한 고종을 가능한 빨리 궁궐에서 만나기를 희망합니다. 모스크바에서 야마가타(山縣有朋)와 로바노프(А.Б. Лобанов) 사이에 체결된 의정서처럼, 경호 임무를 담당할 조선군대가 조직될 때까지 고종의 개인적인 경호 문제를 검토해야 합니다. 무엇보다도 일본정부는 조선군대 조직을 러시아와 일본 정부의 공동 합의 하에 이뤄지길 희망합니다."[24]

---

[23] 『駐韓日本公使館記錄(10)』, 1896년 8월 29일 오후 2시 20분, 電信「還宮 후 國王護衛에 관한 러시아 臨時代理公使와의 談話 通知 件」, 西園寺 외무대신 → 原 公使, 175쪽.

[24] 『駐韓日本公使館記錄(6)』, 1896년 9월 4일, 機密送第77號「朝鮮國王 還宮의 件 別紙 甲號 8.28 일본 회답 취의서」, 外務大臣 侯爵 西園寺公望 → 在朝鮮 特命全

로바노프

1896년 8월 24일 주러 일본공사 니시는 러시아 외무대신 로바노프와의 면담을 사이온지에게 보고했다.

니시에 따르면 "본관은 모스크바의정서를 근거로 환궁 이후 러시아군사의 고종 호위 제안을 반대했습니다. 본관은 양국이 각각 주한 러시아와 일본 공사에게 훈령을 내려 다른 방법으로 신속히 국왕을 환궁하도록 협력시킬 것을 권고했습니다."

로바노프에 따르면 "본관은 일본이 반대하는 일은 무엇이든 하고 싶지 않습니다. 그래서 일본의 여론이 약간 진정된 상황을 기회로 삼아서 일본 외무대신과 협의해 보라는 뜻으로 주일 러시아 임시대리공사 쉬뻬이에르에게 훈령했습니다. 일본정부가 러

權公使 原敬, 192-194쪽.

시아정부의 제의에 동의한다면 쉽게 해결될 것입니다."

니시는 러시아 외무대신이 고종 호위 제안 반대 의견을 지시할 것을 권고했다. 니시는 모스크바에서 야마가타의 수행원이었던 육군대령 뿌짜따가 고종의 호위병 편제를 위해 서울에 파견되었고, 호위병 편제 문제에 대해서 주한 러시아공사가 주한 일본공사에게 협의할 것이라고 일본정부에게 보고했다.[25]

로바노프는 둥근 얼굴과 눈썹에, 볼살이 많았고, 짙은 쌍꺼풀에 커다란 눈을 소유했다. 70대에 접어들었지만 살이 쪄서 풍채가 좋았다. 말을 할 때도 무게가 있었다. 행동거지가 약간 느릿한 것이, 이 사람이라면 신뢰해도 좋을 것 같은 느낌을 주었다.

로바노프(1824~1896)는 1844년 귀족학교인 알렉산드롭스끼를 졸업한 그해부터 외교관으로 활동했다. 그는 1867년부터 1878년까지 내무부 차관을 역임했고, 1878년부터 1879년까지 터키 주재 대사, 1879년부터 1882년까지 영국 주재 대사, 1882년부터 1895년까지 오스트리아 주재 대사를 역임했다. 그는 1895년 3월 10일 외무대신으로 임명되었고, 1896년 8월 30일 심장병으로 사망했다. 그는 러시아의 적극적인 극동 진출을 위해서 외교적으로 노력했다. 1895년 삼국간섭을 주도하여 일본의 요동 진출을 저지했고, 1896년 조선문제에 관한 모스크바의정서(로바노프-야마가타 협정) 및 동청철도 건설을 위한 러청비밀협정 등을 체결했다. 그는 재무대신 비테와 함께 일본의 동북아 침략 방지, 조선의 중립 유지, 러시아의 만주 진출 등을 핵심적으로 추진했다.[26]

---

[25] 『駐韓日本公使館記錄(6)』, 1896년 9월 4일, 機密送第77號「朝鮮國王 還宮의 件 電信 譯文 第53號 1896년 8월 24일 발신 在露 西 公使 → 西園寺 大臣」, 外務大臣 侯爵 西園寺公望 → 在朝鮮 特命全權公使 原敬, 195쪽.

[26] Рыбаченок И.С. Министр иностранных дел России А.Б. Лобанов-Ро

서울의정서와 모스크바의정서 체결 이후 러일 현안은 러시아 군사교관에 의한 조선군대 양성 문제였다. 러시아는 독자적으로 조선군대 조직을 수행할 수 있다는 주장이고, 일본은 러일 공동으로 조선군대 조직을 수행해야 한다는 입장이다.

1896년 8월 22일 주한 일본공사 하라는 주한 러시아공사도 고종의 환궁을 희망한다는 내용을 일본정부에게 보고했다. 하라는 주한 러시아공사관의 이권 개입 관련 소문을 보고하면서 러시아 공사 베베르도 고종의 환궁을 희망한다고 보고했다.

하라는 베베르가 여러 가지 일에 개입한 것으로 추측했다. 베베르는 프랑스의 경의(京義)철도 부설권 획득에 영향을 행사했다. 소문에 따르면 독일의 광산채굴권 불허, 경부철도 부설권 불허 등도 베베르가 개입했다. 하라에 따르면 심지어 조선정부의 모든 결정이 베베르 공사의 지휘 또는 묵인이라는 소문이 나돌았다. 풍설이 나돌면서 주한 외국인들 중 베베르에게 원망스런 말을 하는 사람도 생겼다. 이런 각종 끊이지 않는 소문 때문에 주한 러시아공사 베베르도 환궁을 바란다고 보고했다. 하라는 베베르와 관련된 각종 나쁜 소문을 수집했다.

1896년 8월 22일 하라는 러시아 군사교관이 도착하면 고종이 환궁할지 모른다는 소문을 보고했다. 하라는 고종의 환궁과 군

стовский//Новая и новейшая история. 1992. No. 3; www.histrf.ru. 러시아 외무대신 로바노프는 고종의 아관파천 이후 2월 18일 아관파천을 승인하는 전보를 보냈다. 모스크바대관식 특사로 파견된 민영환은 1896년 6월 5일 러시아 외상 로바노프를 만난 자리에서 군사 지원 및 차관 제공 등을 요청했다. 이에 로바노프는 조선의 경제 상태를 조사하고 차관이 필요한지 여부가 확인되는 대로 고려할 것이라는 회답을 주었다. 로바노프는 야마가타와도 회담을 했는데, 그 결과 모스크바의정서(1896.6.9)가 체결되었다. 이 의정서의 기본 정신은 '조선문제는 일본과 상호 동의하에 처리한다'는 것이었다.

대 훈련에 대한 정보를 일본정부에 보고했다. 러시아 군사교관이 도착하면 고종이 비로소 안심하고 환궁할 것이라는 소문도 있었다.[27]

하라는 러시아 군사교관과 고종의 환궁을 연관하여 파악했는데 조선의 반일감정의 원인을 갑오개혁과 을미사변으로 판단했다. 하라는 조선에 대한 불간섭정책을 표방하여 조선에서의 반일감정을 약화시키려고 노력했다.[28] 그는 말을 아끼며 때를 기다린 것이다.

신임 총리대신 김병시의 임명장 사양

"오늘 총리대신의 은명(恩命)을 대궐 안에서 준다면 받겠지만 러시아공사관에서는 결코 받을 수 없습니다. 김홍집과 정병하에 대한 조치는 통탄을 금할 길이 없습니다. 노신(老臣)도 후일 김홍집과 정병하의 전철을 밟지 않으리라 기약할 수 없습니다."

고무라는 1896년 2월 17일 김병시의 고종 환궁 주장 등 신내각의 동향을 기록했다. 신임 총리대신 김병시는 며칠 전 향리에서 입경했다. 고종은 시종을 보내 김병시를 영접하고 주한 러시아공사관에서 면담했다. 김병시는 총리대신 임명장을 눈물을 흘리며 사양했다. 그는 고종이 하루속히 러시아공사관을 떠나 대

---

27 『駐韓日本公使館記錄(9)』, 1896년 8월 30일, 機密第65號「國王 還宮에 관한 件」, 特命全權公使 原敬 → 外務大臣 侯爵 西園寺公望, 219-220쪽.
28 『駐韓日本公使館記錄(9)』, 1896년 8월 19일, 「朝鮮의 現況 및 장래의 傾向에 관한 上申」, 特命全權公使 原敬 → 外務大臣 侯爵 西園寺公望, 215쪽.

궐에 환궁할 것을 주장했다. 그러자 고종은 더욱 억지로 옷소매 속에 사령장을 간직하게 하려 했지만 끝내 뿌리치고 어전을 물러나왔다.

김병시는 눈물을 떨구며 어전에서 물러나와 대기실에서 휴식했다. 그런데 궁내부대신 이재순은 김병시의 임명장을 교부하려고 시도했다. 김병시는 이재순이 자신에게 '칙령장(勅命狀)'을 주려하자 오히려 질책했다.

"나는 폐하의 면전에서 단연 이를 사양했는데 하물며 궁내부대신이 갖고 왔다 하여 어찌 이를 받을 리 있겠는가?"

그러자 이재순은 일어나 밖으로 나가서 임명장을 고종에게 '봉환(奉還)'했다. 결국 총리대신 김병시는 칙령을 사양했다. 고무라는 위신이 없고 명망이 적은 이범진 등의 세력이 이미 김병시에게 마저 버림을 받아 실망했다고 주장했다.[29]

환갑이 넘은 김병시는 청렴결백하고 다년간 현직에 머물러 있어서 조야(朝野)의 여망(輿望)이 두터웠다. 김병시는 세상에 악과 불행과 잔인성을 어쩔 수 없는 현상으로 받아들였다. 인간의 행위에는 찬양할 것도 비난할 것도 없다는 생각이었다. 다만 그에게는 명분이 중요했다.

김병시(金炳始, 1832~1898)는 안동김씨 김응근(金應根)의 아들로 세도가문 출신이다. 고종은 1894년 갑오개혁에 반발한 세도가문 출신의 원로대신을 궁내부 소속 특진관에 포진시켰다. 궁내부 특진관 김병시는 1895년 11월 춘생문사건 이후 김홍집 내각이 정치적 반대세력을 제거하고 정국을 주도하자 김홍집 내각

---

29   『駐韓日本公使館記錄(9)』, 1896년 2월 24일, 機密第14號 「新政府의 現況報告」, 小村 → 西園寺 外務大臣臨時代理, 152쪽.

을 강력하게 비판했다. 결국 김병시는 군주권을 인정하면서 '의정부 강화론'을 주장한 원로대신의 구심점이었다.[30]

1896년 5월 1일 궁내부 특진관 김병시는 고종 환궁, 명성황후 장례 날짜 확정 등을 요청하는 상소를 올렸다.

김병시는 자신이 고칠 수 없는 병으로 위독하고 명령을 회피한 죄가 쌓였으니 다시 향리(鄕里)로 돌아가겠다고 주장했다. 김병시는 현재 자신이 맡고 있는 벼슬을 먼저 교체시키고, 명령에 태만한 죄를 다스림으로써 조정의 기강을 엄숙히 할 것을 요청했다.

김병시는 "백성들이 갈팡질팡 살 곳을 잃는다는 소리만 날마다 들리고, 일마다 한갓 여러 나라의 비난을 받는 것만 보게 되는데, 이에 생각이 미치면 차라리 죽어버리고 싶다"며 민심의 이반, 열강의 비난 등에 대해서 우려했다. 김병시는 고종의 환궁을 강력히 요구했다.

"폐하가 옮겨간 것은 물론 변란에 대처하는 일시적인 조치였지만, 여러 달이 지나도록 돌아올 기약이 없으니, 또한 그렇게 하지 않을 수 없는 무슨 내막이 있는 것입니까? 하루 이틀 질질 끌면서 헛되이 지체할 수 없는 것으로서 나라의 체면이 벌써 더 없이 손상되었으니 어떻게 민심이 안정되겠습니까?"

그러자 고종은 "더없이 나라에 충성스럽고 임금을 위하는 경(卿)으로서 이런 때에 지방에서 머무르는 것을 참을 수 있겠는가? 서둘러 입궐하라. 진술한 여러 조항은 접견 때에 응당 토의

---

30 김병시는 1848년 과거시험에 합격했다. 그는 고종 친정 이후 승정원 도승지, 홍문제학, 호조판서 등을 역임했다. 임오군란 당시 풍양조씨인 조영하(趙寧夏)와 함께 고종을 업고 별궁으로 피신하여 고종의 신임을 얻었다. 그 후 김병시는 독판통리군국사무아문, 의정부당상 등 주요 관직에 발탁되었다(김영수, 『미쩰의 시기: 을미사변과 아관파천』, 경인문화사, 2012, 230-231쪽).

하겠다"는 답변을 내렸다.³¹

김병시는 1896년 7월 상중(喪中)에 고종의 부름을 받고 입경하여 한 번 알현했다. 김병시는 오늘과 같은 정세로는 속마음을 토로할 수가 없다며 다시 고향에 은둔했다.³² 민씨 가문의 핵심인물인 민영준은 환궁을 주장한 인물로 김병시·조병세·민응식·민영달·김영수 등을 꼽았다.³³

김병시는 1896년 10~11월 사이 집중적으로 환궁 등에 관한 상소를 또다시 올렸다. 1896년 10월 12일 궁내부 특진관 김병시는 다음과 같은 상소를 올렸다. 김병시는 고종의 환궁, 명성황후의 국장 시행, 을미사변 관련 조선인과 일본인 처벌, 인재 등용, 관청의 하급관리 채용 등을 요구했다.

김병시는 고종의 환궁 지연 이유에 관한 조칙을 내려서 백성들의 의혹을 풀어줄 것을 요구했다. 김병시는 즉각 경운궁으로 환궁할 것을 촉구했다.

김병시는 명성황후의 국장일과 묘지를 신속히 정해야 하고, 을미사변 관련 인물을 조속히 처벌할 것을 주장했다. 김병시는 "처단된 흉악한 역적들에 대해서는 마땅히 즉시 죄안(罪案)을 만들고, 법망(法網)을 빠져나간 여러 역적들도 붙잡아 철저히 조사하고, 다른 나라로 도망간 자들도 외부(外部)로 하여금 담판을 지어 일일이 붙잡아 조사할 것"을 요구했다. 김병시는 "죄인들 가운데 일본인들도 해당국에서 재판하여 반드시 판결하겠지만 처

---

31 『高宗實錄』, 고종 33년 5월 1일.
32 『駐韓日本公使館記錄(11)』, 1896년 7월 25일, 報告第6號「官制 등 보고」, 特命全權公使 原敬 → 外務大臣 侯爵 西園寺公望, 73쪽.
33 『駐韓日本公使館記錄(9)』, 1896년 8월 19일, 「朝鮮의 現況 및 장래의 傾向에 관한 上申」, 特命全權公使 原敬 → 外務大臣 侯爵 西園寺公望, 215쪽.

리 이후 즉시 소환하여 처벌해야 한다"고 주장했다. 김병시는 "지금 외부에 밝히지 않은 조정의 일들이 벌써 외국의 신문에 실렸다"며 정보 유출과 관련된 잡된 무리들의 처벌을 강조했다. 김병시는 "안으로는 액속, 이서, 군졸, 시민과 밖으로는 이례, 향임들이 직업을 잃었는데, 중외의 각 관청이 수습해서 빈자리를 채워갈 것"을 주장했다.

그러자 고종은 "이번에 조목별로 진술한 데에서 변함없이 나라를 걱정하고 임금을 사랑하는 경의 정성을 보고 참으로 감탄했다"고 답변했다. 고종은 김병시의 사임을 인정할 수 없다는 의지를 보여주었다.

"이처럼 어려운 시기를 만나 개혁하는 때에 경은 어찌 차마 떠나겠다는 말을 하는 것이며, 짐이 어찌 가도록 허락하겠는가? 경은 다시는 이런 글을 올리지 말고 오로지 직임을 맡아 착실히 도울 생각만 하라."[34]

김병시를 중심으로 하는 원로대신, 민비 가문의 핵심인물인 민영준 등도 고종의 환궁을 적극 요구하고 나섰다. 1896년 10월 30일 주한 일본대리공사 가토는 김병시와 민영준을 중심으로 고종의 환궁을 요구하는 운동을 전개했다고 보고했다. 김병시와 민영준 등은 고종의 환궁 상소를 강하게 제기하고, 1896년 11월 1일 명성황후 제례에 따라 고종이 경운궁으로 환궁시키는 방안까지 생각했다.

고종은 아관파천 직후 김병시를 총리대신으로 임명했지만 김

---

[34] 『高宗實錄』, 고종 33년 10월 12일. 주한 일본대리공사 가토도 1896년 11월 14일 김병시의 환궁 요구 상소문을 상세하게 일본정부에게 보고했다(『駐韓日本公使館記錄(9)』, 1896년 11월 14일, 機密第91號「金 議政 奏議에 관한 件 別紙 2 金炳始 議政의 두 번째 奏疏」, 加藤 臨時代理公使 → 外務大臣 伯爵 大隈重信, 241쪽).

병시가 고종의 환궁을 요청하고 물러나자 특별히 사신을 보내어 간곡한 뜻을 전달했다. 그런데 김병시와 민영준은 서로 연결되어 고종의 환궁을 도모하려고 했다. 안경수, 김가진, 조병세, 이용원, 김종한, 이윤용, 이완용 등도 고종 환궁 요청에 함께했다.

김병시와 민영준 등은 고종이 명성황후 제전을 위하여 경운궁으로 이동하는 기회에 왕여(王輿)를 옹위하고 환궁시키는 계획을 수립했지만 실행하지 않았다. 김병시와 민영준 등은 내각이 먼저 고종의 환궁을 강력히 요청한 다음 강압수단을 사용할 것을 결정했다. 이에 따라 김병시는 끊임없이 환궁을 재촉했다.[35]

가토는 1896년 11월 18일 김병시의 상소와 사직을 보고했다. 가토는 김병시의 상소 내용 전문을 일본정부에 보고할 정도로 비중있게 다루었다.

김병시는 임명 초기부터 5개조의 상소를 올렸다. 첫째, 환궁의 일, 둘째, 경부철도 허가, 셋째, 국상 변경, 넷째, 전 내각의 관제 사용, 다섯째, 인재등용 등이다.

김병시는 처음부터 수용되지 않는다면 의정에 취임할 수 없다며 고집을 부렸다. 김병시는 그 후 9차례나 사표를 올렸는데, 고종은 9번째 사직 상소에 대해서 오히려 병환으로 휴양하라는 특별 지시를 내렸고, 1896년 10월 12일 윤용선을 의정사무서리로 임명했다. 그 후 김병시는 10번째 사표를 냈지만 수리되지 않았다.[36] 김병시에 대한 고종의 신뢰는 매우 강했다.

가토는 1896년 11월 14일 김병시의 10월 12일자 상소문을 일

---

35 『駐韓日本公使館記錄(9)』, 1896년 10월 30일, 機密第89號 「當國政府 部內의 動靜」, 加藤 臨時代理公使 → 外務大臣 伯爵 大隈重信, 234쪽.
36 『駐韓日本公使館記錄(11)』, 1896년 11월 18일, 報告第15號 「施政一班 등 보고」, 加藤 臨時代理公使 → 大隈 外務大臣, 99쪽.

본정부에 상세히 보고했다. 김병시는 고종 환궁, 명성황후 시호와 제례 실행, 을미사변 관련자 처벌 등을 강력하게 요구했다.37

가토는 1896년 11월 27일 김병시의 사퇴 등을 외무대신 오쿠마(大隈重信)에게 보고했다. 김병시는 1896년 11월 12번째 사표를 제출했다. 하지만 고종은 비서원승 윤상연을 김병시의 사저(私邸)로 보내 매우 간곡한 유지를 내렸다. 가토는 고종의 김병시에 대한 신뢰가 두터운 것으로 파악했다.38

1896년 11월 30일 가토는 고종의 환궁을 요구하는 여론의 추이를 보고했다. 현재 고종은 조금도 환궁할 기색이 없었으나, 백성 사이에서는 오히려 환궁 열의가 높아졌다. 조선인 두세 명만 모여도 환궁문제를 화제로 다룰 정도였다. 가토는 1896년 11월 30일 고종 환궁을 요구하는 문관 우두머리는 김병시라고 보고했다. 영의정 김병시는 환궁파의 수장으로서 온건한 방법을 선택했다.39

『독립신문』은 1897년 2월 25일 고종의 환궁 직후 의정 김병시에 대한 평가와 기대를 논설로 보도했다. 『독립신문』에 따르면 여론은 김병시를 "조선에 물망 있는 재상이고, 누구든지 모두 상등 인물로 말하고, 의정이 되어 출사를 하면 나라에 좋은 일이 많이 있고, 문명진보가 되어 조선이 세계에 행세를 높이 할 도리가 있다"고 평가했다. 『독립신문』은 김병시에 대한 고종과 백성

---

37 『駐韓日本公使館記錄(9)』, 1896년 11월 14일, 機密第91號 「金 議政 奏議에 관한 件 別紙 2 金炳始 議政의 두 번째 奏疏」, 加藤 臨時代理公使 → 外務大臣 伯爵 大隈重信, 241쪽.
38 『駐韓日本公使館記錄(11)』, 1896년 11월 27일, 報告第16號 「任免一束」, 加藤 臨時代理公使 → 大隈 外務大臣, 101쪽.
39 『駐韓日本公使館記錄(9)』, 1896년 11월 30일, 機密第95號 「이달 21일 逮捕事件에 관한 報告」, 加藤 臨時代理公使 → 外務大臣 伯爵 大隈重信, 247-248쪽.

의 무한한 신뢰를 보도했다. "김병시의 처지는 조선 제일이라 위로 임금의 믿으심을 받고, 아래로 인민의 사랑함을 입고 있으니 조선에 이런 재상이 몇이 있으리오."

『독립신문』은 1897년 2월 25일 의정 김병시가 하루 빨리 업무를 수행할 것을 재촉했다. 『독립신문』은 김병시가 "전국 인민을 위해 문명개화한 법률을 털끝만치도 어기지 말고 시행 할 것"을 요구했다. 『독립신문』은 1897년 2월 25일 김병시가 독일의 총리대신 비스마르크와 비슷한 역할을 수행할 것이라고 예상했다. "임금과 백성만 생각하고 새로운 정부를 만들어 대군주 폐하를 조선 사기에 중흥한 자주독립국 성왕이 되게 하고, 1천 2백만 명 조선 인민이 차차 지체와 학문과 형세와 행실이 세계 각국 인민들과 같게 만들 것"을 기대했다.[40]

두렵지 않은 상대를 칭찬하는 것은 다른 무서운 경쟁자를 견제하는 좋은 수단이다. 독립협회의 기관지 『독립신문』도 그런 판단이 밑바닥에 깔렸다.

요리히토의 고종 접견

"고종이 10월 26일 오전 10시 30분 경운궁으로 이동하여 요리히토 친왕과 대면할 것이며, 일본 해군 장교도 경운궁으로 입궐할 것이다."

궁내부대신 이재순은 주한 일본공사 가토에게 위와 같이 통보

---

40 『독립신문』, 1897.2.25.

했다.[41] 이 방문은 을미사변 이후 외교적 파국 상태를 맞은 조선과 일본이 아관파천 이후 화해의 길로 가는 신호탄이었다.

1896년 10월 히가시 후시미노미야 요리히토[東伏見宮 依仁] 친왕은 해군 대위이자 일본 왕실의 대표 자격으로 조선을 방문했다. 을미사변 이후 일본이 왕족을 보내면서 화해의 모습을 보였는데, 이 방문은 고종의 외국 왕실 접견 과정과 을미사변 언급 등이 주목할 만했다.

요리히토 친왕은 1896년 10월 25일 서울에 도착하여, 26일 고종과 면담하고, 27일 서울을 출발하여 인천에 도착했다.[42] 1896년 10월 30일 주한 일본대리공사 가토는 요리히토 친왕의 고종 면담 과정과 대화 내용을 상세하게 일본정부에게 보고했다.

요리히토는 조그마한 얼굴에 콧수염을 기르며 마르고 작은 체격이었다. 그는 권태이든 격정이든, 쾌락이든 고통이든, 모든 것을 받아들여야 하는 왕족이었고, 의식적으로 세상을 항해하는 해군의 길을 선택했다.

요리히토(1867~1922)는 1885년 12월 아키히토 친왕(彰仁親王)의 양자로 입적했다. 그는 1890년 7월 프랑스 해군사관학교에 콜 나발르(École Navale)를 졸업하고 8월 해군 소위에 임관했다. 1892년 2월 일본으로 귀국해서 1894년 12월 해군 대위로 승진하고 1895년 11월 순양함 '치요다(千代田)'호의 분대장이 되었다. 1905년 1월 해군 대좌이자 '치요다' 함장으로 러일전쟁에 참가했

41 『駐韓日本公使館記錄(9)』, 1896년 10월 30일, 機密第88號 「依仁親王殿下와 大君主陛下와의 對話始末 보고 件 別紙 依仁親王殿下와 朝鮮大君主陛下와의 對面始末書」, 加藤 臨時代理公使 → 外務大臣 伯爵 大隈重信, 232쪽.

42 『駐韓日本公使館記錄(11)』, 1896년 10월 31일, 報告第14號 「施政一班 등 보고」, 加藤 臨時代理公使 → 外務大臣 伯爵 大隈重信, 98쪽.

다. 그 후 1917년 12월 제2함대 사령관, 1918년 7월 해군 대장으로 승진하여 평생 해군의 길을 걸었다.[43]

가토는 요리히토 친왕의 대궐 입궐 과정을 기록했다. 가토는 고쿠분(國分) 통역관을 대동하여 요리히토 친왕을 비롯한 장교 일동을 안내하여 입궐했다. 요리히토 친왕 일행은 경운궁 휴게소에 도착하여 잠시 휴식을 취했다. 궁내대신, 궁내협판, 외부대신, 외부협판, 장예원경, 교섭국장, 외사과장 등이 마중 나왔다. 요리히토 친왕은 수행무관인 해군 소위를 대동하고 가토 공사의 안내로 고종의 편전으로 들어갔다.

고종은 걸어 나와 요리히토에게 악수하고 물었다. "예상하지 못한 전하의 내유(來遊)를 맞이하여 만족합니다. 전하가 긴 항해 중에도 건강한 것을 축하합니다."

요리히토는 웃으면서 말했다. "이번 경성(京城) 유람에 폐하를 알현하여 건강한 옥안(玉顔)을 배알하게 되니 매우 다행입니다."

고종은 인사말을 건넨 다음 요리히토에게 의자를 권했다. 그러자 요리히토는 왕세자의 건강을 물어봤고, 고종은 왕세자가 위장병으로 건강이 좋지 않다고 답변했다.

요리히토가 먼저 질문하고 고종이 답변하는 식으로 한동안 대화가 오갔다.

"폐하는 본인의 인천 도착 당시 특별히 궁내부와 외부 관리 두 명을 파견했고, 용산 도착 때에는 의장병과 순검을 파견하여 정

---

[43] 『駐韓日本公使館記錄(9)』, 1896년 10월 30일, 機密第88號 「依仁親王殿下와 大君主陛下와의 對話始末 보고 件」, 加藤 臨時代理公使 → 外務大臣 伯爵 大隈重信, 231쪽. 고마쓰노미야 아키히토 친왕(小松宮 彰仁親王)의 17남으로 히가시 후시미노미야 요리히토 친왕(東伏見宮 依仁親王)은 아명이 사다노미야(定宮)였다(小笠原長生 等編, 『依仁親王』, 東伏見宮藏版, 1927).

요리히토
(일본 국립국회도서관)

중히 대우해 주셨습니다. 폐하는 지난번 일본 태평양 해일(쓰나미) 때에는 즉시 위문의 말씀을 보내주셨습니다."

"아니오. 도무지 변변치 못하여 그런 인사는 도리어 부끄럽습니다."

"본인은 어제 창덕궁에 가서 아름다운 후원의 풍경을 관람했습니다."

"조선은 일본과 같이 아름다운 곳이 없어서 흥미가 없을 것으로 생각됩니다."

"그렇지 않습니다."

"조선은 이번이 처음 항해입니까?"

"아닙니다. 청일전쟁 당시 조선 연안을 자주 두루 항해했지만 서울은 처음입니다."

고종은 요리히토 부모님 안부를 먼저 물어보지 못해 미안하다고 말하면서 형제 인원까지 물어보는 자상한 모습을 보였다. 가토 대리공사는 어전에서 사메시마(鮫島) 사령장관을 먼저 소개한 뒤 일본 장교도 알현시켰다.

고종은 각 장교의 인사가 끝나자 다시 요리히토에게 착석을 권하며 먼저 물었고 요리히토가 답했다.

"귀하는 구미 각국 중 어느 나라들을 유람했나요?"

"본인은 2회의 유람으로 구미 각국의 수도 및 군항은 거의 다 녀왔습니다."

"견문이 넓으니 학문도 수반되겠지요?"

"아닙니다. 감히 어찌 그렇겠습니까."

"이는 귀하의 겸양입니다. 그런데 오늘 전하와 자리를 같이 하여 흉금을 털어놓고 간담 시간을 갖게 되어 기쁨이 이보다 더할 바가 없습니다."

이때 고종은 궁내부대신에게 명령하여 사람들을 물리쳤고 을미사변으로 인해 양국의 감정이 악화되었다고 강조했다.

"귀국과 조선과의 호의가 날로 친목을 더함에도 불구하고 작년 사변(을미사변) 이후 양국민 사이에 감정이 좋지 않은 것이 있어 유감스럽습니다."

"양국의 친목이 날로 두터움을 더하면 자연히 국민의 좋지 않은 감정은 융화될 것이라고 믿습니다."

"그렇소. 짐도 또한 기대합니다."

고종이 체류 일정을 물어보자 요리히토는 내일 아침 출발할 예정이라고 말했다. 고종이 요리히토에게 조금 더 체류할 것을 권유하자 요리히토는 항해 일정 때문에 어쩔 수 없다고 공손하게 말했다.

고종은 잔을 들어 샴페인을 요리히토에게 권하며 장도(長途)에 건강을 빌었다. 그리고 요리히토도 역시 고종의 덕화와 왕운(王運)의 융성(盛隆)을 축하했다. 고종은 모든 것이 부족했다는 인사말과 함께 요리히토와 악수를 하면서 폐전(陛殿)까지 전송했다.[44]

예정된 방문자 요리히토는 과거의 앙금을 약화시키고 조선과 일본의 잠정적인 화해의 시작을 충실히 알렸다.

러시아 군사교관단의 조선군대 훈련

1896년 10월 30일 주한 일본임시대리공사 가토는 러시아공사관 근처 경운궁으로 내각 사무실이 이동했다고 일본정부에 보고했다.

조선 내각의 일부는 주한 러시아공사와 불편한 관계였다. 조선 내각은 사무실을 주한 러시아공사관 인근 경운궁으로 옮겼다. 그런데 주한 러시아공사 베베르는 사무실의 경운궁 이동에 대해서 "무슨 이유로 주인에게 양해를 받지 않고 내각을 옮기려 합니까?"라며 자신의 불만을 고종에게 직접 표명했다. 고종은 내각의 실수였으며, 내각 사무실을 다시 주한 러시아공사관으로 복

---

44 『駐韓日本公使館記錄(9)』, 1896년 10월 30일, 機密第88號「依仁親王殿下와 大君主陛下와의 對話始末 보고 件 別紙 依仁親王殿下와 朝鮮大君主陛下와의 對面始末書」, 加藤 臨時代理公使 → 外務大臣 伯爵 大隈重信, 232-234쪽.

귀시킬 것을 베베르에게 약속했다. 고종은 사무실을 이동시킨 책임을 들어 서기관장 김명규를 면직했다.⁴⁵

1896년 11월 18일 가토는 고종이 경운궁의 내각 사무실을 그대로 두었지만 내각 회의는 예전대로 주한 러시아공사관에서 개최한다고 일본정부에 보고했다. 고종은 내각 사무실을 경운궁으로 형식적으로 이동시키면서 환궁 준비를 추진했다.⁴⁶

1896년 11월 주한 일본공사관은 고종의 환궁과 함께 러시아 군사교관단의 활동이 가장 중요한 문제이자 초미의 관심사였다.

1896년 11월 12일 오후 8시 30분 가토는 러시아 군사교관의 왕궁 호위 임무에 대한 베베르의 답변을 오쿠마(大隈) 외무대신에게 타전했다. 베베르는 경운궁 공사가 완공될 때 고종이 환궁할 예정이라고 미리 알려주었다. 주한 러시아공사 베베르는 다음과 같이 회답했다.

"1896년 11월 9일부터 러시아 사관이 조선 병정을 훈련시키고 있다. 그 목적은 단지 국왕의 호위이다. 고종 환궁 이후 조선군대로 하여금 오로지 왕궁 호위를 담당하도록 충당시킬 예정이다. 경운궁 공사는 1개월 이내에 완성될 예정이다. 그때 고종은 환궁할 예정이다."⁴⁷

1896년 11월 18일 가토는 러시아 군사교관단의 진위대 선발 인원과 훈련에 대해서 보고했다. "제4 진위대와 제5 진위대에서

---

45 『駐韓日本公使館記錄(9)』, 1896년 10월 30일, 機密第89號「當國政府 部內의 動靜」, 加藤 臨時代理公使 → 外務大臣 伯爵 大隈重信, 236쪽.
46 『駐韓日本公使館記錄(11)』, 1896년 11월 18일, 報告第15號「施政一班 등 보고」, 加藤 臨時代理公使 → 大隈 外務大臣, 99쪽.
47 『駐韓日本公使館記錄(10)』, 1896년 11월 12일 오후 8시 반, 電信「러시아 士官에 의한 親衛隊 훈련 件」, 加藤 代理公使 → 大隈 外務大臣, 189쪽.

사관 33명과 병졸 800명을 선발했다. 11월 9일부터 광화문 앞의 병영에서 러시아 사관의 지도로 훈련에 들어갔다. 이 훈련을 담당하는 러시아인은 사관 3명과 병졸 10명이다. 숙달 이후에는 근위병으로 충당하기로 내정되었다."[48]

1896년 11월 18일 가토는 러시아 군사교관단의 활동을 상세하게 본국 정부에 보고했다. 일본정부는 러시아 군사교관단의 활동 조사를 주한 일본공사에게 지시했다. 일본 외무성이 11월 12일 주한 러시아공사에게 실제 여부를 확인할 것을 지시하자, 주한 일본공사는 즉시 러시아공사를 방문하고 질문했다.

베베르는 러시아 군사교관단이 기존 군대에서 800명을 선발하여 1대대를 훈련시켜, 1개월 이내 고종이 경운궁에 환궁하면 왕궁 호위병으로 충당할 예정이라며 다음과 같이 답변했다.

"러시아 사관은 11월 9일부터 조선군대의 훈련을 시작했다. 단지 고종의 호위병을 양성하는 데 있으며, 고종이 환궁하면 왕궁 호위로 충당할 예정이다. 우선 현재 병력으로 1,000명 내외를 선발한다. 이 중 다시 800명을 선발하여 1대대를 편제할 계획이다."

"현재 수리 중인 명례궁도 아무런 특별한 문제가 없는 한, 야 1개월 이내에 준공될 예정이다. 고종은 명례궁이 준공되는 대로 환궁할 계획이다."

가토는 조선과 러시아가 러시아 군사교관단 활동의 비밀을 유지하려고 노력한다고 보고했다. "러시아 사관의 동태는 항상 충분히 주의를 하고 있으며, 이번 훈련도 여러 측면에서 관찰하고

---

[48] 駐韓日本公使館記錄(11)』, 1896년 11월 18일, 報告第15號「施政一班 등 보고」, 加藤 臨時代理公使 → 大隈 外務大臣, 99쪽.

있다. 조선정부와 러시아인은 애써 비밀을 가장하고 있다. 오늘까지 러시아 사관은 아직 아무런 공식적인 자격이 발표되지 않았다. 조선정부는 러시아 사관이 잠시의 업무 혹은 측량과 유람을 위해서 조선에 도착했다고 답변했다. 호위병 편제는 오로지 고종의 내명으로 이루어지고 있다. 선발에서 빠진 조선군대의 장교와 병사는 불만을 품고 있다."

가토는 러시아 군사교관단이 왕궁 호위군대를 양성하며 향후 조선 병제 전반에 관여할 것이라고 추정했다.

"주한 러시아공사와 사관 등과의 대화를 통해 살펴보면, 이번 러시아 군사교관 단장 뿌짜따 일행은 오직 고종을 위하여 1대대를 편성하는 것으로 보인다. 하지만 러시아는 과거부터 조선군대의 훈련을 희망했다. 러시아는 호위대 편성 과정에서 끝없이 욕심을 증대하여, 끝내는 일반 병제까지 간섭할지 모른다."

가토는 고종의 환궁과 연결시키면서 러시아 군사교관단의 임무를 한정해야 한다며 다음과 같이 제안했다. "첫째, 일본은 러시아와 조선군대의 훈련을 다시 협의하여 결정하자고 촉구한다. 둘째, 이의를 제기해서 훈련을 중지시킨다. 셋째, 고종의 환궁을 조건으로 미리 훈련 담당 기한과 구역을 확정한다."

가토는 위 세 가지 방법 중 고종의 환궁을 조건으로 군사 훈련을 확정하는 방안이 가장 적합하다고 주장했다. 왜냐하면 고종이 주한 러시아공사관에 체류하고 있는 동안은 일본에게 불리하기 때문에, 하루 속히 고종의 환궁을 실행하는 것이 필요했다.[49]

---

49 『駐韓日本公使館記錄(9)』, 1896년 11월 18일, 機密第92號 「러시아 육군사관의 朝鮮兵 훈련에 관한 件」, 加藤 臨時代理公使 → 外務大臣 伯爵 大隈重信, 242-243쪽.

가토는 1896년 11월 30일 실제 러시아 사관에 의한 군대 선발을 보고했다. 고종은 11월 초 러시아식 훈련을 명령했다. 러시아 사관은 2대대 중에서 800명을 선발하여 훈련시켰다.[50] 실제 조선 군대 양성 책임자는 러시아 군사교관단장 대령 뿌짜따였다.

뿌짜따는 조금 길고 깡마른 얼굴에 호리호리한 체형이었다. 그는 열정이 강했지만 불같은 성격을 소유한 다혈질이었다. 고집이 세서 언제나 나중에 후회하는 성격이었다. 뿌짜따(1855~1915)는 1855년 러시아 스몰렌스크주에 있는 귀족의 가문에서 태어났다. 알렉산드르 사관학교와 니꼴라이 군사아카데미를 졸업한 뒤 1874년 육군 소위에 임관했다. 그 후 뿌짜따는 1887년부터 1891년까지 청국 주재 군사요원으로 활약했다. 그는 러시아 군사요원으로 활동하면서 1887~1888년에 북경 주변과 만주 지역에 대한 정찰 업무를 수행했다. 그는 당시 황태자(향후 황제가 되는 니꼴라이 2세)가 청국을 방문할 때 홍콩(香港), 광동(廣東), 남경(南京), 한구(漢口) 등을 함께 수행했다. 황태자를 수행한 후 그는 1891년 신장(新疆) 지역 탐험을 주도했다. 뿌짜따는 1896년 5~6월 러시아 황제 니꼴라이 2세 대관식에 참석하는 일본 대표 야마가타(山縣有朋) 등을 수행했다.[51]

뿌짜따는 "조선이 독립을 유지할 수 있도록 러시아가 간접적인 지원을 펼친다면 극동에서 평화적인 상태를 유지할 수 있을 것"이라고 판단했다. 뿌짜따는 조선이 중립지역으로 남아있는

---

50 『駐韓日本公使館記錄(9)』, 1896년 11월 30일, 機密第95號 「이달 21일 逮捕事件에 관한 報告」, 加藤 臨時代理公使 → 外務大臣 伯爵 大隈重信, 248쪽.
51 이후 뿌짜따는 육군참모본부 아시아과 과장(1898.1), 육군 소장(1898.12), 흑룡강주 군사총독(1901.7), 육군 중장(1905.4) 등을 역임하고 1915년 2월에 사망했다(РГВИА. Ф.409.Оп.1.Д.241-171.ЛЛ.50об-51об).

것이 러시아에 더욱 유리할 것이라고 판단했다. 뿌짜따는 러시아가 군사교관을 파견하여 조선의 내부질서 안정을 위해서 기여해야 한다고 생각했다.[52]

경운궁의 수리와 궁궐수비대의 훈련이 궤도에 오른 상황에서 고종만 환궁을 결심하면 되는 상황이었다.

---

52 РГВИА. Ф.448.Оп.1.Д.9.Л.354об.; РГВИА. Ф.448.Оп.1.Д.9.Л.355; 김영수, 『미쩰의 시기: 을미사변과 아관파천』, 경인문화사, 2012, 202-210쪽.

경운궁 환궁에 대한 국내외 반응

신민의 환호와 기대 속에 돌아온 고종

"대군주 폐하가 1년 동안 주한 러시아공사관의 러시아 국기 밑에서 러시아 병정의 호위를 받으시고 지내신 것은 사세에 부득이하여 그러하게 된 일이라. 군주가 러시아 병정에 호위를 받으시게 된 것은 마음에 민망한 일이었다."

1897년 3월 1일 『독립신문』은 고종의 환궁을 신민이 경축할 일이라고 보도했다. 고종이 러시아공사관에 도피한 지 375일만의 환궁이었다. 『독립신문』에 따르면 "군주의 조선 대궐 환어는 신민이 경축할 일이다. 다만 조선 대신과 군사는 임금을 위태함이 없이 보호해야 한다. 정부는 백성들이 불평한 마음이 없도록 정사를 해야 한다. 정부는 칙령 재가 하신 장정과 규칙과 법률들을 바르게 실행해야 한다."[1]

1　『독립신문』, 1897.3.1.

이미 『독립신문』은 1897년 2월 13일자 기사에서 고종의 환궁은 타당하지만, 고종을 보호하는 방책을 마련하고 환궁을 주장해야 한다고 주장했다. 『독립신문』은 우선 옛날 풍속을 버리고 '문명진보'하는 일에 힘쓸 것을 주장했다.[2] 『독립신문』은 2월 18일 의정부 찬정, 대신, 협판, 경무사가 고종의 환궁 관련 회의를 진행했다고 보도했다.[3]

고종은 장례원경 김종한이 1897년 2월 19일 경운궁으로 환궁한 다음 조서를 반포하고 진하(進賀)할 장소를 묻자 경운궁 별당(別堂)에서 거행할 것을 지시했다.[4]

고종은 1897년 2월 19일 경운궁으로 환궁 전날 의정부 의정 김병시에게 업무를 수행하도록 지시했다. 고종은 지난 김병시의 의정 사임을 예우 차원에서 받아들였지만 백성들이 김병시에 대한 기대감이 높다며 의정부 의정을 수락할 것을 지시했다. 고종은 "장차 환궁하려고 하니 의지할 사람도 오직 경뿐이며 나를 보

[2] "실샹을 싱각 ᄒ면 죠션 신민이 잘못 ᄒ야 이런 일이 싱겻고 ᄒ로 밧비 환어 ᄒ시는거시 국톄에 맛당 ᄒ나 환어 ᄒ신 후에 대군쥬 폐하를 위티 ᄒ미 업시 보호 홀 방칙을 몬져 ᄒ고 다시 의심 업시 튼튼ᄒ 계교를 확실히 알면 그때는 환어 ᄒ옵쇼셔 ᄒ고 말솜을 알외시는거시 가커니와 …… 환어 ᄒ시는거시 올타는거슨 우리도 올타고 ᄒ거니와 환어 ᄒ신 후에 무솜 죠흔 획칙이 잇셔 위티 ᄒ미 업는거슬 우리는 모로는 고로 지금 환어 ᄒ시는거슬 간 ᄒ는거시 능호 일노 싱각지 아니 ᄒ노라 …… 오놀날 브터 모음을 합 ᄒ야 못된 녯젹 풍속을 바리고 문명 진보 ᄒ는 일에 힘을 쓰는거시 병 근본을 고치고 스스로 우리 는 싱각 ᄒ노라."(『독립신문』, 1897. 2. 13).

[3] "대군쥬 폐하 환어 ᄒ옵실 일노 이달 십팔일 의정부 각 찬정과 각부 대신과 협판과 경무ᄉ가 니부로 모하 회의 ᄒ다더니 대군쥬 폐하 씌옵셔 오날 오후 일시에 경운궁으로 환어 ᄒ옵신다니 전국 신민이 크게 경츅ᄒ 일이더라."(『독립신문』, 1897년 2월 20일). 『독립신문』은 1897년 2월 23일 고종이 환궁했으므로, 조선인이 단결하여 문명진보에 매진하여 고종을 보필해야 한다고 주장했다. 『독립신문』은 구습을 버리고 문명개화한 풍속과 규칙을 발전시킬 것을 주장했다(『독립신문』, 1897. 2. 23).

[4] 『承政院日記』, 고종 34년 1월 18일(양력 2. 19).

필할 사람도 오직 경뿐이다"라며 김병시에 대한 의존을 노골적으로 표현했다.

고종은 "어가(御駕)가 이미 준비되었고 시위(侍衛)와 의장(儀仗)도 이미 준비했다"며 환궁 준비를 마쳤으니 김병시가 의정부 의정을 수행할 것을 재촉했다. "환궁하는 행차의 분부를 이미 내렸고 시위도 이미 준비되었으므로, 나의 명령에 응한 뒤에야 전계(前啓, 직언)가 가능하다. 빨리 나의 뜻을 이해하여 다시는 전처럼 사임하지 말며 곧 일어나 칙명을 받들어 나라와 백성들을 기쁘게 하라."[5]

고종은 1897년 2월 20일 비서원승 조민희를 의정 김병시에게 급파했다. 조민희는 고종의 지시를 받고 중부 관인방 대사동계 의정부 의정 김병시의 자택을 방문했다. 그 자리에서 김병시는 "신이 노쇠하고 병약해서 벼슬에 나아가기가 어려웠기 때문만이 아니라, 시의적절하게 조처해야 할 모든 일에 다 어두워 아무리 노력해서 직임을 수행하려 해도 억지로 할 수 없었기 때문이었다"라고 밝혔다. 김병시는 아관파천 시기 의정의 임무를 수행하기 어려운 환경이었음을 주장했다. 김병시는 고종의 경운궁 환궁에 대해서 온 신하와 백성이 환호와 축하를 보내고 있다고 주장했다. 김병시는 고종이 출발하기에 앞서 자신에게 의정 수락을 재촉하므로, 신하로서의 의리와 분수로 판단하여 "다른 것은 돌아볼 겨를도 없는 만큼 염유(廉維)를 버리고 금방 달려가겠다"고 답변했다.[6]

고종은 1897년 2월 20일 경운궁으로 환궁 이후 다음과 같은

---

5 『高宗實錄』, 고종 34년 2월 19일;『承政院日記』, 고종 34년 1월 18일.
6 『承政院日記』, 고종 34년 1월 19일.

명령을 내렸는데 1년 이상 주한 러시아공사관에서 체류하는 동안 많은 사람들의 우려를 스스로 인정했다.

"지난번에 거처를 옮긴 후에 덧없이 한 해가 지나게 되니 모든 법도가 무너져서 여러 사람들이 우려했다. 짐(朕)이 어찌 밤낮으로 이것을 생각하지 않았겠는가? 실로 부득이한 형세에서 나왔음을 신민(臣民)들이 모두 알 것이다."

고종은 의정부의 간청으로 경운궁에 환궁했으며, 중앙과 지방 신하와 백성들의 기대에 어느 정도 부응했다고 자부했다. 고종은 자신이 정사를 잘못하여 신하들이 안일해져서 현재 같은 상황이 발생했다고 자책하면서, 이제부터 관리들이 한결같이 몸과 마음을 다할 것을 호소했다.

"부(府)와 부(部)의 관리들은 자기의 직무 수행에 힘쓸 것이며 호위[侍衛]하는 장수와 군사도 몸 바쳐 충성을 다하라. 비유하건대 배를 같이 타고서 건너갈 때 삿대질을 하고 배를 저어 앞으로 나아가되 각각 힘을 써야만 쉽게 건널 수 있으니 한 사람이라도 해이해지면 곧 빠지게 되는 경우와 같은 것이다."

1897년 2월 20일 고종은 9시경에 경운궁 환궁을 시작했다. 궁내부대신 이재순, 군부대신 민영환, 탁지부대신 심상훈, 규장각 학사 민영준, 시종원경 민병석, 비서원경 조병식 등이 차례로 대기[侍立]했다.

고종은 포과익선관(布裹翼善冠, 흰색의 관모)에 포원령포(布圓領袍, 복식)를 입고 가마[步輦]를 타고 러시아공사관 앞문을 나왔다.

태의원도제조 정범조가 앞으로 나와 물었다. "해를 넘기도록 이어했다가 오늘 환어하시게 되니, 온 나라 신하와 백성들이 밤낮으로 우러러 바라던 차에 환호하며 경축드리는 마음을 우러러

아뢸 방법이 없습니다. 추위를 무릅쓰고 수고로이 거둥하셨는데, 성상의 체후는 어떠하십니까?"

고종은 미소를 띤 채 말했다. "한결같다. 지금까지 이어했던 것은 부득이해서 그렇게 한 것이다. 그런데 여러 대신들이 여러 차례 극력 말했기 때문에 지금 환어하는 것이니, 참으로 매우 다행이다."

정범조가 고종에게 말했다. "오늘 일진(日辰)이 길하고 좋으니, 이를 더욱 경축드립니다."

고종도 말했다. "날씨가 과연 좋다."

고종은 러시아공사관을 출발해서 인화문에 이르러 수안문을 경유해서 의록문으로 들어갔다. 고종이 궁궐 내부로 들어가니, 정부대신이 차례로 물러 나왔다.[7]

1897년 2월 20일 고종은 4시경 정부대신과 함께 경운궁 진전(眞殿)에 나아가 의식[告由]을 행했다.

의식이 끝나자, 의정 김병시, 특진관 조병세, 정범조가 앞으로 나오면서 말했다. "해를 넘기도록 이차하셨다가 오늘 환어하시고, 진전에 고유하는 것을 친히 행하시니, 애모하시던 차에 성상

---

[7] 고종은 익선관에 곤룡포로 갈아입고 재전(齋殿)에서 나왔다. 찬례(贊禮)의 인도로 고종이 판위(版位)에 나아갔다. 찬례가 몸을 굽혀 사배하고 일어나 몸을 펴기를 무릎 꿇고 주청(奏請)하니, 고종이 사배례(四拜禮)를 행했다. 각신, 종친 및 2품 이상이 사배례를 행했다. 찬례의 인도로 고종이 관세위(盥洗位)에 나아가 손을 씻었다. 찬례의 인도로 고종이 제1실의 신위 앞에 나아가 북쪽을 향해 무릎을 꿇었다. 비서원승 김홍륙이 향을 받들어 오른쪽에서 무릎 꿇고 올리고 조민희가 향로를 받들어 왼쪽에서 무릎 꿇고 올리니, 고종이 세 번 향을 올리고 조금 물러나 무릎을 꿇었다. 대축(大祝)인 시독관 윤덕영이 나와 무릎 꿇고 축문을 읽었다. 고종이 차례로 제2실, 제3실, 제4실, 제5실, 제6실에 나아가 예를 행하기를 모두 위의 의식대로 했다. 이어 내려와 자리에 돌아왔다. 찬례가 몸을 굽혀 사배하고 일어나 몸을 펴기를 주청하니, 고종이 사배례를 행했다. 각신, 종친 및 2품 이상이 사배례를 행했다. 찬례의 인도로 고종이 망료위(望燎位)에 나아가 축문을 태우는 것을 바라보았다. 『承政院日記』, 고종 34년 1월 19일(양력 2.20).

의 마음은 더욱 기쁘고 다행스러울 것입니다."

고종이 대답했다. "과연 그러하다."

김병시가 물었다. "수고로이 거둥하셨는데, 성상의 체후는 어떠하십니까?"

고종은 만족스러운 표정으로 말했다. "한결같다."

고종이 도로 재전에 들어가자 정부대신들은 차례로 물러 나왔다.[8]

그런데 전 주사 윤효정과 전 학부협판 윤치호는 고종 환궁의 이유와 결과를 다른 시선에서 바라보았다.

윤효정은 러시아공사 베베르가 부득이 러시아공사관에 머물고 있던 고종의 환궁에 동의했다고 주장했다. 고종은 경복궁에서의 을미사변 참변에 대한 기억이 생생했기 때문에, 주한 러시아공사관에 인접한 경운궁으로 거처를 옮겼다. 그러나 경운궁으로 정한 것은 러시아공사 베베르와 상의해서 러시아공사관에서 멀리 떨어져 있는 것이 위험하다고 판단해서 내린 결정이었다.[9]

윤치호는 고종의 환궁을 냉소적으로 바라보았다. "전하가 궁궐로 돌아가서 기쁘다. 하지만 정부 운영이 나아지리라고 전혀 기대하지 않는다. 장소의 변화가 본질의 변화를 의미하는 것은 아니다."[10]

러시아공사관에서 경운궁까지 걸어서 5분 거리임에도 불구하고 고종은 375일이나 걸렸다.

---

8 『承政院日記』, 고종 34년 1월 19일(양력 2. 20).
9 尹孝定, 『風雲韓末秘史: 最近 六十年秘錄』, 京城: 野談社, 1937; 윤효정 저, 박광희 편역, 『대한제국아 망해라』, 다산북스, 2010, 315쪽.
10 國史編纂委員會編, 『尹致昊日記』 5권, 國史編纂委員會, 1984; 국사편찬위원회 편, 『국역 윤치호 영문 일기』 4권, 2015, 27쪽.

환궁에 대한 구미인들의 시각

주한 미국인들은 고종의 경운궁 환궁이 친일파의 불만 제기, 고종의 안전을 위한 장소 확보 등의 목적이 일치했다고 파악했다. 미국인 선교사 언더우드 부인은 의정부가 공식적으로 고종의 환궁을 요청했다고 기록했다. 고종이 주한 러시아공사관에 체류하자, 특히 친일파는 불만을 제기했다. 1897년 2월 고종은 영국영사관과 미국공사관 가까운 경운궁으로 환궁했다.[11]

미국인 선교사 헐버트는 고종이 경운궁에 영주할 마음으로 대대적인 공사를 진행했다고 기록했다. 고종은 외국인 거주 지역에 경운궁을 세우고, 좌우에 미국과 영국, 후면에 러시아라는 주한 외국 공사관을 두기로 결심했다. 고종은 경운궁으로 이주하기 위해서 대대적인 공사를 시작했고, 1897년 2월 경운궁으로 환궁했다.[12]

실제 경운궁은 미국공사관, 러시아공사관, 영국총영사관이 바로 인접했다. 고종은 정동 외국인 지역에서 위기상황에 부닥칠 때 주한 외국인들의 도움을 기대할 수 있었고, 급하면 러시아와 미국 공사관으로 도피할 수 있는 상황이었다.

1897년 2월 20일 주한 프랑스공사 플랑시는 고종의 환궁 과정을 아노토 외무부대신에게 보고했다. 플랑시는 유생들의 청원이 고종의 환궁을 가능하게 만들었고, 김병시를 비롯한 정부대신도 적극적으로 고종의 환궁을 지원했다고 기록했다. 플랑시는 베베르가 고종을 러시아공사관에 붙잡아 두려 했다고 주장했다.

---

11 언더우드, 『상투의 나라』, 집문당, 1999, 241쪽.
12 헐버트, 『대한제국멸망사』, 집문당, 1999, 193쪽.

플랑시는 1897년 2월 초 유생들과 정부대신들이 고종에게 환궁을 간청했다며 그 과정을 기록했다.

유생들은 자신들의 요구에 더욱 힘을 싣기 위해서 김병시의 협력을 요청했다. 김병시는 군주가 외국 처소에 머무는 동안 의정부 의정을 거부하겠다고 밝힌 인물이었다. 김병시는 개입을 원치 않았지만, 청원자들에게 자신들이 의도했던 계획을 지속할 것을 권유했다. 그 결과, 매일 유생 대표자들은 러시아공사관 문 앞에 서서 그들의 손에 있는 빨간 천으로 싼 탄원서를 고종이 받아주기를 기다렸다.

고종은 2월 4일과 11일 환궁 관련 일련의 조칙을 발표하면서 소요사태가 약화되면 종지부를 찍을 수 있을 것이라고 생각했다. 첫 번째 조칙은 1년 만에 처음으로 경운궁에서 밤을 보냈지만 겨울 날씨로 공사가 중단되었고, 봄에야 재개할 수 있으므로 향후 경운궁으로 옮길 예정이라는 내용이었다. 두 번째 조칙은 계절이 좀 더 좋아져 건축물들이 완공되는 대로 백성들에게 만족을 줄 수 있을 거라는 약속을 재확인시켰다.

그럼에도 유생들은 자신들의 충정어린 단호한 태도를 고수했다. 청원자들은 계속해서 모여들었고, 통지를 받은 지방의 유생들이 가담했다. 만일 유생들의 행동이 원하는 결과를 얻지 못했다면, 백성들도 가담할 가능성이 높았다. 모든 일들이 멈추고, 상점들이 문을 닫는 일종의 총파업 사태로 상황은 악화될 것이다.

내각 회의는 만장일치로 고종이 러시아공사관을 떠나야 한다고 결의했다. 대신 2명이 고종에게 내각 회의의 결과를 전달하면서, 만일 자신들의 의견을 받아들이지 않는다면, 내각은 모두 집단 사직을 할 만큼 강한 의지를 갖고 있다고 주장했다.

1896년 2월 20일 오후 고종의 환궁 행차는 수많은 인파들로 둘러싸였다. 러시아공사관을 떠난 고종은 러시아 군사교관 휘하의 군사들이 호위하는 경운궁에 머물렀다. 그런데 플랑시는 베베르도 어쩔 수 없이 고종의 환궁에 동의한 것을 파악했다. "지금까지 군주를 붙잡아두었던 베베르도 이번에는 러시아공관 체재를 계속 주장할 수 없었다."[13]

플랑시는 당시 궁중무희였던 리심(梨心)과의 사랑으로 유명한 인물이었다. 그는 170센티미터 정도의 큰 키에 약간 긴 얼굴로, 체격이 다부졌다. 그는 눈썹과 눈꼬리가 약간 올라가서 날카로운 눈을 가졌고, 코 아래는 수염이 온통 빼곡했다. 투박하고 육감적인 사나이의 얼굴이었다. 아마도 리심은 그 얼굴의 어떤 야수성에 끌렸던 모양이다.

주한 프랑스공사 플랑시(Victor Collin de Plancy, 1853~1922)는 1873년 프랑스 동양어학교에 입학하여 중국어를 공부했고, 1877년 졸업과 동시에 북경 주재 프랑스 통역 견습생으로 근무했다. 1887년 5월 북경 주재 프랑스영사 플랑시가 조선에 파견되어 외무독판 김윤식과 비준서를 교환했다. 그는 1888년 6월 6일 주한 프랑스공사 업무를 시작했고 1891년 6월 15일까지 근무했다. 그는 1893년까지 일본 주재 프랑스공사관의 1등서기관으로 근무하다가 프랑스 외무부로 복귀했다. 1896년 4월 27일 아관파천 이후 다시 주한 프랑스공사로 부임하여 1906년 1월까지 근무했다. 그는 1901년 5월 24일 변리(辨理)에서 전권(全權)

---

[13] 이지순·박규현·김병욱 역, 『근대 한불 외교자료』 I , 선인, 2018, 44-45쪽.

플랑시(오른쪽 세 번째)와 주한 외국 공사들

공사로 승진했다. 그는 프랑스의 조선 진출을 적극적으로 요청했고 조선의 프랑스 차관 요청을 적극적으로 지원했다.[14]

1897년 2월 24일 주한 프랑스공사 플랑시는 고종의 환궁 직후 상황을 아노토 외무부대신에게 보고했다. 고종은 경운궁 환궁 직후 첫 번째 조치로 김병시를 의정부 의정에 임명했다. 고종은 원활한 국정운영을 위해 관료들과 백성들이 전적으로 협력해줄 것을 당부하는 조칙을 발표했는데, 국가 운영을 위협하는 위험들을 강조했다. 플랑시는 분명 그것이 일본을 염두에 두고 하는 말이라고 추측했다.[15]

플랑시는 궁궐수비대가 러시아 군사교관단의 영향 아래 있으며 고종의 환궁이 오랫동안 지연된 배경에는 베베르의 영향도 크

14 『한국근대외교사전』, 성균관대학교출판부, 2012, 572-573쪽.
15 이지순·박규현·김병욱 역, 『근대 한불 외교자료』 I, 선인, 2018, 47쪽.

다고 생각했다. 그는 프랑스에게 이권을 주지 않는 베베르를 증오했다.

러시아의 복잡한 시선

러시아 문서의 기록은 고종과 러시아의 협력 또는 고종의 일방적인 행동 등으로 시각이 달랐다. 주한 러시아공사 베베르는 고종의 환궁이 러시아와의 협의 속에서 진행되었다고 주장했다. 반면 주한 러시아공사관 서기관 쉬떼인과 러청은행장 뽀꼬찔로프는 고종의 일방적인 결정이라고 주장했다.

고종은 1897년 2월 20일 주한 러시아공사관을 출발하여 경운궁으로 환궁했다. 고종이 경복궁에서 주한 러시아공사관으로 피신한지 375일 만이었다.

러시아 외교관 베베르와 쉬떼인은 러시아 군사교관단이 경운궁 수비를 위한 친위대 훈련을 실행하여 고종의 환궁이 가능했다고 주장했다.

1896년 12월 30일(양력 1. 11) 쉬떼인은 고종 친위대의 훈련성과를 뽀꼬찔로프에게 보고했다. 쉬떼인은 뿌짜따의 활동 덕분에 경운궁의 초병과 순찰 임무를 수행할 수 있는 친위대를 구성했다고 보고했다.

고종 친위대 훈련은 러시아 장교의 노력 덕분에 어느 정도 진행되었다. 경운궁의 초병과 순찰 근무는 1주일 전 사전 연습 결과 위임할 수 있는 가능성을 보여주었다. 뿌짜따와 군부대신 민영환은 상호 논쟁과 오해가 있었지만 원만하게 처리했다. 뿌짜따

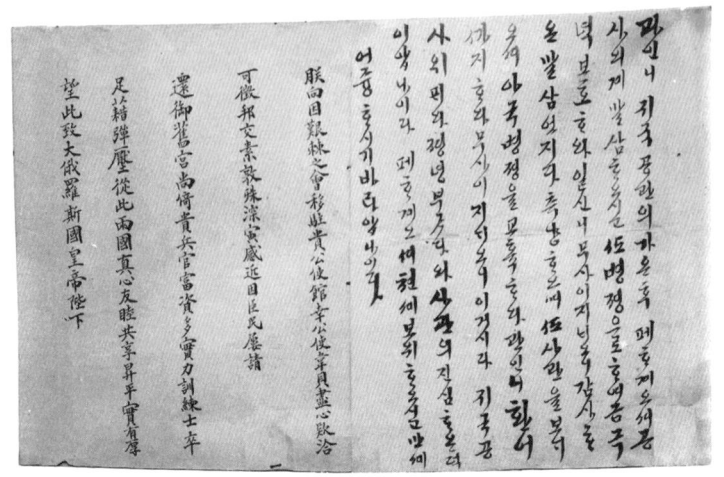

1897년 고종이 니꼴라이 2세에게 보낸 문서(국사편찬위원회)

는 엄청난 자제력, 집요함, 섬세함 끝에 공정하게 수행할 수 있었다.[16]

베베르는 '1898년 전후 한국에 대한 보고서'를 1903년 4월 작성하여 본국정부에 보고했다. 베베르는 1896년 고종 환궁을 위한 친위대 1대대 양성 과정을 기록했다.

고종은 주한 러시아공사관 근처 경운궁으로 환궁하기 위해 자신의 안전을 확보할 수 있도록 군대 개조를 실행했다. 러시아 군사교관단은 고종의 요청으로 시베리아에서 파견되었다. 러시아 군사교관단은 1,000명을 단위로 1개 대대를 편성하고, 군사 업무, 특히 보초 업무를 위해서 1개 대대를 교육시켰다. 러시아 장

16　РГИА. ф.560.Оп.28.Д.24.Л.71-75.

교는 조선군인의 생활 상태를 최대한 개선했으며, 러시아 방식에 따라 중대에 독립채산제를 도입했다. 조선의 다른 군대는 러시아 군사교관단이 훈련시킨 대대에 들어오려고 희망했다.

베베르는 1897년 8월 말 서울을 떠나기 전 개인적으로 고종을 면담했다. 그 자리에서 고종은 1년 남짓한 기간 동안 주한 러시아공사관이 베풀어 준 환대와 노고에 감사를 표했는데, 친위대를 만드는 데 도움을 준 것에 대해서 언급했다.[17]

하지만 주한 러시아공사관 무관 스뜨렐리비쯔끼 대령은 궁정귀족 세력이 베베르에 대해서 불만을 품은 결과 고종의 환궁 요구가 거세졌고, 러청은행장 뽀꼬찔로프는 조선에서 러시아의 영향력이 약화된 상황에서 고종이 급하게 환궁을 추진했다고 파악했다.

1897년 1월 22일(러시아력 1. 10) 스뜨렐리비쯔끼는 아관파천 시기 고종의 환궁 요구 및 국내 정치 세력의 독립성 확보 등을 보고했다.

일본의 극심한 테러는 아관파천 시기 실제로 멈추었다. 그럼에도 아관파천 시기는 옛날의 관습, 즉 조용한 은지의 싎으로 되돌아갈 수는 없었다. 백성들은 무겁게 부과된 공식적 또는 비공식적 세금으로부터 아직 벗어나지 못한 상태였지만, 조선정부가 외국 모델에 따라 조선을 개혁할 것이라고 생각했다. 조선정부는 고종이 환궁해야 한다는 목소리가 점점 커지고 있는지도 몰랐다. 그럼에도 개혁을 희망하는 백성들의 자유는 어둠속에서 얼굴을 씻고 머리를 빗고서 빛을 내고 있었다.

17 АВПРИ. Ф.150.Оп.493.Д.14.Л.123-144об.

궁정 귀족 세력은 베베르가 유일하게 고종에게 영향을 미치는 것에 대해서 불만을 품었다. 베베르는 궁정 귀족 세력이 자기들 마음대로 음모를 꾸미고 여러 일들을 실행하지 못하도록 막고 있었다. 현재 국내 정치의 독립성은 어느 정도 확보되었다.

고종은 수도 서울의 불안전한 질서를 이유로 환궁을 거절했다. 고종은 주한 러시아공사관을 떠나고 싶어하지 않았다. 처음에는 수도 서울의 질서가 아직 확립되지 않았기 때문이었고, 다음으로 경복궁의 어두운 기억에서 벗어나고자 유럽인의 거류 지역에 경운궁을 건설했다.

고종은 명성황후 장례식 기간 동안 2~3일마다 명성황후를 위한 제사 의식을 치뤘다. 아관파천 이후 러시아의 영향력은 공식적·비공식적으로 커졌다. 조선은 러시아가 외부의 적으로부터 자국을 보호해 줄 것으로 생각했다. 러시아의 영향력은 모든 외부 문제에 걸쳐 광범위하게 미쳤다. 그럼에도 중국의 영향력은 조선의 문화와 내부 삶의 방식에서 유지되었다.[18]

1897년 2월 뽀꼬찔로프는 고종의 환궁을 부정적으로 러시아 정부에게 보고했다. 뽀꼬찔로프는 고종이 환궁할 당시 러시아에 예의를 갖추지 않았다고 일방적으로 보고했다.

뽀꼬찔로프의 보고에 따르면 최근 한국의 상황이 러시아 입장에서 보면 매우 악화되었다. 조선정부는 1897년 2월 17일(러시아력 2. 5) 고종이 환궁하기 3일 전 러시아공사의 조언에 따라 고종이 봄까지 주한 러시아공사관에 체류할 것이라고 말했다. 그러나 고종은 1897년 2월 19일(러시아력 2. 7) 환궁을 공포했고,

---

18 Корея глазами Россиян. Т. 5. М. 2008. СС.36-38.

2월 20일 아침 주한 러시아공사관 직원에게 작별 인사의 기회도 주지 않은 채 경운궁으로 출발했다. 고종의 환궁 직전 조선에서의 러시아 영향력은 약해지기 시작했다.[19]

그럼에도 조선과 러시아는 고종의 환궁 관련 외교적 절차를 마무리했다. 베베르는 고종의 환궁 관련 공식 문서를 조선정부에 보냈고, 고종은 러시아공사관 체류 기간에 대한 감사의 편지를 니꼴라이 2세에게 보냈다.

1897년 2월 21일(러시아력 2. 9) 베베르는 고종이 경운궁으로 환궁했다는 사실을 외무대신 이완용에게 통보했다. 베베르에 따르면 조선 외무부는 2월 19일 고종이 경운궁으로 환궁하기로 결정했고, 백성들은 환궁 사실을 무한히 기뻐할 것이라고 통보했다. 베베르는 "고종이 경운궁에서 완전한 평온 속에 지내고, 조선이 진보의 길로 계속해서 나아가길 희망합니다"라는 짧은 문서를 외무대신 이완용에게 보냈다.[20]

1897년 3월 4일(러시아력 2. 20) 주한 러시아공사관 서기관 쉬뗴인은 고종의 환궁 과정을 상세하게 기록했다. 쉬뗴인은 고종의 환궁이 매우 빠르고 갑작스럽게 일어났다고 주장했다. 심지어 고종은 주한 러시아공사관에서 작별의 시간조차 없었다. 우선 고종은 일용품을 챙겼고 20일 낮 1시 환궁 의식이 거행되었다. 베베르의 명령으로 단지 프록코트를 입은 주한 러시아공사관원이 현관에 모여서 고종을 환송한 것이 전부였다. 고종은 러시아공사관을 떠나는 것이 아쉽다는 몇 마디 말을 남기고 마치

19　РГИА. ф.560.Оп.28.Д.24.Л.77-80.
20　高麗大學校亞細亞問題研究所編, 『舊韓國外交文書(18)』, 俄案(1), 고려대학교출판부, 1969, 399쪽.

소풍이라도 가듯이 매우 만족스런 표정이었다. 러시아 해군병사는 고종을 주한 러시아공사관 대문까지 마중했다.

장엄한 환궁식은 러시아공사관 담장 밖에서 시작되었다. 거리는 환관과 가마로 가득했다. 거리의 집마다 깃발을 달아 장식했다. 호기심 많은 조선인은 지붕과 나무 위에 올라갔다. 러시아 군사교관은 훈련시킨 조선병사를 2열 횡대로 도열시키고, 고종을 러시아공사관에서 경운궁까지 호위했다. 백성들은 감격스럽게 외쳤다. 러시아 군사교관 단장 뿌짜따 대령은 경운궁 입구에서 고종을 맞이했다. 고종이 감사의 인사를 뿌짜따에게 남기고 입궁하자 궁궐 대문이 닫혔다.[21]

1897년 2월 26일(러시아력 2. 14) 러시아 외무대신 무라비요프는 고종이 환궁한 이후에도 러시아를 지지해 줄 것을 요청했다. 고종은 주한 러시아공사관의 보호 아래 1년 넘게 체류했다. 이것은 조선 자체의 운명에 대한 러시아의 호의적 관계의 증거였다. 향후 러시아는 고종에게 관심을 제공할 준비가 되어 있음을 표명했고, 고종이 예전처럼 러시아의 충성스러운 조언을 지침으로 삼아주길 희망했다.[22]

고종은 1897년 3월 22일(양력) 아관파천과 환궁에 대한 감사의 편지를 민영환을 통해 니꼴라이 2세에게 보냈다. "짐은 1896년 어렵고 힘든 시기를 만나 주한 러시아공사관으로 거처를

21　Россия и Корея. М: МГИМО. 2004. СС. 354-355. 박벨라는 베베르가 고종의 환궁을 반대했지만 고종이 확고한 의지를 표명하자 고종의 환궁을 동의했다고 주장했다(Пак Б.Б, Российскийдипломат К.И. Вебер и Корея. М. 2013. С.293).
22　АВПРИ. Ф.150.Оп.493.Д.7.Л.21: Пак Б.Б, Российскийдипломат К.И. Вебер и Корея. М. 2013. С.299.

옮겨 은혜를 받았다. 러시아 수병의 보호는 러시아 황제의 우의와 깊은 정성을 보내준 데서 나온 것이다. 최근 대신과 백성들의 요청으로 환궁할 수 있었다. 예전에 파견했던 전권공사 민영환이 대신하여 아름다운 의리에 하례와 친서를 드린다."²³

그럼에도 고종의 환궁을 둘러싸고 주한 러시아공사관의 속내는 각자의 이해관계에 따라 복잡했다.

예의 주시하며 환궁을 반긴 일본

"전하는 김홍륙과 형편없는 그 일당의 손아귀에 들어갔다. 고종을 구해낼 힘을 가진 유일한 인물인 베베르 역시 그들의 영향력 아래 있다."

주한 일본대리공사 가토와 전 학부협판 윤치호는 러시아 통역관 김홍륙을 중심으로 하는 러시아파가 고종의 환궁을 강력히 반대해 고종의 환궁이 지연되었다고 판단했다.

윤치호는 1897년 2월 8일 김홍륙의 강력한 정치적 영향력을 기록했다.²⁴ 윤치호는 김홍륙이 베베르와 결합하여 대한제국의 이익보다는 러시아의 이익을 우선으로 하고 있다는 사실을 간파

---

23 АВПРИ. Ф.150.Оп.493.Д.70.Л.25-26.
24 國史編纂委員會編, 『尹致昊日記』5권, 1984, 國史編纂委員會; 국사편찬위원회 편, 『국역 윤치호 영문 일기』4권, 2015, 23쪽. 윤치호는 1897년 1월 9일 김홍륙과 김도일 등이 조정의 고위 관직을 좌지우지 했다고 기록했다(國史編纂委員會編, 『尹致昊日記』5권, 1984, 國史編纂委員會; 국사편찬위원회 편, 『국역 윤치호 영문 일기』4권, 2015, 5쪽). 윤치호는 1897년 2월 2일 김홍륙, 홍종우, 조병식, 이명상, 이세직, 엄상궁, 남정철 등이 정치적으로 결속되었다고 기록했다(國史編纂委員會編, 『尹致昊日記』5권, 1984, 國史編纂委員會; 국사편찬위원회 편, 『국역 윤치호 영문 일기』4권, 2015, 18쪽).

했다.

"베베르 부부와 김홍륙은 러시아를 위해 조선의 모든 이권을 희생했고, 앞으로도 그럴 것이라는 사실을 명심해야 했다. 김홍륙은 러시아의 이익에만 헌신적이고, 조선의 안녕에는 치명적인 재난이었다."[25]

가토는 고종의 환궁을 위한 전제 조건이 경운궁 준공과 친위대 1대대 양성이라는 것을 파악했다. 가토는 정부대신이 환궁을 요구했고, 베베르가 동의했으며, 고종도 어쩔 수 없이 환궁을 준비 중이라고 생각했다.

가토는 작은 얼굴에 옅은 눈썹과 일자의 작은 눈을 소유했다. 그는 긴 귀를 가졌고 깡마른 체형이었다. 그는 서둘지 말고, 안달을 부리지도 말고, 자연의 흐름에 충실하게 따라야 한다는 것을 알고 있는 듯한 인상을 주었다.

가토 마스오(加藤增雄, 1853~1922)는 1877년 외무성에 들어가서 네덜란드·이탈리아·러시아공사관에서 근무했고, 1894년 11월 부산 주재 일본영사로 임명되었다. 1896년 7월부터 주한 일본공사관 1등 서기관에 임명되어 서울에서 근무했다. 1897년 2월 23일 하라 다카시(原敬)의 후임으로 조선주차변리공사(朝鮮駐箚辨理公使)로 취임했다. 그는 아관파천 시기 고종의 환궁을 강력하게 요구했고 경부철도 부설권 획득에 전력했다.[26] 이곳에는

25　國史編纂委員會編,『尹致昊日記』5권, 1984, 國史編纂委員會; 국사편찬위원회 편,『국역 윤치호 영문 일기』4권, 2015, 59쪽.
26　1898년 11월에는 특명전권공사로 임명되었다가 1899년 5월에 해임되었다. 1900년 주청 일본공사로 임명되어 의화단사건에 개입했다. 1902년 8월 대한제국 정부의 요청으로 궁내부 고문으로 임명되었다. 그는 이토 히로부미(伊藤博文)가 조선통감으로 취임한 이후에는 대한제국과 일본 사이에 의사소통의 책임을 맡았다(『한국근대외교사전』, 성균관대학교출판부, 2012, 28-29쪽).

가토 마스오

선도 악도 없었고 단지 이익만이 존재했다. 그것이 가토의 조선에서 삶이었다.

1896년 11월 18일 주한 일본대리공사 가토는 고종의 환궁과 러시아 군사교관단의 연관성을 일본정부에게 보고했다.

가토는 고종이 완전히 일신의 안전을 도모하기 때문에 다른 요청이 없다면, 아마도 평생 주한 러시아공사관에 의지할 생각이라고 주장했다. 최근 정부대신이 환궁을 주장하고 주한 러시아공사도 동의했다. 남은 문제는 경운궁 준공과 친위대 양성이었다. 고종은 러시아 사관이 친위대 1대대를 편제한 이후 환궁할 계획이었다. 가토는 조만간 고종이 환궁할 것이라고 판단했다.[27]

가토는 1896년 12월 말 고종의 환궁 준비와 관련된 구체적인

---

27 『駐韓日本公使館記錄(9)』, 1896년 11월 18일, 機密第92號「러시아 육군사관의 朝鮮兵 훈련에 관한 件」, 加藤 臨時代理公使 → 外務大臣 伯爵 大隈重信, 243쪽.

내용을 보고했다. 가토에 따르면 경운궁은 주야로 공사를 서둘러서 12월 초 거의 준공되었다. 러시아 사관의 훈련을 받은 친위대는 80명씩 경운궁 수비에 배치되었는데, 경운궁 출입표도 규정되었다. 고종의 환궁을 고집하던 김병시는 12월 27일 의정으로 취임하여, 누구도 고종의 환궁을 의심하지 않았다.

그럼에도 가토는 연말을 보내고 신년에 이르러서도 고종의 환궁 소식이 없었다고 보고했다. 의정 김병시는 사직의 의사를 전달했고, 1897년 1월 10일 환궁의 주동자였던 민영환과 베베르의 관계는 계속 불편해지고 있었다.

가토는 김홍륙을 중심으로 하는 러시아파가 고종의 총애를 유지하기 위해서 환궁을 반대하고 있다고 주장했다. 베베르는 러시아파의 약화가 직접 자기 세력에 영향을 주기 때문에 러시아파를 도와서 환궁파에 대항했다. 러시아파는 목숨을 걸고 고종을 만류했다.

가토는 민영환을 비롯한 환궁파의 경운궁 환궁 노력을 보고했다. 환궁파는 국왕이 러시아공사관에서 조석으로 러시아공사와 국정을 자문하면, 안으로 국민의 감정을 해쳐 민심이 날로 이반되고, 밖으로 열강과의 평등한 국교를 보전할 수 없다고 주장했다. 환궁파는 고종에게 일단 경운궁으로 환궁하도록 권유하여 베베르의 간섭에서 벗어나려고 노력했다.

가토는 러시아파의 고종 환궁 반대 방법을 보고했다. 고종 환궁은 표면상 러시아공사도 찬성했고, 러시아파도 거부할 수 없었다. 러시아파는 먼저 고종이 평소 믿고 의지하는 중추원의관 이유인 세력을 이용해 환궁 날짜를 지연시키고 있었다. 일본군대 2천 명이 부산에 상륙하여 변장했다는 소문으로 고종을 놀라게

만들었다.28

1897년 3월 1일 가토는 고종의 환궁을 둘러싼 '내각'과 '총신'의 대립 등을 외무대신 오쿠마에게 상세하게 보고했다. 내각은 의정·참정·참찬 등이고, 총신은 궁내부 소속 관료 및 러시아파로 구성되었다.

가토는 총신이 고종의 환궁을 반대한 사실을 기록했다. 고종은 1896년 말과 1897년 2월 1일 총 2회 경운궁 환궁을 내정했지만, 총신은 고종이 러시아공사관을 나올 때가 아니라며 방해했다.

총신의 전횡이 심해지자 다양한 정치세력이 반발했다. 1897년 2월 초 고종의 환궁 요구가 현저히 활기를 띠었다. 일반 백성의 환궁 요구도 점점 높아져 서울의 민심이 악화되었다.

가토는 먼저 전현직 대신이 유생파(儒生派)와 유학파(幼學派) 등의 상소를 배후에서 조종하여 환궁운동을 전개했다고 기록했다.

전현직 대신은 비밀스럽게 자금을 지원해 유생파의 상소를 유도했다. 먼저 충청도 유생파가 환궁 상소를 올렸다. 다음으로 유사파(紳士派), 유학파(幼學派), 시민파(市民派) 등의 순서로 환궁을 요청했다. 결국 유생파는 8도에 격문을 보내서 유생의 일제 상경을 재촉했다. 가토는 유생파 등이 최후의 수단으로 도성의 모든 시장을 폐쇄하여 고종의 폐위까지 암묵적으로 합의했다고 추정했다. 가토는 고종 환궁 이후 유생파 중 러시아파 제거 및 내각 교체 요구 등을 보고했다. 유생파 중 일부는 경복궁 환궁을 주청해야 하고, 러시아파를 궁궐에서 몰아내거나 러시아파에 의해 임명된 대신을 탄핵해야 한다고 주장했다. 이를 위해서 유생

---

28 『駐韓日本公使館記錄(11)』, 1897년 1월 16일, 機密第2號「慶運宮 移御 遷延 건」, 加藤 臨時代理公使 → 外務大臣 伯爵 大隈重信, 221쪽.

배(儒生輩)를 소청(疏廳)에 소집한 사실까지 있었다.

김병시·조병세·정범조 원로대신은 환궁을 강하게 요구했고, 내각대신도 환궁 요구에 가세했다.

가토는 김홍륙을 비롯한 총신파가 환궁을 상소한 인물을 체포하려고 했지만, 경무사 김재풍이 환궁 상소 인물에 대한 체포를 거부했다고 기록했다. 김홍륙 일파, 즉 총신파는 상소자를 회유했지만 효과가 없자, 경무사 김재풍을 통해서 상소한 주요 인물을 체포하려고 시도했다. 하지만 경무사 김재풍은 여론의 상황을 파악하고 총신파의 지시에 불응했다. 가토는 김홍륙 일파가 환궁을 반대하기 위해서 거짓 소문까지 조작했다고 기록했다.

총신파는 1897년 2월 14일 밤 일본인이 경운궁 담장의 높이를 측량했고, 일본 군함 3척이 인천에 정박할 예정이며, 일본 장사가 조선에 올 것이라고 고종에게 허위로 보고했다. 이는 고종을 놀라게 하여 경운궁 환궁을 막으려는 시도였다. 내각은 총신의 저항에 직면하여 고종의 환궁을 더욱 강력히 요구했다. 가토는 김병시·조병세·정범조 원로대신이 1897년 2월 17일부터 각부 대신을 동원하여 고종의 환궁을 강력하게 요청했다고 보고했다.

김병시·조병세·정범조 원로대신은 2월 17일 각부 대신을 동반하여 고종에게 러시아공사관에서 환궁할 것을 요청하고 밤늦게 물러났다. 2월 18일 각부 대신은 내부에 집결하여 의견을 확정하고, 18일 오후 6시 백성의 여론을 대표해서 환궁 요청을 상주했다. 각부 대신은 만약 고종이 환궁을 하지 않는다면 국가의 민심이 이반될 것이라고 주장했다.[29]

29　『駐韓日本公使館記錄(11)』, 1897년 3월 1일, 機密第10號「國王還御의 原因과 還御後의 形勢」, 加藤 辨理公使 → 外務大臣 伯爵 大隈重信, 237쪽.

그 결과 고종은 각부 대신의 의견에 따라 환궁할 것이라고 답변하며 러시아공사관에서 375일을 마감하는 지시를 내렸다. 1897년 2월 18일 조령(詔令)에 따르면 "모레 경운궁으로 환어하겠다. 고포(告布)하는 절차는 규례대로 마련하라."[30]

내부대신 남정철과 외부대신 이완용은 2월 18일 밤 10시경 고종의 지시에 따라 베베르를 방문하여 고종의 환궁 결정을 전달했다. 베베르는 고종의 환궁 결정에 대해서 고종 보호의 책임을 확인할 필요가 있다고 내부와 외부 대신에게 답변했다. 베베르에 따르면 "본관은 고종이 적어도 러시아공사관에 있는 동안 보호의 책임이 있지만, 러시아공사관을 떠난다면 보호의 책임이 없습니다." 그리고 베베르는 고종을 직접 면담하며 자신의 의견을 전달했다. 이때 통역은 김홍륙이 아닌 다른 사람이 대신했다.

고종이 설명하자 베베르가 말했다. "각 대신이 끊임없이 환궁을 요청하면서, 자신의 보호 책임을 질 것이라고 주장하여 환궁을 결정했다."

"본관은 각 대신이 보호의 책임을 다한다면 이의가 없습니다." 베베르는 환궁 날짜가 정해졌는지를 물어보았고 고종은 조만간 길일을 택하여 환궁하겠다고 답변했다.

가토에 따르면 러시아공사 베베르가 고종의 환궁을 동의했고, 정부대신은 의론을 조정하고 고종의 환궁을 상주했다. 결국 정부대신은 2월 20일 신속한 환궁을 주장했고, 2월 19일 아침 환궁에 관한 조칙을 발표했다.

가토에 따르면 고종은 2월 19일 새벽 궁내부 관리에게 환궁에

---

30 『高宗實錄』, 고종 34년 2월 18일.

관한 일체를 준비시켰고, 아침 공식적으로 환궁을 발표했다. 고종의 환궁 준비는 2월 19일 새벽과 아침에 신속히 진행되었다. 반대파가 환궁을 방해할 겨를이 없었다.

가토에 따르면 주한 러시아공사 베베르는 갑작스런 결행을 의심하여 환궁 날짜까지 다소 변동이 있을 것이라고 희망했다. 그런데 베베르는 모든 일이 신속히 결정되어 실망했다. 가토는 베베르가 마음속으로 고종의 환궁을 반대하고 있었다고 일본정부에 보고했다. 가토는 고종이 베베르와의 긴밀한 협의 없이 정부대신과의 합의로 환궁을 실행했다는 점을 포착했다. 그럼에도 고종의 환궁은 예정된 불가피한 사실이었고, 베베르도 고종의 환궁을 인정할 수밖에 없는 국내외 상황이었다.

대원군은 원로대신과 주일공사관과 정보를 주고받으며 정국의 추이를 똑똑히 목격하고 있었다. 천하의 대원군은 죽지 않았다. 가토는 1897년 2월 20일 고종 환궁에 관한 대원군과 원로대신 등의 동향을 상세히 기록했다.

가토는 김병시·조병세·정병호 원로대신이 대원군과 연결된 것으로 파악했다. 가토는 김병시, 조병세, 정범조 등의 원로대신이 대원군의 사주에 의해서 움직인 것으로 추정했다.

대원군과 이재면은 이미 명헌태후(明憲太后)인 왕대비 홍씨[31]를 통해서 고종에게 환궁의 필연성을 설득시키려고 노력했지만, 명헌태후는 '총신' 세력을 두려워하여 주저했다.

---

31 효정왕후(孝定王后, 1831~1904). 왕대비 홍씨. 조선 24대 국왕 헌종 이환의 계비이다. 1849년 헌종이 승하하여 철종 이원범이 즉위하자 효정왕후는 대비가 되어 명헌(明憲)이라는 존호를 받았다. 1857년 시할머니 순원왕후가 사망하자 왕대비가 되었고 1894년 갑오개혁으로 왕태후로 칭호가 격상되었다. 태후로서 주로 명헌태후라고 불렸다. 경운궁 수인당(壽仁堂)에서 1904년 1월 2일 사망했다. 능은 경기도 양주에 있는 경릉(景陵)이다(『선원계보(璿源系譜)』).

그러자 대원군은 원로대신과 자주 서신을 교환하여 고종의 환궁을 종용했다. 김병시·조병세·정병호 원로대신은 환궁 이후 대원군과 고종 사이의 뒤엉킨 악감정을 풀고 부자간의 융화를 도모하려 했다. 김병시·조병세·정병호 등은 대원군이 고종을 보좌하여 주변의 간신을 제거하고자 했다.

가토는 자신의 정보망을 동원하여 "대원군의 경솔한 행동이 결코 득책이 아니며, 오히려 경솔한 생각에 빠질 가능성도 있다"고 대원군에게 조언했다. 가토에 따르면 대원군은 "금일의 정세에 비추어 볼 때 오로지 침착함을 기본으로 결코 가볍게 움직이지 않을 것"이라고 답변했다. 가토와 대원군은 환궁을 둘러싸고 상호 연락을 주고받았고, 환궁 이후 대원군의 정치활동에 대해서도 논의했다.

가토에 따르면 대원군의 친족인 조병호는 환궁 이후 김병시의 추천에 따라 의정부찬정에 임명되었다. 박봉빈·김유성·이용태·이명재·조희일·서광보 등은 김홍집 내각 당시 평판이 좋았던 인물이었는데 모두 중추원의관에 임명되었다.[32]

1897년 3월 6일 가토는 고종 환궁에 관한 주한 러시아공사 베베르와의 대화를 외무대신 오쿠마에게 보고했다. 베베르는 1897년 2월 20일 오후 1시 30분 고종의 환궁을 설명하기 위해서 주한 일본공사관을 방문했다.

베베르에 따르면 고종은 정부대신의 갑작스런 환궁 요구에 당황했다. "지난날 자주 환궁 상소를 올렸다. 하지만 정부대신은 누구 하나 고종을 면담하고 직접 환궁을 의논하지 않았다. 고종

---

32 『駐韓日本公使館記錄(11)』, 1897년 3월 1일, 機密第10號「國王還御의 原因과 還御後의 形勢」, 加藤 辨理公使 → 外務大臣 伯爵 大隈重信, 237쪽.

은 고립된 상황이어서 마음이 괴로울 뿐만 아니라, 정부대신이 무책임하게 함께 환궁 운동을 전개하여 놀란 상태였다."

베베르에 따르면 내부와 외부 대신은 2월 18일 밤 10시경 베베르를 찾아와서 고종의 환궁 의사를 전달하고 어전의 동행을 요청했다. 그날 밤 고종과 베베르는 다음과 같이 대화했다.

고종은 "정부대신의 요청에 따라 환궁을 결정했다"고 말하자, 베베르는 "보호의 책임을 누가 담당할 것이냐"고 물었다. 고종은 "정부대신이 보호를 책임질 것"이라고 말하자, 베베르는 "분명히 보호를 책임지는 사람이 있다면 고종이 환궁을 결심하기 달렸다"고 대답했다. 베베르는 고종 면담 이후 바로 잠자리에 들었다고 기록했다.

베베르가 2월 19일 아침 10시경 기상하자, 환궁의 조칙(詔勅)이 관보에 실렸고, 고종의 환궁 준비가 마무리되었다. 베베르는 2월 20일 환궁이 결정되었다는 사실을 알게 되었다. 베베르는 "표면상 조금도 고종의 환궁을 거절할 의지가 없다"고 주장했는데, 내각대신은 "베베르가 환궁을 거부하는 것"으로 파악하고 불만족을 표시했다.

그러자 가토는 "주한 러시아공사관이 1년 동안 매우 번거로운 걱정과 괴로움을 받았을 것"이라며 환궁을 축하하는 인사말을 베베르에게 전달했다. 가토는 일본의 장사(壯士)에 대해서 의심하지 않느냐고 묻자, 베베르는 주한 일본공사를 충분히 신용한다고 바로 대답했다. 가토에 따르면 베베르는 "고종이 체재하는 동안 엄격한 비간섭주의를 취했고, 조금도 내정에 간섭한 적이 없다"고 주장했다. 베베르는 "조선의 내정개혁을 점진적인 방법으로 추진해야 한다"고 주장했다.

그러자 가토는 "나는 결코 조선의 내정개혁에 급진을 구하는 자가 아니라고 할지라도 정신적인 사업은 형체적(形體的)인 사업과 동일할 수 없다"고 베베르에게 답변했다.

베베르와 가토는 고종의 환궁 이후 정치적 음모를 걱정했다. 베베르는 고종의 환궁 이후 내부적 알력 때문에 생기는 정치적 음모를 우려했다. 가토도 조선인이 존재하는 한 정치적 음모를 도저히 제거할 수 없을 것이라고 주장했다. 가토는 조작된 풍설을 서로 조심하자고 베베르에게 제의했다. 가토는 자신의 움직임에 관해 날조된 풍설이 앞으로 더욱더 많아질 것이며, 서로 털어놓고 사실을 명확하게 이해해야 한다고 주장했다. 베베르가 동의하자 두 공사는 대화를 마쳤다.[33]

1897년 3월 9일 가토는 아관파천 시기 실행한 일본의 점진적 조선정책 내용을 외무대신 오쿠마에게 보고했다.

가토는 고종의 환궁을 일본에 유리한 정세로 파악하고, 환궁의 원인이 일본정부의 불간섭 조선정책에 있다고 보고했다. 가토는 '너그러운 대한정책', '조선인과의 친근함을 함양하는 정책' 등으로 표현했다.

가토는 일본인에 대한 조선인의 악감정이 점차 약해지고 있으며, 고종의 환궁도 결행되어 조선 상황이 작년에 비해 일본에게 유리하다고 주장했다. 가토는 고종 환궁의 원인이 "일본정부의 관용적인 대한정략(對韓政略), 주한 일본인이 조선인의 감정을 해치지 않으려고 노력한 점" 때문이라고 주장했다. 오쿠마 외부대신이 조선문제에 대한 '너그러운 방침'을 지시했는데, 가토도

---

33 『駐韓日本公使館記錄(11)』, 1897년 3월 6일, 機密第13號 「國王還御에 관한 러시아 공사의 담화」, 加藤 辨理公使 → 外務大臣 伯爵 大隈重信, 242쪽.

조선인에 대한 친근함을 방침으로 삼았다.

가토는 주한 일본영사 주재 회의 개최를 주장했다. 향후 주한 일본영사를 소집하여 1주일 정도 체류시켜 현재의 상황과 전후의 경위 등을 이해시키고 장래 방침 등을 협의하려고 했다.[34]

결국 가토는 일본정부의 관용적인 대한정략 때문에 고종의 환궁이 실현되었다고 주장했다. 이는 일본인이 조선인보다 우월한 민족이라는 시선이 숨겨져 있으며, 고종의 환궁을 조선에 대한 일본의 외교전략이 성공한 것처럼 만들려는 허위 보고였다.

환궁 이후 고종은 조선의 매관매직과 탐관오리의 고리를 끊지 못한 상태에서 대한제국과 황제의 선포라는 형식에 집착했다. 안타깝게도 장소의 변화가 본질의 변화를 동반하지 못했다.

---

34 『駐韓日本公使館記錄(11)』, 1897년 3월 9일, 機密第15號「在韓 帝國領事會議를 召集하고자 하는 건」, 加藤 辨理公使 → 外務大臣 伯爵 大隈重信, 245쪽.

에필로그

아관파천이 가져온 정국변화

우리의 덧없는 삶 속에도 영원이 있다는 것이오. 우리로서는 혼자서 그걸 뚫어 볼 수 없다는 것이오. 우리는 나날의 걱정으로 길을 잃는답니다. 소수의 사람, 인간성의 꽃 같은 사람만이 이 땅 위의 덧없는 삶을 영위하면서도 영원을 살지요.

-니코스 카잔차키스, 『그리스인 조르바』

청일전쟁 이후 재편된 동북아 질서

바람 따라 그림자를 잡는다. 당시 서울에는 그렇고 그런 소문들이 무수히 떠돌았다.[1]

1895년 전후 조선을 둘러싼 국제관계는 긴박했다. 1894년 6월 청일전쟁이 발발했고, 1895년 4월 일본과 청국은 시모노세키조약(下關條約)을 체결했지만 그해 5월 삼국간섭으로 일본은 요동반도를 청국에 반환했다.

일본은 1894년 7월 23일 새벽 용산에 있던 1,000명의 군대 병력을 경복궁으로 진군시켰다. 그리고 '그쪽에서 먼저 발포'했음으로 일본군대가 이에 맞서 싸워, 조선군을 물리치고 성문을 열고 궐내로 진입했다고 주장했다. 일본은 경복궁을 강제 점령한 후 기존의 조선정부를 붕괴시키고 친일정권을 탄생시켰다. 이른바 '갑오개혁'의 시작이었고 추진 기구는 군국기무처(軍國機務處)였다.

군국기무처 설립은 경복궁 점령을 통한 일본의 개입이라는 사실과 매우 긴밀한 관계가 있다. 1894년 7월 26일 새로이 군국기무처의 처소가 정해지면서 김홍집이 총재로 임명되었다. 군국기무처는 국정 전반을 개혁하는 기구로, 중앙의 행정 사법 기구를 비롯하여 국정 개혁 및 식산흥업 등 모든 군국사무를 담당하는 의결기구로 활동했다. 군국기무처 회의는 의원 과반수 참석으로 열렸으며, 토의사항은 다수결로 정했다. 결정된 안건은 왕의 비준을 받아 집행하는 방식을 따랐다.

---

1 『駐韓日本公使館記錄(11)』, 1896년 7월 18일, 報告第5號「閣議決定事項 등 보고」, 特命全權公使 原敬 → 外務大臣 侯爵 西園寺公望, 71쪽.

1894년 7월 25일 일본 함대가 조선으로 청의 증원부대를 수송 중이던 영국선적 상선(商船)을 격침하고, 이를 호위하던 청 함대를 격파함으로써 청일전쟁은 선전포고 없이 시작되었다. 8월 1일 일본은 청이 조선을 속방으로 칭하며 조선 내정에 간섭했다고 지적하고 선전포고했다. 그리고 일본이 전쟁을 하는 목적은 조선 내정개혁과 청 세력 배제를 통한 조선의 치안과 독립의 유지라고 강조했다.

　청일전쟁은 조선을 둘러싼 청과 일본의 단순한 전쟁으로 끝나지 않았다. 청일전쟁 이후 동북아 국제질서는 러시아와 일본의 대립구도로 급격히 재편되었다.

　청일전쟁의 결과 1895년에 4월 17일 시모노세키조약이 체결되자 러시아 재무대신 비테(C.Ю. Витте)는 만주를 지키기 위해서 일본이 요동반도를 청에 반환하도록 독일과 프랑스에게 삼국간섭을 제안했다. 이후 러시아의 제안을 수용한 독일과 프랑스는 1895년 4월 23일 일본의 요동반도 점유를 반대하는 성명을 일본에게 전달했다. 일본은 삼국의 연합군과 싸울 수 없다고 판단했고, 결국 5월 5일에 삼국의 요구에 굴복했다.

　을미사변은 1895년 10월 8일 새벽 주한 일본공사 미우라가 지휘하는 일본 군인과 자객이 경복궁에 난입하여 명성황후를 암살한 사건이다. 1895년 10월 12일 명성황후 시해도 모자라 왕후 폐위까지 공식 발표되자 그 여파는 오래갔다. 조선에서는 단발령과 맞물려 을미의병이 전국적으로 전개되었다. 당시 조선인은 을미사변을 임진왜란과 대등하게 인식할 정도였고, "삼강오륜의 도리"를 지키기 위해서 의병을 일으켰다.

　을미사변이 촉발하고 단발령이 퍼트린 반일정서는 고종의 아관파천으로 이어졌다. 아관파천(俄館播遷)은 1896년 2월 11일 새벽 을미사변 이후 신변의 위협을 느낀 고종이 러시아공사관으로 피신한 사건이다. 당시 정국을 장악했던 김홍집 내각은 개혁을 급속하게 시행했는데, '단발령'을 강행하여 전국적인 반발을 초래했다. 조선에 체류하던 구미 외국인들의 반일감정도 악화되었다. 김홍집 내각을 등에 업고 일본이 각종 이권을 독식했기 때문이었다. 이러한 반일정서를 바탕으로 고종은 아관파천을 단행하여 일본의 영향력에서 벗어날 수 있었다. 고종은 아관파천 이후 1896년 3월 을미사변 재조사를 명령했고, 1897년 8월 단발령까지 취소했다.[2]

결국 일본은 조선을 자신들의 영향력 아래에 두기 위해서 1895년 10월 8일 을미사변이라는 극단적인 방법을 선택했다. 을미사변 직후 고종은 반일세력을 결집하여 김홍집 내각을 붕괴시키려 했다. 하지만 1895년 11월 28일 고종을 경복궁에서 구출하려던 춘생문사건이 실패했다. 고종은 러시아공사관에 파천 의사를 밝혔지만, 러시아 측에서는 신변 안전과 정치적 부담 등을 걱정했다. 고종의 파천 의사를 확인한 이범진과 이완용은 러시아 병력을 동원하고, '고종폐위설'을 유포하여 고종의 불안을 해소했다.

19세기 말 러시아와 일본은 극동지역에서 한국과 만주를 둘러싸고 대립과 협상을 반복했다. 1896년 6월 '모스크바의정서' 체결로 한국의 현상유지에 합의한 러시아와 일본은 그동안 있었던 삼국간섭과 아관파천 등의 갈등관계를 해소하고 극동지역에서

---

2   『高宗實錄』, 고종 34년 8월 12일.

세력균형을 이룰 수 있었다. 하지만 1897년 11월 독일의 교주만 점령을 계기로 러시아는 서구열강의 적극적인 극동정책에 대응하여 그해 12월 여순을 점령했다. 이러한 여순 점령 이후 일본은 러시아가 극동지역에서 더이상 세력균형을 준수하지 않을 것으로 여겼다. 하지만 당시 러시아와 전쟁을 수행할 능력이 부족한 일본으로서는 1898년 4월 한국에서 일본의 경제적 우위를 인정한 '도쿄의정서'에 일시적으로 만족해야 했다.

19세기 후반 영국은 유럽 및 식민지에서 안보를 유지하고 제국으로서의 권위를 지키는 것이 더이상 어려워지면서 동아시아의 문제를 적은 비용으로 해결하려고 했다. 이러한 상황에서 일본은 의화단사건을 계기로 러시아의 만주지배 정책에 대항하고자 영국과의 외교 협력을 추진했다. 양국 이해관계의 결실이 바로 1902년 1월 체결된 1차 영일동맹이다.

20세기 초반 러시아와 일본은 극동지역에서 한국과 만주를 둘러싸고 첨예하게 대립했다. 1900년 6월 의화단사건 이후 러시아가 군사적으로 만주를 점령하자, 일본은 1902년 1월 영일동맹을 통해 외교적으로 러시아를 압박하면서, 러시아의 한국 진출 포기를 끊임없이 요구했다. 이러한 상황에서 러시아와 일본은 1902~1903년 한국에 대한 일본의 정치·군사적 특권에 대해서 협상을 진행했지만 1904년 러일전쟁으로 치달았다.[3]

3   김영수, 『미쩰의 시기: 을미사변과 아관파천』, 경인문화사, 2012; 임경석·김영수, 『한국근대외교사전』, 성균관대학교출판부, 2012; 김영수, 「명례궁약정과 한러비밀협정을 통해본 모스크바대관식(1896)」, 『역사와 현실』 106, 2017. 1896년 9월 고종은 정치개혁의 일환으로 기존의 의정부와 다른 '신의정부(新議政府)'도 설치했다.

정국 장악을 위한 고종의 선택

아관파천은 고종시대 일본과 러시아의 조선 진출 과정에서 벌어진 을미사변, 러일전쟁 등과 깊이 연결되어 있다. 아관파천 이후 고종은 개화파와 수구파 등의 협력과 대립을 유도하면서 궁내부와 독립협회 세력으로 국정운영을 개편하면서 정국을 장악했다. 고종은 1882년 임오군란 이후 청국의 종속국가라는 외교적 수치를 겪었고, 1894년 일본군대의 강압과 내정간섭으로 갑오개혁을 수용했다. 고종은 청국과 일본의 일방적인 외교와 군사 압력에 굴복했던 쓰라린 경험을 갖고 있었다. 이러한 경험을 통해서 고종은 미국, 러시아, 영국, 프랑스 등 서양 열강의 중재를 통해서 청국과 일본의 강력한 압박을 벗어나려고 노력했다. 무엇보다도 고종은 청국과 일본의 압력에서 조선과 국경을 맞대고 있는 러시아 카드를 적극적으로 활용하려고 노력했다. 그 결과 고종은 1896년 모스크바대관식 전후 한러협약을 비밀리에 체결했다. 그것은 고종이 한러관계를 중심으로 다자외교를 추진하여, 조선의 독자적인 외교정책을 추진했다는 사실을 알려준다.

이 시기 서울을 방문한 외국인은 아관파천의 원인과 결과에 주목했다.

독일 기자 지그프리트 겐테는 을미사변에 따른 대응으로 아관파천이 실행되었다고 기록했다. 주한 일본공사 미우라의 선동으로 공사관 초소의 일본군대는 궁궐로 몰려와 왕비를 살해했다. 토막 낸 시체에 석유를 부어 즉석에서 불태워버리는 아주 잔인하고 야만적인 행동을 벌였다. 위협을 느낀 고종은 양반집 규수들이 타는 커튼이 두껍게 쳐진 가마를 타고 주한 러시아공사관으로 피신했다. 고종은 주한 러시아공사관의 손님으로서 베베르의 집에서 정세가 안정되기를 기다렸다. 러시아가 중재하여 일본의 영향력에서 벗어나게 되었고 상황이 진정국면으로 접어들었다.[4]

육영공원 교사 출신 호머 헐버트는 아관파천 과정을 기록하면서 러일전쟁으로 가는 길이었다고 판단했다. 그는 아관파천이 일본과 러시아의 대립을 촉발시켜 러일전쟁의 원인이 되었다고 보았다. 삼국간섭 이후 일본은 러시아와 대립했고, 을미사변에 반발한 고종의 선택은 아관파천이었다.

헐버트에 따르면 2월 11일 아침 7시 고종과 왕세자는 호위병도 없이 여자용 가마를 타고 몰래 빠져나가서 곧장 러시아공사관에 도착했다. 고종은 정중하게 영접을 받은 다음 주한 러시아공사관 건물 중에서 제일 좋은 방에 머물렀다. 아관파천은 일본이 러시아에 대해 앙심을 품도록 하는 잠재적인 요소가 되었고, 러시아가 조선에 대해 음모를 꾸밀 수 있는 길을 열어 주었다. 러시아의 음모는 실제로 러일전쟁을 촉진시켰다. 만약 일본이 청일전쟁 이후 조선에서 우위를 계속 유지할 수 있었다면 러시아의 만주 침략을 다소 안심하는 눈으로 바라볼 수 있었을 것이다. 하지만 조선에서 러시아와 일본의 역학관계가 변차면서 러일전쟁은 불가피했다.[5]

러시아 육군중장 운떼르베르게르는 아관파천의 이유를 고종이 일본의 압력에서 벗어나는 유일한 방안이었기 때문이라고 설명했다. 일본인은 명성황후 암살 이후 조선과 조선 궁궐에서 더욱 무도하게 행동했고, 고종은 신변의 위협을 느끼게 되었다. 고

---

4 겐테,『독일인 겐테가 본 신선한 나라 조선, 1901』, 책과함께, 2007, 220-221쪽.
5 헐버트,『대한제국멸망사』, 집문당, 1999, 185-186쪽.

종은 일본의 압제에서 벗어나기 위해서 자신이 겪고 있는 극도로 끔찍하고 위험한 상황을 해결하고자 했다. 고종은 주변의 어떠한 지원도 받지 못한 채 단지 일본 세력에 둘러싸여 있었다. 고종은 2월 11일 아관파천을 통해서 러시아의 보호에 있는 것만이 유일한 방안이었다.[6]

러시아와 일본은 아관파천 이후 조선의 정치상황을 안정시키기 위해서 외교적 협상을 진행했다. 그 배경에는 일본이 을미사변 이후 조선에서 압도적인 정치적 영향력에 기초하여 경제적 이익을 독점하자, 러시아가 자국을 향한 일본의 군사적 위협을 느꼈기 때문이다. 그래서 러시아는 조선의 국내 정치상황을 이용하여 고종의 아관파천을 묵인했고, 조선을 갑오개혁 이전의 국내외 질서로 되돌리려고 노력했다.

정변은 정변을 불러왔고 극단은 또다른 극단이 뒤이었다.

아관파천을 주도한 사람들

1896년 1월 고종은 러시아공사관에 파천 의사를 밝혔지만 신변 안전과 정치적 부담 등을 걱정했다. 고종의 파천 의사를 확인한 이범진과 이완용은 1896년 2월 러시아병력을 동원하고, '고종 폐위설'을 유포하여 아관파천에 따른 고종의 불안을 해소하고 결단을 유도했다.

궁내부에 인맥을 형성한 이범진은 가마를 통한 파천 방법, 공

---

6 "1898.1, 중장 운떼르베르게르."(АВПРИ. Ф.150.Оп.493.Д.8.Л.9-25).

병대와 러시아 수비병의 동원을 담당했다. 이완용과 윤치호는 주한 외교관의 승인과 지지를 위해 외교 활동을 전개했다. 박정양은 민심의 안정을 위해 각종 지시문을 발표했다. 이러한 사실은 궁내부에 기반한 이범진의 정치세력이 아관파천에 주도적인 역할을 했지만 향후 독립협회에 기반한 정치세력이 아관파천에 적극적으로 참여했다는 것을 알려준다.

아관파천 당시 러시아정부와 주한 러시아공사관은 연락을 주고받을 수 없었다. 아관파천 전후 전신이 두절되었기 때문이다. 아관파천 1주일 전 쉬뻬이에르는 러시아정부에 아관파천 계획을 타전했으나 아무런 답신도 받을 수가 없었다. 러시아정부는 아관파천에 대해 사전에 승인 혹은 반대의 입장을 주한 러시아공사관에 전달하지 못했다.

결국 고종을 러시아공사관에 받아들인 것은 전적으로 주한 러시아공사 쉬뻬이에르의 판단과 책임이었다. 쉬뻬이에르는 러시아함정의 파견을 요청할 때 '위험한 상황'을 강조한 자신의 견해를 외무대신 라바노프에게 은폐했다. 쉬뻬이에르는 러시아 외무부의 명령 없이 스스로 러시아함정의 파견을 요청했다.

쉬뻬이에르는 일본인의 조선 진출을 극도로 경계하면서 "조선이 왕권과 자주권을 유지해야 한다"고 공공연하게 주장했다. 쉬뻬이에르는 을미사변 이후 일본이 조선에 대해 정치적·경제적 영향력을 확대하는 것을 인정할 수 없었다. 쉬뻬이에르는 본국의 확답을 받지 않았지만 자신의 조선정책을 아관파천을 통해 실현하려 했다.

그런데 쉬뻬이에르의 결정은 러시아정부의 묵인 속에서 이뤄진 것이 틀림없다. 그 이유는 러시아가 조선에 관한 비밀협정을 체결하고 적극적인 개입정책을 추진할 때, 쉬뻬이에르가 조선에 파견되었기 때문이다. 쉬뻬이에르의 전력을 살펴보면, 1885년 갑신정변을 조사한다는 명목 하에 1차 한러밀약을 추진했다. 1897년 8월 다시 주한 러시아공사로 부임한 쉬뻬이에르는 알렉세예프를 재정고문관에 임명하도록 대한제국정부에 압력을 가했다. 그는 극동에 파견된 러시아외교관 중 긴급 현안문제를 적극적으로 해결하는 조선문제 전문가였다.

러시아 카드로 시작된 고종의 전제정치

대한제국 시기 고종은 군주권을 강화하기 위해서 궁내부에 기반한 이재순과 이범진 계열을 적극 후원했다. 아관파천 이후 법부대신에 임명된 이범진은 을미사변 관련자를 처벌하면서 정국을 주도했다. 하지만 독립협회에 기반한 정치세력은 이범진의 지나친 권력 집중을 우려하여 그를 강력하게 견제했다. 결국 이범진은 1896년 6월 주미공사, 1899년 3월 주러공사에 임명되었다. 당시 대한제국은 1900년까지 동경, 워싱턴에만 자국 공사를 주재시켰다. 의화단사건 이후 대한제국과 만주를 둘러싸고 러시아와 일본이 첨예하게 대립하는 상황에서 주미공사를 역임한 이범진을 주러공사에 임명한 것은, 그가 고종의 신임 아래 대한제국 외교 업무를 수행하는 핵심인물이었다는 것을 의미한다.

대한제국기 고종은 군주 중심의 '전제정치'를 실현하기 위해서 궁내부에 자신의 정치세력을 결집시켰다. 대한제국 초기 궁내부에 기반한 정치세력들은 정치적 주도권을 둘러싸고 일정한 상호 경쟁을 펼쳤고, 독립협회와 철저히 대립했다.

1896년 2월 아관파천 이후 일본과 러시아는 조선문제를 둘러싸고 외교적으로 긴박하게 움직였다. 러시아와 일본은 1896년 5월 14일 서울에서 상호 협상에 따라 '서울의정서(고무라-베베르각서)'를 체결했다. 일본은 러시아와의 협상에서 군대 주둔과 관련해 자국에 불리한 내용에 합의했다. 조선에서 일본군대의 전체인원을 제한한 점, 조선에서 일본군대의 인원만큼 러시아군대도 동일하게 주둔하도록 한 점 등이 바로 그것이다. 그래서 일본은 러시아와 새로운 협정을 추진하여, 1896년 6월 9일 조선문제에 관한 새로운 협정인 '모스크바의정서(야마가타-로바노프 의정서)'를 체결했다. 그 결과 일본은 조선에서 일본군대의 제한을 변화시켰고, 조선에서 상호 군사 활동의 영역을 구분했다.

특명전권공사 민영환은 모스크바에서 러시아 경비병의 고종 신변보호와 관련한 구체적인 답변을 받지 못하자, 모스크바대관식이 끝났음에도 불구하고 본국으로의 귀환을 포기하면서, 3개월 가량 뻬쩨르부르크에 남아서 협상을 지속했다.

러시아와 일본은 1896년 6월 9일 '모스크바의정서'를 체결하여 조선에서 상호 군사 활동의 영역을 구분했다. 이 과정에서 조선은 공식적으로 러시아에 특사단을 파견하여 고종의 신변보호와 차관 제공을 요청했다. 무엇보다도 민영환은 고종 환궁 이후 러시아 경비병이 경운궁을 경비하여 고종의 신변을 지켜준다는 러시아의 약속을 받기 위해서 노력했다. 그런데 러시아는 단지 고종 신변 안전에 대한 '도덕적' 보장만 약속하려고 했다. 그러자 민영환은 땅이 꺼질 듯한 한숨을 내쉬며 비공식적으로 러시아가 조선에 대한 군사적 보호를 약속하는 '한러비밀협정'을 끈질기게 제안하여 결국 성사시켰다.

아관파천 시기 누군가는 출세와 권력을 꿈꾸었고, 또 다른 누군가는 민족과 세상을 고민했다. 인간은 가장 추악할 수도 가장 아름다울 수도 있는 존재다. 그 존재는 각자의 의지와 행동에 따라 결정된다. 그건 그때도 지금도 마찬가지다.

후기

아관파천¹ 당시 모두 권력과 이익을 추구한 것은 아니다. 그 당시 을미의병의 영향으로 미래의 주역들이 꿈틀거렸는데 그 중 한 명이 신돌석이었다.

"종묘와 사직이 일본에게 능멸을 받게 되고, 8로(八路)가 어육(魚肉)이 되매, 1896년 병신(丙申)에 의병을 일으켰다."²

평민의병장 신돌석은 아관파천 시기 반일을 주장하며 1896년

1   '아관파천'이란 용어는 당대에는 사용하지 않았다. 당시의 기록을 살펴보면 '이필주어(移蹕駐御)', '상주아국공사관(上駐俄國公使館)', '주어우아공관(駐御于俄公館)', '노관이어(露館二移御)' 등으로 서술되었다(『高宗實錄』, 고종 33년 2월 11일; 『秘書院日記』, 개국 504년 12월 28일; 『日省錄』, 고종 32년 12월 28일; 國史編纂委員會編, 『駐韓日本公使館記錄(9)』, 1995, 392쪽). 아관파천이라는 용어가 널리 사용된 것은 일제강점기에 들어서였다(鄭喬, 『大韓季年史(上)』, 1957, 137쪽; 尹孝定, 「露館播遷의 動機」, 『韓末秘史』, 교문사, 1995, 176쪽; 車相瓚, 「李太王俄館播遷事件」, 『別乾坤(4)』 2, 1929, 6쪽). 원래 '파천(播遷)'이란 용어는 임금의 피난을 의미한다. 조선왕조실록을 살펴보면 임금의 '파천'이라는 용어가 사용되었다(『宣祖實錄』, 선조 25년 9월 2일; 『英祖實錄』, 영조 9년 12월 20일; 『高宗實錄』, 고종 33년 4월 29일). 이를 고려하여 '아관파천'이라는 용어가 널리 사용됐던 것으로 보인다. 필자는 아관망명, 아관도피 등의 새로운 용어보다는 조선시대에 사용된 '파천'이라는 용어를 사용했다.
2   "丙申義擧罷 雛題大入冠 宗社陵夷 八路魚肉."(「申義將傳」, 『독립운동사자료집 3: 의병항쟁사자료집』, 독립유공자사업기금운용위원회, 1984, 964-965쪽).

신돌석 생가 비문

을미의병에 적극적으로 가담했다. 영해 출신인 신돌석(1878~1908)은 주로 울진, 제천, 영덕 등 경상북도 지역에서 활동했다. 태백산 호랑이 신돌석의 그때 나이 19세였다. 그 당시 충청도 제천 유인석과 강원도 춘천 이소응은 '을미의병'의 핵심 인물이었는데, 경상도 '울진의병' 주병헌과 영덕의병 김하락은 유인석과 연결되어 활동했다.

'죽변사건'에 가담한 의병은 대략 300명 정도였다. 여기서 주목할 만한 사실은 순사 이소무라의 보고서(「江原道竹邊灣ニ於ケル邦人ノ暴徒被害ノ件」) 내용 중 '울진'에서 합류한 30명과 '평해'에서 합류한 20명이 '죽변사건'에 참여했다는 사실이다.

경상북도 의병은 평해 지역을 둘러싸고 울진의병, 영해의병, 영덕의병이 핵심이었다. 당시 충청도 제천의병은 아관파천 시기 경상북도 의병과의 연대까지 실행했다.

울진의병은 을미사변 이후 일본인의 어업침탈로 인한 어민들의 불만을 수렴했다. 울진에서는 주병헌, 전치일, 이성린, 안용철, 장병하, 최재린, 박춘근 등과 함께 유진소(留鎭所)를 설치하고, 주병헌을 유진장(留鎭將)으로 추대했다.[3]

영해의병은 이수악 등이 1896년 1월 22일 영해 향촌의 재지사족들과 함께 의병 결성을 결의해서 2월 11일 조직되었다. 이수악을 대장으로 조직된 영해의병은 주력부대 중군도총 등의 212명으로 조직했고, 재령 이씨와 안동 권씨 등 5대 성씨 중심의 사족으로 구성되었다.[4]

영덕의병도 신운석 등이 독자적으로 조직했다. 그런데 김하락은 의성 출신으로 경기도 광주 남한산성에서 의병을 일으켰다가 남하하여 제천과 안동을 거쳐 의성과 경주에서 전투를 치렀다. 그 후 김하락은 1896년 7월 2일 영덕에 도착하여, 7월 13~14일 이틀 동안 영덕읍에서 전투를 벌이다 중상을 입고 자결했다. 이 영덕 전투에는 김하락을 비롯한 영해와 영덕 의병이 함께 참여했다.[5]

그런데 신돌석은 김하락, 이수악 등과 연결되어 영해와 영덕 의병에 참여했다. 1896년 신돌석이 김하락, 이수악과 함께 영덕

---

[3] 강원도 항일독립운동편찬위원회, 『강원도 항일독립운동사』, 광복회 강원도지부, 1991, 65쪽.

[4] 김희곤, 『신돌석 백년만의 귀향』, 2001, 푸른역사, 38쪽. 이수악(李壽岳, 1845~1927)은 자가 치숭(致崇), 호가 우헌(于軒), 본관이 재령(載寧)이다. 1896년 1월 22일 경북 영해에서 집강소를 조직하고 이어 같은 해 2월 11일 집강소를 의병부대로 전환하여 의병장으로서 진용을 갖춘 후 경북 안동으로 집결코자 했으나 정부의 해병선유(解兵宣諭)에 따라 해산하기까지 활동한 사실이 확인된다(국가보훈처, 「독립유공자 공적조서」, 1993, e-gonghun.mpva.go.kr).

[5] 김희곤, 『신돌석 백년만의 귀향』, 2001, 푸른역사, 39쪽. 김하락은 고종세력의 지시를 받고 내려온 인물이었음에 틀림없다. 김하락은 제천의 유인석의병을 일으킨 이춘영을 휘하의 참모로 거느리고 있었고, 고종의 측근 심상훈의 일족인 심상희를 의병장에 임명함으로써 고종세력으로부터 부여받은 연합의병장의 권위를 행사했다(오영섭, 『고종황제와 한말의병』, 선인, 2007, 143쪽).

과 영해 의병에 활동한 사실은 다음과 같이 기록되었다.

"병신년(丙申年)을 당하여 각지에서 의병이 일어날 때는 나이 19세라. 김하락 의진에 종사하다가 김 장군이 패망한 후에 드디어 갑주(甲冑)를 버리고 어디인지 종적을 감추었다."[6]

"신돌석은 19세 병신난(丙申亂)에 영해의병의 중군장이 되니 대장은 우헌 이수악이었다. 그 뒤 10년 간은 손병희, 이강년 등을 찾아 교유했다."[7]

"약관에 벌써 뜻을 사방에 두고 명승을 찾고 원근의 수령 방백과 교유했다. 병신(丙申) 이후 나라가 날로 기울어져 가는 것을 보았다. 이것은 500년 신민(臣民)이 참을 수 없는 것인데, 10년 간에 태아(太阿)가 기울어져 일본인이 권세를 쥐게 되고, 법령까지 제멋대로 시행했다."[8]

의병13도총대장 이인영에 따르면 "을미(乙未)·병신(丙申) 왕비의 복수를 빙자하고 단발령에 반대하여 …… 유인석은 두령이 되어서 이강년, 신돌석 등을 이끌고 충청북도 제천에서 행동을 일으켰다. 나는 원주에서부터 군사를 인솔하고 영남에서 행동을 취했다."[9]

이인영의 진술조서에 따르면 신돌석은 1896년 제천의병에도 관련되었다. 이인영이 유인석과 함께 제천의병에 관련되었다는 사실에 기초한다면 영해 태생인 신돌석은 경상북도, 강원도, 충

---

6 『申乭石將軍實記』, 1冊(대구대학교 도서관 소장).
7 「義兵大將申公遺事」; 김희곤, 『신돌석 백년만의 귀향』, 2001, 푸른역사, 234쪽.
8 "當丙申以後 我國之日 見侵削 者非五百年臣民之所可忍說."(「申將軍實記」, 『독립운동사자료집 3; 의병항쟁사자료집』, 독립유공자사업기금운용위원회, 1984, 963쪽).
9 『統監府文書(8)』, 明治四十二年六月三十日(1909년 6월 30일), 一. 李麟榮陳述調書, (2) 憲機第一三四五號「暴徒巨魁 李麟榮 調書 보고 건 別紙 問答調書」, 憲兵隊本部 陸軍憲兵大尉 村井因憲).

청도의 접경 지역에서 다양한 의병장과 활동한 것이 틀림없다. 신돌석은 영해 이수악, 영덕 신운석, 울진 주병헌 등의 의병 활동에 참여하면서 1896년 5월 충청도 제천전투에서 유인석의병에 합류했고, 1896년 7월 경상북도 영덕전투에서 김하락의병에 가담했다.

신돌석은 경상도와 충청도를 넘나들며 폭풍우 몰아치는 어두운 밤, 번개의 섬광에 한순간 드러난 산맥처럼 사람이 자신의 삶을 우연에 맡길 필요가 없다는 것, 사람의 의지란 강하다는 것을 깨달았을 것이다.

신돌석의 부하로 나중 일본군대에 투항한 이재석의 1908년 10월 심문 기록에 따르면 "신돌석은 약 170센티미터였다. 얼굴은 크고 넓었으며 머리도 넓은 편이었다. 그의 피부는 검었으며, 얼굴에는 마마 자국이 있었다."[10]

신돌석(申乭石, 1878~1908)은 을미사변 전후 인근 지역 지방 유생과 교류했고, 1896년 이후 최소 영덕과 영해, 최대 울진과 제천 등을 넘나들며 의병 활동에 관련되었다.[11] 신돌석은 19살 진후 경상, 충청, 강원 등의 지리적 위치에 익숙할 수 있었고, 그 후 1906년 4월 의병부대를 결성하여 1908년 10월까지 항일투쟁을 전개했다. 신돌석 의병부대는 영해·영양·평해를 중심으로 활동하면서, 강원도 울진·삼척·양구, 경상도 안동·청송·진보, 충청북도까지 활동영역을 넓혔다. 이러한 활동 과정에서 고독 속에서 의자에 눌어붙어 풀어야 하는 인간과 시대의 문제를, 이

---

10 明石元二郞(韓國駐箚憲兵隊長) → 松井茂(警務局長), 1908.10.13, 韓憲警乙 제 1185호「江原道 平海郡 義兵歸順者 聽取書 報告」.
11 김희곤은 신돌석이 영덕 의진에 활동했을 것으로 추정했다(김희곤, 『신돌석 백년 만의 귀향』, 2001, 푸른역사, 44-45쪽).

사나이는 칼 한 자루로 산속의 맑은 대기를 마시며 풀어버린 것이다.

주병헌 등 울진의병은 1896년 3월 12일, 죽변에 들어온 일본인 15명을 사살했다. 중군장 최재린이 경무기를 휴대하고, 포군 50명을 인솔하여 죽변에 들어온 일본 어부를 죽변 대나무 숲속[竹林]에 숨어서 기다리다가 사살했다.[12] '죽변사건'에 가담한 의병이 300명 정도이고, '평해' 등에서 합류했다는 사실에 기초하면 영해의병이 가담했다.

당시 신돌석은 영해의병의 주요 인물인 중군장의 역할을 맡고 있었다. 1896년 3월 울진 죽변 대나무 숲속에 숨어서 숨죽이며 기다리던 인물 중 하나가 바로 신돌석이었다. 운명의 장난일까? 10년이 흐른 1906년 6월 을사의병 당시 평민 의병장 신돌석의 항일투쟁 첫 공격 대상은 일본 침략의 전초기지인 죽변 부근 '울진'이었다.[13]

---

[12] 蔚珍郡誌編纂委員會編, 『蔚珍郡誌』, 蔚珍郡, 1984, 474쪽. 이 사건을 항의한 주한 일본공사 고무라는 울진의병 300명의 일본 어민 습격을 언급했다(김도형, 『민족과 지역』, 파주시, 지식산업사, 2017, 281쪽).

[13] "蔚珍匪徒 蔚珍郡守가 內部에 報告ᄒ되 匪徒三百餘名이 突入本郡ᄒ야 軍器庫를 打破ᄒ고 所存軍物을 搶奪ᄒ며 民戶에 放火ᄒ야 數十戶가 被燒ᄒ얏는디 此徒는 英陽安東等地에셔 被逐호 餘黨이라더라."(『皇城新聞』, 1906.6.15). 당시 울진은 수많은 일본 어부와 잠수부가 신식 어업도구를 사용하여 조선 어민보다 수십 배나 되는 어획고를 올려서 조선인의 원성을 사고 있었다. 신돌석은 1906년 6월 300여 명을 동원하여 울진의 일본인 거주 지역을 습격했다.

찾아보기

ㄱ

가쓰 가이슈(勝海舟) 83
가쓰라 다로(桂太郞) 82
가토 마스오(加藤增雄) 143, 151, 153,
　175, 177, 183~185, 191, 195, 237,
　242, 246, 248, 249, 268, 269, 271,
　273, 276, 277
갑신정변 110
갑오개혁 110
개화당 168
개화파(개화당) 165, 172
거문도사건 112
게일(Gale) 92
경운궁 190, 191, 196~198, 202
『고무라외교사(小村外交史)』 80, 83
고무라 주타로(小村壽太郞) 25, 48,
　50~53, 55, 60, 77~81, 84, 85,
　89~91, 96, 113, 114, 130, 154~159,
　163, 217, 221~225, 233

고종폐위설 119, 125, 283
고쿠분(國分) 71, 78
구리노(栗野愼一郞) 53
궁내부 193
권영진(權瀯鎭) 99
권용진(權溶鎭) 99
권종록(權鍾祿) 140
그레먀쉬이호 143
그레이트하우스(C.R. Greathouse) 194
그리피스(W.E. Griffis) 107
기쿠치 겐조(菊池謙讓) 211, 213
김가진 179, 183
김경섭(金經燮) 99
김낙현(金洛鉉) 140
김도일 184
김명서 183
김명제(金明濟) 114
김병시(金炳始) 79, 167, 183, 233, 234,
　236~238, 240, 252, 253, 256, 274

찾아보기　299

김상궁 114
김영수 183
김윤식(金允植) 49, 76
김인식(金仁植) 75
김재풍 183, 219
김종한 183, 217, 218, 252
김중환 182
김홍륙 143, 182~184, 267
김홍수(金弘洙) 140
김홍집(金弘集) 49, 61, 72~77, 89, 97
김홍집 내각 20, 21, 34, 48, 49, 71, 74, 85, 96, 114
까례예쯔호 143
까르네예프(В.П. Карнеев) 22, 38, 41~43, 64, 65, 67~70, 115, 124
까를로 로제티(Rossetti) 211
까쁘니스뜨 54
꼬르닐로프호(Админрал Корнилов) 47

ㄴ
니꼴라이 2세 113

ㄷ
다니엘 기포드(Daniel Lyman Gifford) 209
단발령(斷髮令) 20, 25
대안문(大安門) 202
대원군 49, 112
대한문(大漢門) 202
도쿠지로 54
독립공원 179

독립문 179
『독립신문』 168, 178, 252
독립협회 112, 179
돈스꼬이호 142
드미뜨리옙스끼 206

ㄹ
로바노프(А.Б. Лобанов) 229, 231
로제티(Carlo Rossetti) 107
르페브르 108

ㅁ
만민공동회 112
매켄지(F.A. McKenzie) 110, 146, 149, 150
명성황후 18, 19, 23, 44, 74, 192, 203, 206
명성황후 생존설 24
모스크바대관식 18, 112
모스크바의정서(로바노프-야마가타 협정) 226, 228, 231, 283
무사또프(Мусатов) 57
무쓰 무네미쓰(陸奥宗光) 53, 160, 221, 222, 224, 226
문명개화론 165, 170
뮈텔 주교 104, 106
미우라 고로(三浦梧樓) 20, 157
민병석 254
민영기 220
민영익(閔泳翊) 192

민영준(閔泳駿) 49, 238, 254
민영환 151, 254, 270

ㅂ

박규수 170
박상궁 92, 103
박영효 73, 179
박정양(朴定陽) 79, 87, 100, 137, 173, 175~177, 183
박지원 170
백철용(白喆鏞) 140
베델(E.T. Bethell) 214
베베르(К.И. Вебер) 23, 26, 27, 35~37, 57, 61, 62, 66, 101, 106, 109, 116, 122, 130, 132, 135, 137, 139, 144~154, 182, 206, 212, 224, 225, 232, 246, 256, 259, 260, 263~267, 270, 273, 275
보각(К.И. Вогак) 64
보브르(Бобр) 41, 43
보에르(J. Boher) 210
분쉬(Richard Wunsch) 212
브라운 124, 194
비숍(I.B. Bishop) 102, 146~148
비테(С.Ю. Витте) 282
뽀꼬찔로프 261, 264
뿌짜따 195, 249, 261, 266

ㅅ

사메시마(鮫島) 244

사이온지(西園寺) 24, 113, 177, 191, 227, 228
삼국간섭 231
샌즈(W.F. Sands) 46, 104
서광범 73
서울의정서(고무라-베베르 각서) 82, 83, 226
『서유견문』 167
서재필 97, 125, 172, 180, 183
서주보(徐周輔) 99
손탁(Sontag, 존타크, 孫澤, 宋多奇) 205, 206, 208, 209, 210~212, 214
손탁호텔 209, 210, 213
수구파(완고당) 165, 172
쉬페인 261
쉬뻬이에르(А.Н. Шпейер) 23, 24, 35~39, 42, 43, 47, 57, 59, 61, 62, 66~68, 80, 84, 88, 109, 115, 122, 123, 134~139, 154, 156, 227, 229
시모노세키조약(下關條約) 51, 281
신우균(申羽均) 121
신이지로 53
실(J.M.B. Sill) 21, 39, 46, 59, 108
심상훈 173, 175, 176, 254

ㅇ

아드미랄 꼬리닐로프 78
아키히토 친왕(彰仁親王) 241
안경수(安駉壽) 90, 179, 183, 216~220
알렉셰예프 47
알렌(H.N. Allen) 33, 106, 108

야마가타(山縣有朋) 229
어윤중(魚允中) 49, 61, 76, 77
언더우드(H.G. Underwood) 33
언더우드 부인 102, 104, 145, 257
엄상궁(엄비) 92, 103, 107, 114, 184
에밀 부르다레(Emile Bourdaret) 57, 111
여규형(呂圭亨) 100
오야마 이와오(大山巖) 162
오쿠마(大隈重信) 239
오토리 게이스케(大鳥圭介) 81
올니(Richard Olney) 39
외교관 클럽(정동구락부) 33
요리히토 242, 244, 245
우낙선(禹洛善) 99
우사가와(宇佐川) 155
위정척사론 170
유길준(兪吉濬) 49, 61, 75, 125, 167
유동근(柳東根) 143
유인석(柳麟錫) 20, 25
윤이병 음모사건 180, 181
윤치호 17, 97, 98, 125, 128~130, 132, 183, 196, 267
윤효정 125, 182, 215, 216, 220, 256
을미사변 20, 37, 39, 50, 110, 117, 118, 161, 282
을미의병 21, 25, 70
이기동 65, 92
이기진(李起鎭) 99
이남희(李南熙) 121
이노우에 74, 132
이명상 184
이범래 76

이범진(李範晉) 46, 47, 65, 85, 90, 92, 94, 96~98, 100, 101, 111, 125, 131, 132, 172, 183, 217
이상궁 92
이세직 184
이소응(李昭應) 20, 22, 25
이시우 217
이완용(李完用) 26, 79, 84, 85, 120, 131, 173, 179, 183
이용익 184
이용환(李龍煥) 78
이윤용(李允用) 68, 79, 85, 87, 90, 129, 131, 173
이재면(李載冕) 49, 76, 128
이재순(李載純) 79, 111, 180, 181, 184, 217, 234, 254
이재완 114
이진호 76
이채연 179, 183
이태황(李台璜) 99
이학균 183
이홍장(李鴻章) 161
이희로(李僖魯) 194
임오군란 110, 112

ㅈ

장문환(長門丸) 113
장박(張博) 49, 75
장준원 184
정낙용 184
정동(貞洞) 190

정동구락부 208, 213
정만조(鄭萬朝) 99
정범조 183, 255, 272
정병조(鄭丙朝) 99
정병하(鄭秉夏) 49, 61, 72, 77, 89
정병호 274
정인흥(鄭寅興) 99
조민희 253
조병세 272, 274
조병식 254
조병직(趙秉稷) 79, 100
『조선책략』 72
조신화(趙信和) 140
조중응(趙重應) 75
조희연(趙羲淵) 77
존 로스(John Ross) 33
죽변사건 25, 26
지그프리트 겐테(Siegfried Genthe) 57, 212

ㅊ

청일전쟁 51, 110, 282
총신파 183
춘생문사건 39, 85, 106, 118
춘천의병 96, 115

ㅋ

코마츠 미도리(小松綠) 213
콜브란(H. Collbran) 214
크뢰벨(Emma Kroebel) 210

ㅌ

탁지부 193

ㅍ

포츠머스조약 82
플랑시(Victor Collin de Plancy) 151, 257, 259, 260

ㅎ

하기와라(萩原守一) 79, 113, 139, 141, 142
하라(原敬) 101, 172, 174, 178, 181, 192~194, 228, 232
한규설 100, 173
한러비밀협정 144
헐버트(H.B. Hulbert) 145, 214, 257
현흥택 183, 184
홍종우 184
환궁파 183
황태사양위사건 221
후쿠자와 유키치(福澤諭吉) 166, 171
흥선대원군 44
히뜨로보(M.A. Хитрово) 24, 53, 63, 64, 123, 139
힐리어 108

고종과 아관파천
이희, 러시아공사관에서 375일

초판 1쇄 발행　2020년 10월 21일

지은이　김영수

펴낸이　주혜숙
펴낸곳　역사공간
등록　2003년 7월 22일 제6-510호
주소　04000 서울특별시 마포구 동교로 19길 52-7 PS빌딩 4층
전화　02-725-8806
팩스　02-725-8801
이메일　jhs8807@hanmail.net

ISBN　979-11-5707-413-6 93910

- 책값은 뒤표지에 있습니다. 잘못된 책은 바꾸어 드립니다.
- 이 도서의 국립중앙도서관 출판예정도서목록(CIP)은 서지정보유통지원시스템 홈페이지 (http://seoji.nl.go.kr)와 국가자료공동목록시스템(http://www.nl.go.kr/kolisnet)에서 이용하실 수 있습니다.(CIP제어번호: CIP2020042626)
- 이 저서는 2014년 대한민국 교육부와 한국학중앙연구원(한국학진흥사업단)의 한국학 총서사업의 지원을 받아 수행된 연구임.(AKS-2014-KSS-1230006)